Erfolgsmodell Berufung

Wiesbaden, im Mai 2011

Liebe Katerina,
herzlichen Dank, daß
Du mit Deiner
Berufsbiografie einge-
sprungen bist. Für das
Buch, für die Zielgrup-
pen ein Gewinn!
Alles Liebe Dir
Ulrike

ULRIKE DOROTHEE HANSEN

ERFOLGSMODELL BERUFUNG

Wie jungen Menschen eine erfolgreiche Berufs*Wahl* gelingt … und was Eltern dazu beitragen können

Ratgeber zur Berufswahl

Bibliografische Information der Deutschen Nationalbibliothek:
Die Deutsche Nationalbibliothek verzeichnet diese Publikation in der Deutschen Nationalbibliografie; detaillierte bibliografische Daten sind im Internet über http://dnb.d-nb.de abrufbar.

Satz, Umschlaggestaltung, Herstellung und Verlag:
Books on Demand GmbH, Norderstedt
ISBN: 978-3-8391-7651-1

»Jugendliche spüren eine geheime,
einzigartige Großartigkeit in sich,
die danach verlangt, ausgedrückt zu werden.
Sie deuten auf ihr Herz, wenn sie versuchen
etwas davon zum Ausdruck zu bringen,
ein bedeutender Anhaltspunkt
bei der ganzen Angelegenheit.«

Joseph Chilton Pearce

Meinen Kindern Liv und Erik gewidmet und allen jungen Menschen, die durch ihre Menschlichkeit und ihr soziales und ökologisches Engagement dazu beitragen, das Leben auf unserem Planeten mit Entwicklungen nach menschlichem Maß und nachhaltiger Qualität zu bereichern.

Inhalt

Vorwort

To love what you do is essential!
Steve Jobs

Jungen Menschen zu raten, ihre Berufung zu finden und ihr kompromisslos zu folgen – ist das in den aktuellen wirtschaftlichen Verhältnissen nicht unrealistisch, geradezu unverantwortlich?

Keineswegs! Im Gegenteil: alles spricht dafür, dass gerade in schwierigen Zeiten Menschen gefragt sind, die das tun, wovon sie fasziniert sind. Denn das, was einen begeistert, tut man gerne, ist darin sehr leistungsfähig und damit erfolgreich.

Sicher haben auch Sie schon die Erfahrung gemacht, dass *Berufene* eine besondere Ausstrahlung haben, Freude an ihrem Beruf zeigen und über außergewöhnliche Kompetenz verfügen. Es leuchtet unmittelbar ein, dass sie damit denjenigen, die nur *einen Job machen*, auf dem Arbeitsmarkt weit überlegen sind.

Dieser Ratgeber ist daher ein Plädoyer für eine *nachhaltige Berufswahl mit Sinn*. Er will Jugendlichen Mut machen, das zu wählen, was sie wirklich interessiert und rät ihnen, sich dafür *ganz* einzusetzen.

In meinem Verständnis ist Berufswahl ein *systemisches Geschehen*. Sie muss in dem Gefüge und der Wechselwirkung von *wirtschaftlicher Ausgangslage*, *Familie*, *Bildungseinrichtungen* und schließlich der *Persönlichkeit des Jugendlichen* selbst gesehen werden; alle diese Faktoren haben einen Anteil am Gelingen oder Misslingen einer Berufswahl. Das erklärt, warum sich dieser Ratgeber *gleichermaßen* an Jugendliche, Eltern und Pädagogen richtet.

Dem *Jugendlichen* gibt dieses Buch eine *konkrete Anleitung an die Hand*, wie er aus sich selbst heraus seine Berufung findet und bietet ihm bewährte Strategien an, diese Schritt für Schritt umzusetzen.

Für *Eltern* enthält dieser Ratgeber Angebote, ihre Sichtweisen und Einstellungen im Hinblick auf ihren Nachwuchs zu erweitern. Ihren Kindern zum Beispiel weiter zu vertrauen und sie damit zu stärken, auch wenn die Berufswahl nicht im ersten Anlauf den Erfolg zeigt, den *sie* sich vorstellen. Oder auch zu verstehen, dass Umwege häufig dazu dienen, wichtige Erfahrungen zu machen, darüber den beruflichen Weg klarer zu erkennen und schließlich die Kraft zu haben, ihn zu gehen.

Pädagogen und *Therapeuten* können mein Beratungskonzept in Schule, Jugendarbeit und therapeutischen Einrichtungen einsetzen, jeweils angepasst an die Bedürfnisse ihrer Zielgruppe.

Vier Beispiele

Katharina Krohmann, Medien

In der Empfangshalle von 3sat kommt mir eine auffallend natürliche, gelassen selbstsichere junge Frau entgegen - KATHARINA KROHMANN. In der 9. Klasse kommt sie mit dem BEREICH MEDIEN in Kontakt und es hat sofort gefunkt! Sie nimmt an einem Projekt des Medienzentrums Wiesbaden teil. Mit anderen Jugendlichen hat sie die Aufgabe, Filmbeiträge zum Thema *Müll* zu entwickeln – von der Recherche bis zum Schnitt.
»Es hat mich unheimlich fasziniert, was am Schluss bei diesem an sich langweiligen Thema Gutes raus kam.« Begeistert nimmt sie weiter die Angebote des Medienzentrums wahr.
Nach dem Abitur studiert sie an der Fachhochschule Wiesbaden und der Universität Toulouse Medienwirtschaft. Ganz gezielt jobbt sie jetzt schon bei ihrem Wunscharbeitgeber ZDF - unter anderem in der Online Redaktion. Sie gewinnt damit realistische Einblicke in Themen, die für die Medienwelt, speziell auch für das ZDF, aktuell sind – und wählt danach das Thema für ihre Diplomarbeit.
Nach dem Diplom nimmt sie zunächst eine Vertretungsstelle beim ZDFtext an. Während dieser Zeit wird *ihre* Stelle intern ausgeschrieben. Sie bewirbt sich erfolgreich.
Ein halbes Jahr ist sie Redaktionsassistentin beim 3satText. Im Anschluss wird ihr ein Drei-Jahres-Vertrag als Redakteurin in der Teletext-Redaktion angeboten.
Man nimmt dieser kompetenten 31-Jährigen ab: sie liebt, was sie tut, sie ist 100 % zufrieden mit ihrer aktuellen Berufssituation. Und sie ist ganz sicher, dass sie im ZDF auch in Zukunft arbeiten und dabei möglichst viele Aspekte dieses Berufsfeldes kennen lernen möchte.
Während des Interviews fällt mir immer wieder ihre klare strategische Planung auf.
Und ihr Beispiel zeigt: man kann auch mit einer kollegialen Haltung Karriere machen.
Dazu passt ihre Definition von Erfolg: »Erfolg ist für mich, wenn man seine Ziele erreicht, ohne über Leichen zu gehen.«
Inzwischen habe ich erfahren, dass Katharina seit April 2010 als Referentin des Koordinators von ARTE im ZDF arbeitet. Als sich abzeichnete, dass diese Stelle frei wird, wurde sie gefragt, ob sie an dieser neuen Aufgabe interessiert sei. Sie hat sich dafür entschieden und kann heute, vier Monate später, sagen, dass es dieser Schritt genau richtig für sie war.

Immo Herbst, Unternehmer

Der UNTERNEHMER IMMO HERBST steht schon als Fünfjähriger stundenlang an Baustellenzäunen. Das Geschehen dahinter, die Maschinen, faszinieren ihn.

Der Vater gründet nach der Flucht aus der Ex-DDR eine Firma für Druckluftkompressoren, die Mutter arbeitet im Betrieb mit.

Immo Herbst verlässt das Gymnasium nach der zehnten Klasse, beginnt eine Lehre als Landschaftsgärtner bei der Stadt Frankfurt. Nach Abschluss der Lehrzeit wird er übernommen. Es folgen Bundeswehr und Meisterprüfung.

Bei anschließenden Bewerbungen als Landschaftsgärtner hat er einen faden Eindruck von den Firmen. Er spürt: »Das kann ich auch – und vielleicht besser!«

1983 gründet der 23-Jährige sein eigenes Unternehmen. Schon kurz nach der Gründung gerät er in die Krise, als ihm ein Auftraggeber eine große Summe schuldig bleibt. Sein Motto: *weitermachen, beharrlich sein*, bewährt sich. Heute zählt die Immo Herbst GmbH acht Geschäftszweige im Bereich Garten- und Landschaftsbau mit mehr als zweihundert Mitarbeiter/innen. Sein Erfolgkonzept: er kann damit seinen Kunden alles aus einer Hand anbieten.

Immo Herbst hat diese Expansion nicht geplant. Mit seiner Strategie, Informationen aufzunehmen, Ideen dazu zu entwickeln und sie beharrlich in die Tat umzusetzen, ist er ein genialer Dienstleister. Kein Wunder also, dass seine Vorhaben erfolgreich sind. Weitere Fähigkeiten des kreativen Unternehmers sind: Fleiß, Durchsetzung und Struktur. Er hat Spaß an seiner Arbeit, am Erfolg und an der Aufgabe, seine Mitarbeiter/innen zu führen.

Beeindruckend die Präsenz und Kraft, die der fast Fünfzigjährige ausstrahlt. Sein Arbeitstag beginnt morgens um fünf! – an sechs Tagen in der Woche. Die Zeit ab 19.00Uhr verbringt er konsequent mit seiner Frau, einer Rechtanwältin, und seinen drei Kindern. Weil er große Freude an seinem Tun hat, bleibt ihm trotz des enormen Arbeitspensums noch genügend Energie diverse sportliche Aktivitäten wahrzunehmen.

Erfolg ist für ihn: zufrieden mit dem zu sein, was man tut und finanzielle ein gutes Auskommen zu haben.

Torsten J. Halsey, Historiker

Der freiberufliche HISTORIKER TORSTEN J. HALSEY ist der Sohn meiner langjährigen englischen Freundin. Er ist mir schon als Kind aufgefallen, weil er früh seine Berufung erkannt hat und das damals schon ausstrahlt. Die *Vorladung des Schicksals* ereignet sich, als der Vierjährige bei einem Besuch im British Museum in London eine Mumie sieht. Spontan spürt Torsten großes Interesse, ist hoch motiviert, menschliches Leben in der Vergangenheit zu erforschen.

Seine Mutter greift seine Begeisterung gerne auf: bei Halseys werden verschiedene Epochen in selbst genähten Kostümen und typischen Essen hautnah nachgestellt.

In der Pubertät ist er fasziniert von den historischen Filmen von Guido Knopp im Fernsehen. Sein Traum: bei und mit ihm will er arbeiten. Mir ist damals schon restlos klar: er schafft das.

Er studiert in England Geschichte, schließt 1997 mit dem Master of Arts erfolgreich ab. Eine zweimonatige Hospitanz beim ZDF eröffnet ihm direkt den Weg in die Redaktion *Zeitgeschichte*, zu Guido Knopp. Er bleibt zwei Jahre, recherchiert für verschiene zeithistorische Dokumentationen viel im Ausland, was ihm sehr viel Freude macht.

Seit 1999 erarbeitet er als freier Mitarbeiter wissenschaftliche und pädagogische Konzeptionen für Museen und hat sich als freier Rechercheur, Dokumentar und Fernsehautor für ARD, ZDF und ARTE einen Namen gemacht.

Der 38-Jährige lebt 100 % seinen Lebensauftrag und ist spürbar erfüllt davon. Allerdings zehrt ab und zu die Ungewissheit der freiberuflichen Tätigkeit an seinen Nerven

Dann träumt der Familienvater von zwei Söhnen und einer Tochter den Traum von einer Festanstellung als Professor. Vorbild ist ein Onkel, der eine Professur in Cambridge hat. Dazu müsste er zumindest promovieren (für eine Juniorprofessur) oder habilitieren, wozu er Lust, jedoch aktuell nicht die Zeit hat.

Da er bei allem Erfolg ein bescheidener, erfrischend origineller und humorvoller Mensch ist, würden Studenten und Studentinnen sehr viel von ihm profitieren.

Erfolg bedeutet für ihn, jeder Lebenssituation aufgeschlossen zu begegnen und sich nicht vom Weg abbringen zu lassen. Seine Bereitschaft, alle paar Jahre die Stelle zu wechseln, hält ihn geistig fit und gibt ihm viele Anregungen.

Sein Credo lautet:»Gib jeden Tag Dein Bestes, der Rest ist Schicksal.«

Kathrin Siedler, staatlich geprüfte Kosmetikerin

Die 24-Jährige staatlich geprüfte KOSMETIKERIN KATHRIN SIEDLER lerne ich auf Spiekeroog kennen. Sie fällt mir auf durch ihre Selbstsicherheit und Präsenz, auch durch ihr ungewöhnlich einfühlsames Behandeln. In dem Interview mit ihr erfahre ich, dass sie gerade für eine Saison auf der Nordseeinsel arbeitet.

Anschließend hat sie eine Stelle in dem Fünf Sterne Wellness-Hotel Schloß Wörthersee in Kärnten angenommen. Sie ist dort vorwiegend als Kosmetikerin tätig und unterstützt bei Hochbetrieb auch mal das Servicepersonal.

Ihren Beruf hat sie bewusst nach ihren Interessen gewählt: weil sie neugierig auf Menschen ist, die Zukunftsaussichten im Bereich Wellness gut sind und ihr eine *offene Tür zur Welt* ermöglichen.

Nach der Mittleren Reife macht sie zunächst ein Jahr Sozialpflege: so kann sie verschiedene Bereiche kennen lernen, sich klar werden, was sie wirklich will.

Ihren ersten Wunsch: Physiotherapie verfolgt sie nicht, da die Unterlagen des Ausbildungsinstituts sie demotivieren.

Zu ihren Zielen passt auch der Beruf der Kosmetikerin. Als Kind hat sie schon engagiert ihre Puppen mit Filzstiften angepinselt. Am Kosmetik-Kolleg Hannover absolviert sie eine zweijährige Ausbildung. Mit unterschiedlichen Jobs finanziert sie sich die Kosten für die Ausbildung und legt sich ein finanzielles Polster an. Denn sie hat einen konkreten Traum, dem sie entschieden folgt: ein eigenes Institut, wo sie *ihre* Vorstellungen entfalten kann, auch ihr Wissen in Schulungen an den Nachwuchs weitergibt.

Selbständig zu sein ist schon lange ein Wunsch von Kathrin. Vorbild ist ein Friseur und Visagist in Nienburg.

Ihre Eltern hätten es lieber gesehen, dass sie einen Büroberuf lernt. Kathrin war sich ihrer Sache so sicher, der elterliche Rat konnte sie nicht irritieren.

»Erfolgreich bin ich, wenn ich Menschen zufrieden stelle«, antwortet sie auf die Frage, was Erfolg für sie bedeutet. Damit zeigt sie das Profil von einer idealen Dienstleisterin.

Dass diese junge Frau schon so selbstbewusst im Leben steht, ist vielleicht so zu erklären: Kathrin kann gut Rat von erfahrenen Menschen annehmen und in ihrer Rolle als Älteste von zwei wesentlich jüngeren Geschwistern hat sie früh in der Familie gelernt, Verantwortung zu übernehmen – und dabei ihre ganz eigenen Fähigkeiten kennen gelernt und entwickelt.

Einleitung

»Tue es, das *Deine*.
Frage nicht nach Dauer.
Geh den Weg Deiner Wahl.
Warte nicht auf Andere.
Tritt die Spur in den Sand,
auch wenn sie verweht.«
Andreas Kohlschütter

Dieses Buch hat das Ziel: es möchte Dich bei einer wesentlichen Lebensentscheidung, *Deiner Berufswahl*, praktisch unterstützen.

Mit der Berufswahl stellst Du die Weichen für Dein künftiges Leben: welche Menschen Du kennen lernst, welche Freunde und Partner Du findest, wo und in welchem materiellen Rahmen Du leben wirst.

Berufswahl ist schwieriger geworden. Die Lage ist ernst, aber keineswegs hoffnungslos! In das allgemeine Klagen darüber mit einzustimmen, bringt Dich nicht weiter. Dieser Ratgeber möchte Dich ermutigen, optimistisch zu bleiben und Deine Energie für eine *selbstbestimmte Berufsentscheidung* einzusetzen.

Gerade jetzt, in dieser Zeit großer wirtschaftlicher und sozialer Umwälzungen, bist Du gut beraten, Deine *Berufung* zu erkennen und ihr zu folgen: wenn Du genau weißt, was Du kannst und willst, bieten sich Dir nach wie vor gute Chancen auf dem Arbeitsmarkt.

Der Trainer und Philosoph Ueli Frischknecht formuliert das so:

»Fokussiere nicht das, was andere tun oder nicht tun. Mache einfach das, was du wirklich gerne tust und dies ausdauernd und engagiert. Die Früchte werden sich einstellen! Ein anderes Vorgehen wird nicht funktionieren! Denn nur dank hohem Spaßfaktor und täglicher, intrinsischer Begeisterung, wird die Menge an Engagement, Zeit, Faszination und Herzblut freigesetzt, die zu beruflichem Erfolg führt.«

In der verwirrenden Vielfalt an Informationen über Berufs- und Ausbildungsmöglichkeiten das zu finden, was den eigenen Interessen und Fähigkeiten entspricht, überfordert heute viele Jugendliche und hat allzu oft eine *fremdbestimmte Berufswahl* zur Folge. Davor möchte ich Dich bewahren.

Daher lautet die zentrale Botschaft an Dich: widerstehe der Macht der äußeren Beeinflussung. *Gerade jetzt*, in der aktuellen Wirtschaftslage! Finde heraus, was Du leidenschaftlich gerne tun würdest und was genau Deine Stärken sind, denn darin bist Du besonders leistungsfähig, konkurrenz- und krisenresistent. Deine Berufung zu leben ist vielleicht nicht der einfachste, und doch auf längere Sicht, der beste Weg, um *Deinen* Platz in der Arbeitswelt zu finden und zu behaupten.

Vielleicht gehörst Du zu den jungen Menschen, die sagen: »Ich weiß nicht, was ich werden will.« Aufgrund meiner Erfahrungen bin ich überzeugt: »Du weißt nicht *mehr*, was Du werden willst.« Als Kind wusstest Du es wahrscheinlich schon mal, hast in Deinen Spielen *Deine Berufung* ausgedrückt. Während der Zeit in Kindergarten und Schule warst Du dann vielen Eindrücken ausgesetzt und diese *Ahnung*, was Du für Dein Leben gerne tun würdest, wurde davon überlagert.

Wenn es Dir gelingt, mit Hilfe dieses Ratgebers an dieses frühe innere Wissen anzuknüpfen, kommst Du wieder mit Deiner Berufung in Kontakt. Das kann sich ereignen, während Du anderen Menschen zuhörst, die von ihrem Beruf erzählen, wenn Du eine Biografie liest oder einen Film anschaust. Es macht dann *Klick*, und Du hörst einen *Zuruf von Innen:* »Das will ich auch!« oder »Das kann ich besser !« oder »Genau – das ist es!«

Eine wesentliche Erkenntnis ist: die Suche nach Deiner Berufung beginnt in Deinem Inneren, nicht in dem Blick nach außen.

Vielleicht bist Du der Ansicht, Du müsstest erst mal ausführlich die Prognosen über die zukünftige Entwicklung des Arbeitsmarktes studieren, damit Du Dich für den *richtigen* Beruf entscheidest und später einen *sicheren* Arbeitsplatz findest. Kann auch klappen. Aus meiner Erfahrung trägt es meistens nicht, eine Richtung zu wählen, die zwar laut Statistik in fünf Jahren sichere Chancen verspricht, Dich aber wenig bis gar nicht interessiert. Außerdem ist zu bedenken, dass solche Voraussagen nur das *Mögliche*, nicht das *Sichere* ermitteln können.

Leg am besten gleich den illusionären Glauben an Sicherheit ab. *Es gibt keine Sicherheit.* Das Leben mutet uns immer wieder mal eine Phase der *Unsicherheit* zu – damit wir uns weiter entwickeln.

Nutze die Ideen der folgenden Seiten einfach als *Anregung*. Schau nach, ob sie Sinn für Dich machen. Gleichgültig, ob Du ihnen zustimmst oder sie ablehnst – sie können Dir ermöglichen, daran *Deine eigenen Vorstellungen und Ideen* zu entwickeln oder zu überprüfen.

Vielleicht ist es nur ein Satz, der Dich inspiriert, Dir auf die Sprünge hilft und Dich sicherer macht für Deine Berufsentscheidung. Vielleicht hast Du beim Lesen der Berufsbiografien oder der Texte ein Schlüsselerlebnis, es macht *Klick*, und Du hörst Dich sagen: *Das will ich auch!*

Es ist kein Nachteil, wenn Deine *Eltern* das Buch in die Hand bekommen. Ein Kapitel ist sogar speziell an sie gerichtet – eine Art *Gebrauchsanweisung*, wie sie Dich durch ihr Vertrauen stärken und sich selbst von dem verständlichen Druck aus der Sorge um Deine Zukunft entlasten können.

Wenn diese einführenden Gedanken Deine Neugier geweckt haben, kann dieses Buch eine praktische *Navigationshilfe* sein auf Deinem Weg durch die verwirrende Vielfalt von Möglichkeiten bei Deiner Berufswahl.

Wenn nicht – schenk es gleich weiter an eine Freundin oder einen Freund.

☝ **Nimm Dir jetzt einen Moment Zeit**

Mach Dir bewusst: der Beruf ist ein zentraler Bereich Deines zukünftigen Lebens.

Deine Berufstätigkeit beeinflusst in hohem Maße die Entwicklung deiner Persönlichkeit.

Deine Berufswahl stellt *Weichen* in Bezug auf

- Deine Beziehungen
- Welchem Lebenspartner / in Du begegnest
- Mit wem Du eine Familie gründest
- Deine finanziellen Möglichkeiten
- Deinen Wohnort
- Deinen Status
- Dein Wohlbefinden / Deine Gesundheit

Wie Du das Buch nutzen kannst

»Man kann einen Menschen nichts lehren,
man kann ihm nur helfen,
es in sich selbst zu finden.«
Galileo Galilei

Es ist mein Ziel, Dir ein breites Spektrum an Wissen für Deine Berufsentscheidung anzubieten – weit über meine eigenen Erfahrungen und Einstellungen als Karriereberaterin hinaus. So entstand die Idee, persönliche Interviews mit Frauen und Männern aus unterschiedlichen Berufen und Generationen zu führen.

Berufsbiografien zufriedener und erfolgreicher Menschen geben unserem Leben eine *visionäre Dimension*: d.h. das Lesen der Portraits dieser Frauen und Männer, die früher oder später ihrem *inneren Ruf* gefolgt sind, löst vielleicht eine *Resonanz* zu Deinen eigenen unbewussten Berufswünschen aus und bringt Dich (wieder) in Kontakt mit *Deiner Berufung*. Es ereignet sich ein spontanes *Klick*: »Das will ich auch!« oder »Genau – das ist es!«

Auswahlkriterium im Hinblick auf Interviewpartner / innen war eine Ausstrahlung, die *Erfolg* und *Zufriedenheit* signalisierte. Die Interviewfragen beziehen sich auf Berufswahl und Berufsentwicklung, Strategien, Werte, Überzeugungen und auf die *Schlüsselsituationen*, in denen sich die Berufung gezeigt hat. Fragebogen und Liste meiner Interviewpartner / innen findest Du im Anhang.

35 Berufsbiografien wurden in den Text aufgenommen. Sie machen meine Ausführungen für Dich lebendig und erfahrbar. Jeweils am Schluss jeder Biografie findest Du Anregungen meiner Interviewpartner / innen, die für Deine Berufswahl wertvoll sein können.

Unabhängig davon, ob die Protagonisten der Erfolgsgeschichten Deiner Generation angehören oder älter sind, kannst Du von ihrer Entwicklung und ihrem Rat profitieren. Odo Marquard, zitiert in Matthias Horx *Wie wir leben werden*, sagt dazu:

»Je schneller das Neueste zum Alten wird, desto schneller kann Altes wieder zum Neuen werden; jeder weiß das, der nur ein wenig länger schon lebt.«

Das Buch bietet Dir neben den Berufsbiografien auch Texte und Geschichten aus unterschiedlichen Kulturen an. Es sind Lebensweisheiten, die unabhängig vom Zeitgeist Gültigkeit haben. Manche dieser Texte sind in einer für Dich vielleicht ungewohnten Sprache verfasst. Ich bin sicher, dass Du ihren *Gehalt* entschlüsseln kannst – wenn er (jetzt) für Dich wichtig ist.

Du wirst manche Wiederholung in diesem Buch finden. Das geschieht *mit Absicht.*

Von dem, was ich schreibe, bin ich überzeugt. Meine Einstellungen haben sich in der Arbeit und in Begegnungen mit unterschiedlichen Menschen, Philosophien, Büchern, Lehrer/innen, Religionen und Denkrichtungen geprägt und entwickeln sich ständig weiter. Ideologien zu übernehmen, entspricht nicht meinem Wesen und meiner Lebenserfahrung: gibt es doch mehr als nur *eine Wahrheit.*

Bei allem, was ich schreibe, ist mir bewusst: *jeder Mensch, jede Ausgangslage ist einzigartig.* Viele Wege zu beruflichem Erfolg sind möglich und *es kann eben auch immer anders sein,* als ich es darstelle. Der Schweizer Schriftsteller Adolf Muschg trifft es auf den Punkt, wenn er feststellt:

»Die Realität treibt es immer bunt – nicht schwarz oder weiß.«

Dass es junge Menschen gibt, auch sehr begabte, die einfach aufgrund ihrer sozialen Herkunft *keine* Chance haben, sich die Frage zu stellen: *Was will ich wirklich, was erfüllt mich?* ist für mich kein Grund, dieses Buch *nicht* zu schreiben. Jeder Mensch, der seine Berufung lebt, ist mit seiner zufriedenen Ausstrahlung ein Geschenk für unsere Gesellschaft.

Es würde mich sehr freuen, wenn dieser Ratgeber viele junge Menschen direkt oder indirekt erreicht. Dass gerade auch Jugendliche, die nicht die Möglichkeit haben, sich individuell beraten zu lassen, von den praktischen Anregungen für ihre Berufsentscheidung profitieren, indem Lehrerinnen, Sozialpädagogen oder Therapeuten sich in ihrer Arbeit von diesem Berufswahl-Konzept anregen lassen.

Dieses Buch liebt es, ab und zu in die Hand genommen zu werden. An einem Platz in Deinem *Reich* zu liegen, wo es Dich anregt, immer mal wieder ein Kapitel mit Ruhe lesen und darüber nachzudenken. Dir vielleicht Notizen zu machen, mit anderen Menschen darüber zu sprechen.

In Abbildung 1 findest Du einen Überblick, was Dich in diesem Ratgeber erwartet.

Abbildung 1: Landkarte für den Inhalt

Zwei Welten treffen aufeinander

»Welch eine großartige Sache wäre die menschliche Gesellschaft,
wenn jeder, statt über die Asche zu greinen,
von seinem Holz ins Feuer steckte.«
Emile-Auguste Chartier

Gestiegene Anforderungen und verwöhnter Nachwuchs

Die aktuelle Wirtschaftskrise trifft besonders hart junge Menschen, die am Anfang ihres Lebens stehen. Schon seit einigen Jahren gibt es einen dramatischen Lehrstellen-Mangel. Bis zum nächsten Aufschwung der Wirtschaft wird es noch deutlich weniger Ausbildungsplätze geben als bisher. Im Jahr 2009 fehlen 50.000 Lehrstellen für Schulabgänger und immer noch warten bis zu 300.000 Absolventen früherer Jahrgänge, die bislang leer ausgingen, auf ihre Chance. Der Einstieg nach Ausbildung und Studium ist schwieriger als bisher. Viele Absolventen müssen sich erst mal mit Praktika über Wasser halten. Das kann man auch nicht schönreden.

Unsere Generation hat die Verantwortung, der nachfolgenden Generation eine Erfolg versprechende Ausbildung zu gewährleisten, die es ihr ermöglicht, ihren Platz in der Erwerbsgesellschaft einzunehmen und auf dieser Grundlage ein materiell eigenständiges Leben führen zu können.

Die weitgehende Trennung von *Fakten* (Wissenschaft) und *Werten* (Ethik) hat weltweit zu Fehlentwicklungen geführt, die menschliche Grundbedürfnisse, z. B. das *Recht auf Arbeit und Ausbildung,* aus den Augen verloren hat. Es ist zu hoffen, dass die aktuelle Krise dazu führt, dass die einseitige Orientierung von Wirtschaftwissenschaftlern und Politikern am *Wirtschaftswachstum* erweitert werden kann, indem sie wieder eine Verbindung herstellen zwischen den beiden Fragen: *Was ist gut für das Wirtschaftswachstum?* und *Was ist gut für den Menschen?*

Die Gründe dieser weltweiten Krise sind sehr komplex. Sie sind nicht Gegenstand dieses Buches. Wissenschaftler erforschen gegenwärtig ihre Auslöser und ihre Folgen. Es gibt zu diesem Thema unzählige Analysen und Veröffentlichungen.

Dieser Ratgeber ist für junge Menschen gedacht, die aktiv und kreativ Ihre Berufung entdecken wollen; er will in erster Linie *Chancen* aufzeigen, die es immer noch gibt, und *Strategien*, wie diese Möglichkeiten erfolgreich zu nutzen sind.

Seine Berufung zu erkennen und ihr konsequent zu folgen, ist gerade auch in einer wirtschaftlich schwierigen Situation die beste Empfehlung, die man einem Heranwachsenden mit auf den Weg geben kann.

Kontraproduktiv ist es dagegen, wie das Kaninchen auf die Schlange zu schauen, bei jeder negativen Meldung zusammenzuzucken und die von uns Deutschen leidenschaftlich geliebte *Hat-sowieso-alles-keinen-Zweck-Haltung* an den Tag zu legen.

Im Chinesischen setzt sich das Wort *Krise* aus zwei Schriftzeichen zusammen. Das eine bedeutet *Gefahr* und das andere *Gelegenheit*. Ich bin aus Erfahrung davon überzeugt: jede *Krise* bringt auch *neue Gelegenheiten* hervor. Vielleicht kann Dich das zuversichtlich stimmen.

Ich empfehle Dir daher, dem allgemeinen Klagen über die anstehenden Probleme zu widerstehen, und lieber *Dein Holz ins Feuer zu stecken:* Dich dafür zu entscheiden, der aktuellen Ungewissheit mit *Neugier* und *Risikofreude* zu begegnen. Und initiativ zu werden. Richte Deine Energie darauf, möglichst genau Deinen Berufswunsch, Deine Talente und Deine Interessen herauszufinden. Konkrete Anleitung dazu siehe *Praxisteil: So findest Du Deine Berufung.*

Der erste Schauplatz: die Welt der gestiegenen Anforderungen

Die Auswirkungen dieser weltweiten Wirtschaftskrise werden, wie gesagt, auch bei Dir ankommen. Auf dem Ausbildungs- und Stellenmarkt treiben machtvolle Arbeitgeber die *Erwartungen an Bewerber/innen* nach dem Marktgesetz von Angebot und Nachfrage weiter in die Höhe. Allerdings sagt eine Prognose der Wirtschaftsweisen Ende 2009 voraus, dass Facharbeiter ab 2012 wieder Mangelware sein werden, mit der Folge, dass sich die Machtverhältnisse wieder zu Gunsten der Arbeitnehmer/innen verschieben werden.

Jugendliche sind in dieser Ausgangslage gut beraten, sich früher als bisher mit ihrer Berufswahl auseinanderzusetzen. Hat es vor Jahren noch gereicht, sich kurz vor dem Schulabschluss ernsthaft mit der beruflichen Perspektive zu beschäftigen und vielleicht noch mal ein halbes Jahr *Gas zu geben,* um ein gutes Abschlusszeugnis zu erreichen, sind heute 14/15-Jährige gefordert, sich für gute Schulleistungen anzustrengen, um eine Chance auf einen Ausbildungs- oder Studienplatz zu haben.

Auch wenn sie ihr Bestes geben, Heranwachsende befinden sich heute in einer *paradoxen Situation:* seit einigen Jahren empfangen sie widersprüchliche Signale, die verständlicherweise Resignation auslösen. Arbeitsgeber erwarten einschlägige Berufserfahrung, nur: die Gelegenheit, diese zu erwerben, wird den jungen Leuten gar nicht erst gegeben. Die Gesellschaft verlangt von ihnen zwar eine gute Ausbildung, aber das heißt noch lange nicht, dass sie damit – wie noch vor vierzig Jahren – eine Chance auf einen Arbeitsplatz haben.

Ungesicherte Arbeitsverhältnisse in Form ausgedehnter Probezeiten, unbezahlte oder schlecht bezahlte Praktika, in denen junge Menschen nach Ausbildung oder Studium die vorausgesetzten Berufserfahrungen sammeln, gut ausgebildete 30-Jährige, die wie Studenten von einem Mindesteinkommen leben ... fast jeder erlebt junge Menschen der *Generation Praktikum* inzwischen im eigenen Umfeld.

Meiner Tochter Liv, Diplomstudium und Business School Absolventin, viersprachig, mit sehr guten Abschlüssen, hat in Frankreich drei Jahre gebraucht, bis sie einen unbefristeten Arbeitsvertrag bekam. Selbst ihr aktuelles Gehalt entspricht nicht ihrer Leistung.

Die schlechte Stimmung am Arbeitsmarkt und hohe Erwartungen von Arbeitgebern bewirken, dass *Eltern* heute unter einem enormen Druck stehen, den sie – oft unbewusst – an ihren Nachwuchs weitergeben. Der Soziologe Prof. Dr. Hartmut Häußermann beschreibt diesen Zusammenhang in einem Interview der Zeitschrift *mobil 8/2010* wie folgt:

»In der Mittelschicht macht sich zurzeit die Angst vor sozialem Abstieg breit. Die wirtschaftliche Unsicherheit führt bei vielen Eltern dazu, dass sie ihre Kinder schon von klein auf für den Wettbewerb rüsten, damit sie den Status, den Sie selbst erlangt haben, nicht verlieren.«

Die Folge ist: die verunsicherten Jugendlichen entscheiden sich bei der Berufswahl oft *einseitig pragmatisch*. Eigenen Wünschen, Neigungen und Interessen wird heute bei der Berufswahl wenig Raum eingeräumt. Das klingt nach gesundem Menschenverstand und ist doch ein Fehler.

Die Lehrerin Birte Ruthmann, die in ihrem Religionsunterricht den Schüler/innen auch Berufs- und Lebensplanung anbietet, formuliert das in einem Interview in *ZEIT CHANCEN, 6/2000 so*:

»Es herrscht eine generelle Verunsicherung. Manchmal schlage ich wirklich nur noch die Hände über dem Kopf zusammen, weil es so traurig ist. Die Träume der Schüler bewegen sich auf einem viel zu niedrigen Niveau. Viele sind jetzt schon total ernüchtert, dabei geht es ihnen doch materiell gut.«

Diese Erfahrungen kann ich aus meiner Arbeit mit Jugendlichen und jungen Erwachsenen bestätigen.

Der Soziologe Ulrich Beck schreibt über die paradoxe Situation dieser Generation:

»Wir haben keine festen Jobs für euch, aber macht doch bitte schnell viele Kinder. Die Gesellschaft bietet ihnen erst keinen Platz und überfordert sie dann damit, die Probleme des ganzen Landes zu lösen.«

Dabei hat der Nachwuchs ohne finanzielle Basis durch eigenen Broterwerb noch nicht einmal die Möglichkeit, von zu Hause auszuziehen und sich eine Wohnung zu mieten – Voraussetzung für eine verbindliche Paarbeziehung, aus der eine Familie werden kann. Das alles ist für sie erst spät möglich. Und oft erst jenseits der Dreißig kommen – wenn überhaupt – die ersten Kinder.

Der zweite Schauplatz: verwöhnte Jugendliche aus Nutellaland

Anlässlich der Jugendaufstände in Paris 2006 schreibt der Journalist Christoph Amend in der *ZEIT* über die *Prekäre Generation*

»Die Jugendlichen des Jahres 2006, zumindest jene aus dem Westen, kommen zumeist aus einer heilen Welt. Sie verbrachten ihre Kindheit während der Wohlstandsjahre in den Achtzigern und Neunzigern. Sie sind aufgewachsen in Familien, die sich an einen immer währenden Aufschwung gewöhnt hatten. Und sie waren der ganze Stolz von Eltern, die sich oft selbst nach oben gekämpft hatten und nun sicher waren, dort zu bleiben, und dachten: unsere Kinder werden es einmal genauso gut haben wie wir. Wir werden ihnen das Studium finanzieren und gut ausgebildet, wie sie sind, werden sie eine Arbeitsstelle finden, die ihren Wünschen und Talenten entspricht.«

In seinem Buch *Die Verwöhnungsfalle* schreibt der Erziehungswissenschaftler Albert Wunsch bereits im Jahr 2000:

»Maßlosigkeit bei Geschenken und Süßigkeiten, Erfüllung aller Wünsche sofort, dauerndes Verhätscheln, Inkonsequenz, In-Watte-Packen bei kleinstem Unwohlsein, Aufgaben oder Konflikte für ein Kind lösen: Verwöhnung hat viele Gesichter.«

Der Moderator Günther Jauch äußert sich in einem Interview in der Zeitschrift chrismon 6/2009:

»Viele wollen ihren Kindern das zu Füßen legen, was ihnen selbst verwehrt geblieben ist oder was sie selbst als schönes Leben definieren. Wenn ich mit meiner Frau Eltern beobachte, die ihrem Kind jeden Wunsch erfüllen, gucken wir uns kurz an und sagen: Schon wieder so ein Augenstern-Projekt. Da werden tendenziell kleine Tyrannen herangezogen.«

Auf der einen Seite ist eine ungesunde Verwöhnpraxis der Eltern – meistens aus Liebe – festzustellen. Andererseits sind die Anforderungen an die Leistungsbereitschaft junger Menschen heute und in der nahen Zukunft sehr hoch. Treffen diese beiden disparaten Welten aufeinander, liegen die Folgen auf der Hand: die Arbeitsmarktlage erfordert Eigeninitiative, einfach auch Fleiß, Selbstdisziplin, Beharrlichkeit und die Fähigkeit, mit Enttäuschungen konstruktiv umzugehen. Viele der Jugendlichen sind durch Verwöhnung verweichlicht, wenig selbstsicher, haben ihr Potenzial noch nicht erproben können, weil ihnen alles serviert wird, sie resignieren schnell und haben dabei unrealistische Ansprüche im Hinblick auf Karriere und Status.

Als Beraterin erlebe ich beides: Jugendliche der *Spaßgesellschaft* mit hohen bis illusionären Erwartungen an Status und Verdienst gepaart mit wenig Anstrengungsbereitschaft und Eigeninitiative und durchaus auch junge Frauen und Männer, die wissen, was sie können und wollen und engagiert, mit realistischen Vorstellungen ihren Weg gehen.

Was mir immer wieder auffällt ist die *Orientierungslosigkeit* junger Menschen inmitten der vielen potentiellen Möglichkeiten. Verwunderlich ist das nicht, denn: um wesentliche Informationen für den eigenen Lebensweg zu erkennen, braucht man die Fähigkeit, ständig eine Auswahl aus der Datenflut zu treffen; sonst geht der rote Faden verloren. Und diese Kompetenz ist bei Jugendlichen oft nur unzureichend vorhanden.

Leider sind viele Jugendliche für ihren Einstieg ins Berufsleben nicht effizient vorbereitet. Das liegt nicht allein an den verwöhnenden Eltern. Aufgrund der seit zwanzig Jahren in Deutschland verschlafenen Bildungsreformen bereiten Kindergärten und Schulen die jungen Menschen unzureichend auf die Anforderungen der *Welt von Morgen vor*. Von Ausnahmen, die es immer gibt, abgesehen. Zu diesem Thema später mehr im *Exkurs: Ein Bildungssystem, das individuelle Potenziale fördert*.

Doch manche Verunsicherung ist nur *gefühlt*. 2006 landen immerhin noch 80 % der Universitätsabsolventen in einem festen Arbeitsverhältnis. Mit Engagement, wirkungsvollen Strategien und ein wenig Glück, findest auch Du eine gute Lehrstelle, einen Ausbildungsplatz, den passenden Studiengang, in dem Du Deine Talente ausbilden kannst, um eine Chance auf dem Arbeitsmarkt zu haben.

Deine Chancen am Arbeitsmarkt 2010plus

»Man gibt gerne den Verhältnissen die Schuld für das,
was man hat. Ich glaube nicht an die Verhältnisse.
Diejenigen, die in der Welt vorankommen,
gehen hin und suchen die Verhältnisse,
die sie wollen, und wenn sie sie nicht finden können,
schaffen sie sie selbst.«

George Bernard Shaw

»Glück und Erfolg kommen,
wenn Vorbereitung auf Chance trifft!«

Rüdiger Nehberg

Es geht mehr als Du denkst …

Während ich dieses Buch schreibe, leben wir in einer weltweiten Wirtschaftskrise, von der niemand weiß, wie lange sie dauern wird. Vielleicht kann es ein tröstlicher Gedanke sein, dass *jede Krise auch neue Chancen* eröffnet. Auch für Dich.

Versuche, Dich nicht zu stark von der Krisenstimmung beeinflussen zu lassen und richte Deinen Blick so optimistisch wie möglich auf die Gelegenheiten, die weiterhin existieren und neu entstehen werden. Optimisten sind zuversichtlich, machen Pläne und ergreifen die Initiative, wenn sie vor Hindernissen stehen. Sie sind erfolgreich, weil sie mehr wagen als andere Menschen und sich stärker engagieren.

Der entscheidende Rat, wie es Dir gelingt, trotz Krise Deine Chance zu ergreifen, stammt von Dr. Fredmund Malik, Professor an der Universität St. Gallen:

»Der Weg erfolgreich zu sein, hat zwei Quellen: klar erkannte Stärken und kompromisslose Konzentration darauf.«

Neben dem Erkennen Deiner individuellen Stärken, ist es entscheidend wichtig, bestimmte *Schlüsselqualifikationen* zu entwickeln, die auf dem Arbeitsmarkt 2010 plus erwartet werden. *Schlüsselqualifikationen* sind der *Schlüssel zum Erfolg*, unabhängig von der Branche und der Arbeitsstruktur, die Du wählst.

Das heißt nicht, dass Du gleich in allem *perfekt* sein musst. Frag Dich einfach, was Du davon schon gut beherrschst und was noch *unterbelichtet* ist und fang heute damit an, nach und nach diese Qualitäten zu erwerben.

☝ **Schlüsselqualifikationen**

- Kommunikation und Kontaktfähigkeit
- Konzentration und Präsenz
- Medienkompetenz
- Lösungsorientierung
- Teamfähigkeit, die Freude am Teilen von Wissen
- Realitätssinn
- Grundsätzliche Haltung von Respekt und Wertschätzung

Norbert Bolz erklärt in seinem Buch *Blindflug mit Zuschauer*, warum gerade Medienkompetenz und Kommunikation so bedeutsam sind:

»Wer im Business der Zukunft Erfolg haben will, muss Medienkompetenz und einen anspruchsvollen Begriff von Kommunikation haben. Es geht ja bei jedem Geschäft um Angebote und Rückfragen, um Versprechen und Zusagen.«

Auf den folgenden Seiten beschreibe ich einige *Chancen*, die die Arbeitswelt von Morgen für Dich bereithält: Prognosen, die der Zukunftsforscher Matthias Horx in seinem Buch *Wie wir leben werden* nennt, und *Trends*, die schon seit Jahren zu beobachten sind und sich wahrscheinlich weiter zuspitzen werden.

Du bist ein Business

Das folgende Gespräch zwischen Vater und Sohn aus dem Buch von Matthias Horx zeigt – etwas überzeichnet – worauf Du Dich einstellen kannst:

»Papa, sag mir endlich, was ich lernen soll, damit ich eine sichere Arbeitsstelle bekomme! Du willst mir doch nicht sagen, dass ich Bäcker werden soll!«
»Natürlich nicht. Aber wie oft habe ich dir schon erklärt, dass es in Zukunft keine Arbeitsplätze und -stellen mehr gibt! Und schon gar keine sicheren!«
»Egal, wie du das nennst. Ich will eine Familie ernähren können. Ich will die Vorwürfe, dass ich dir seit Jahr und Tag auf der Tasche liege, nicht mehr hören müssen!«
»Werde Pferdeflüsterer, Lebens-Coach, Seelendesigner, Haustiergenetiker. Erfinde neue Jobs: Jeden Tag entstehen 300 neue Berufe, deren Namen bislang noch niemand kannte. Wenn du einen von ihnen erfindest, bist du auf der sicheren Seite. Werde du selbst!«

Der Trend zur *Selbständigkeit,* zum eigenen Business, ist schon seit einigen Jahren zu beobachten. Das kann bedeuten, allein oder mit einer oder mehreren Kolleg/innen eine Firma/einen Betrieb zu gründen. Oder sich als Selbständiger (freelancer) immer wieder neu für zeitlich befristete Projektmitarbeit zu bewerben.

Erfolgreich sind die Dienstleister/innen, die den Bedarf des Marktes kennen oder neue Bedürfnisse generieren, Selbständige, die die eigenen Fähigkeiten immer wieder neu zu originellen Nischen-Angeboten zusammensetzen.

Sehr zeitgemäß daher das Erfolgsrezept des Unternehmers Karl-Ludwig Schweisfurth:

»Kinder macht Euch auf den Weg und auf die Suche, ein Berufsfeld zu finden, eine Nische, in der ihr selbständig sein könnt. Seid bereit, strengt euch dafür an, etwas gründlich zu lernen. Nur das, was du gründlich gelernt hast, kannst du auch und das machst du auch und dann hast du Freude daran und bist erfolgreich.«

Als Anregung für Dich die folgende Berufsbiografie:

ANDREAS BAUMBACH überzeugt als 7-Jähriger seine Mutter, dass er Klavier spielen lernen möchte. Sein Traum : MUSIKER werden, mit einem Freund groß raus zu kommen.

Gleichzeitig – er stammt aus einer Familie von Schuhmachern – fasziniert es ihn schon als Kind in der Werkstatt seines Onkels zu sein. Besonders liebt er den Geruch dort.

Nach dem Abitur 1984 trifft er während einer Busfahrt seine Berufsentscheidung: »Machen wir halt mal ´ne Schuhmacherlehre – als Sicherheit für die Musikkarriere.«

Bei der Suche nach einem Ausbildungsplatz verbindet er geschickt seine Interessen Kunst, Handwerk und Design, indem er sich am Theater in Wiesbaden bewirbt. Nach Lehre und Meisterprüfung dort macht er sich mit 29 Jahren selbständig mit einer kleinen feinen Schuhmacherei.

Sein ursprünglicher Traum gerät in den Hintergrund.

Bei den alltäglichen Reparaturarbeiten in der Werkstatt fordert ihn jetzt häufig die Frage heraus: »Da muss doch noch was anderes drin sein!?« Die Antwort kommt aus der Tradition seines Handwerks: Schuhe machen, selbst anfertigen, Maßschuhe. Und zwar bezahlbare! Acht Jahre sucht er nach Methoden, um die Kosten für die Anfertigung eines Paares Maßschuhe zu senken.

2004 gründet er das Label BLAKEBEST – benannt nach dem britischen Erfinder einer Spezialnähmaschine. Er fertigt hochwertige Schuhe maschinell genäht, nennt sie *Passschuhe*. Er gründet ein Franchiseunternehmen, hat heute über 30 Kollegen mit im Boot, Tendenz steigend. Andreas Baumbach ist der Kopf dieses Netzwerkes, das Austausch untereinander fördert und als geballte Einkaufsmacht bei Zulieferern Konditionen erreicht, an die früher nicht zu denken war. Und damit ist ihr Angebot auch für bisher unerreichbare Kunden interessant.

Geplant hatte Andreas Baumbach diesen Berufsweg nicht. Für ihn ist seine er-

folgreiche Entwicklung die Folge seines Ehrgeizes und seines Vertrauens in die eigenen Fähigkeiten.
Dieser intelligente, sympathische und wache Mensch ist ein gutes Beispiel, dass auch Plan B zur Zufriedenheit führen kann. Dass wesentliche Talente und Interessen, die der Berufung entsprechen, immer wieder *anklopfen*, sich in Erinnerung bringen, bis sie gelebt werden.
Erfolg ist für ihn, ein ökologisches und soziales Produkt herzustellen. Das hat er erreicht. Indem er mit der Familientradition seine Begabungen für Kunst, Handwerk und Design kombiniert hat - zu einer neuen Geschäftsidee.
Klavier spielt er jetzt zur eigenen Entspannung in seiner Freizeit, zur Freude seiner Frau - wenn er nicht dazu singt.

Sein Rat an Jugendliche:

Man muss heute die Bereitschaft einbringen, auch über vertraglich Vereinbartes zu leisten und die Beharrlichkeit, Schwierigkeiten zu überleben.
Wer Arbeitszeit *absitzt,* sitzt Lebenszeit ab.

Über Grenzen arbeiten und leben

Über viele Jahrhunderte hinweg sind die Menschen dorthin gezogen, wo sie ihre Lebensgrundlagen erwirtschaften konnten. Dieses Verhalten ist nicht erst eine Reaktion auf die weltweite Öffnung der Märkte. Ganze Landstriche im Engadin in der Schweiz wurden von den Bewohnern verlassen, weil die Böden keinen Ertrag mehr brachten. Man ging der Arbeit nach. Zum Beispiel nach Norditalien. Auch in meiner Familie gab es in den zwanziger Jahren zwei Großonkel, die nach Amerika ausgewandert sind und dort in der aufstrebenden Automobilbranche ihr Glück gemacht haben. Der Preis war damals die Aufgabe der Heimat.

Die Globalisierung bietet Berufseinsteigern viele neue Berufsmöglichkeiten. Ein Aufenthalt in einer fremden Kultur hat positive Auswirkungen unter anderem auf die persönliche Entwicklung eines Menschen. Voraussetzungen sind: Neugier auf fremde Kulturen und die Bereitschaft / Lust neue Sprachen zu lernen.

Heute bewerben sich junge Ärzte nach England und in die Schweiz, Architekten akquirieren Aufträge in China, dem Kosovo und Kasachstan.

Mit dem Privileg: im Vergleich zu Großvaters Zeiten kann man heute in China in einem Projekt arbeiten und seinen Wohnsitz in Groß-Gerau beibehalten.

Interdisziplinär ist in und macht Spaß

Mehr und mehr wird unsere Arbeit in Projekten organisiert sein. Projektteams werden aus Arbeitskräften zusammengesetzt, die sich in ihren Fähigkeiten und Erfahrungen ergänzen. Dabei spielt die ursprüngliche Ausbildung der Projektmitarbeiter / innen für die Auswahl oft eine untergeordnete Rolle, vielmehr zählt ihre *spezifische Kompetenz*. Diese interdisziplinäre Zusammenarbeit ermöglicht eine vielschichtige Herangehensweise an Probleme und generiert damit ungewöhnliche Lösungen.

Erfolgreicher Projektmitarbeiter bist Du, wenn Du flexible kreative Strategien hast, weißt, wo Du das Wissen zur Lösung bestimmter Probleme findest und über einen anspruchsvollen Level von Kommunikation und Kontaktfähigkeit verfügst. Gefragt sind Individualist / innen, die darüber hinaus die *Fähigkeit zur Kooperation*, zum *Ideen- und Kompetenzaustausch* anbieten können.

Kompetente Projektleitung vorausgesetzt, kann Projektarbeit sehr viel Freude machen, weil sie durch den Austausch der vielfältigen menschlichen und fachlichen Ressourcen äußerst abwechslungsreich ist.

Bereits heute bereiten manche Bildungseinrichtungen Studierende auf interdisziplinäres Arbeiten vor. Sascha Spoun, reformfreudiger Präsident der

Universität Lüneburg, hat die Zeichen der Zeit erkannt und mutig gehandelt. Innerhalb kürzester Zeit hat der eigenwillige 40-Jährige die Universität Lüneburg von Grund auf erneuert. In seiner Rede *Als Gemeinschaft auf dem Weg* definiert der Präsident sein Konzept für eine zeitgemäße Forschung und Lehre, die Studierende auf die Anforderungen der zukünftigen Arbeitswelt vorbereitet.

»Die Lüneburger Universität leistet durch Bildung und Forschung einen Beitrag zur nachhaltigen Entwicklung der Gesellschaft. Sie trägt durch ihre Arbeit zur Förderung von Kompetenzen im Umgang mit Komplexität, zum interdisziplinären Problemlösen, zum eigenverantwortlichen und selbst gesteuerten Lernen, zur Bereitschaft und Fähigkeit zur Übernahme gesellschaftlicher Verantwortung, kurz: zur Gestaltungskompetenz bei … Mit dem künftigen Lüneburger Studium sprechen wir pro-aktive, selbständige Menschen an, voller Energie, die Neues suchen, wagen, Risiken eingehen, sich leidenschaftlich einsetzen, sich selbst und andere motivieren können, Grenzen überwinden, andere von ihren Ideen überzeugen können, hartnäckig sind bis sie Erfolg haben, Defizite erkennen und diese beheben wollen …«

Öko-logisch und nachhaltig

Engagement im Ökologiebereich bedeutet, das Leben selbst und dessen natürliche Grundlagen zu bewahren, um die Erde auf Dauer bewohnbar zu erhalten. Das hat unser Planet dringend nötig.

In Zukunft wird es in diesem Bereich vermehrt Chancen geben für Wissenschaftler, Ingenieure und kreative Menschen aus unterschiedlichen Praxisbereichen.

Neue Ideen und Konzepte sind gefragt zu *Ressourcenmanagement* zum einen und vor allem zum Thema *Nachhaltigkeit* – Herausforderungen, mit denen sich auch Geld verdienen lässt. Als Gewinn für Dich noch das gute Gefühl, an etwas ethisch Wertvollem mitzuarbeiten und Deine Lebensenergie sinnvoll einzusetzen.

Dazu zwei Erfolgsgeschichten:

Die VOLLKORNBÄCKEREI SIEBENKORN ist dafür ein gutes Beispiel: ihre konsequent ökologische Wertorientierung und hohe handwerkliche Qualität haben seit ihrer Gründung 1985 auch kontinuierlich zu steigendem wirtschaftlichem Erfolg geführt.
Aufmerksam werde ich auf sie beim Lesen der Banderole eines ihrer Brote: »Siebenkorn fördert den regionalen Anbau von alten Getreidesorten.« Das macht mich neugierig. Zumal der Hildegard – Laib aus Lichtroggen hervorragend schmeckt.
Ich treffe HERMANN FALKENBERG, einen der beiden Inhaber, in der Giessener Filiale zum Gespräch. Vom ersten Augenblick an spüre ich: dieser Mann ist überzeugt und erfüllt von seinem Tun. Er ist einer der sieben Gesellschafter, die 1985 das Bäcker-Kollektiv in Marburg gründen.
Ab 1992 sind sie nur noch zu zweit Besitzer der GmbH. Es geht kontinuierlich bergauf: Hermann Falkenberg und Meinhard Rediske sind erfolgreich mit der Herstellung und dem Verkauf ihrer ehrlichen Lebens-Mittel zum Wohl der Gesundheit von Menschen. Der Durchbruch gelingt, als sie 1999 den Mut haben, einen Laden in Marburgs bester Einkaufslage zu mieten. Heute arbeiten 60 Mitarbeiter/innen bei Siebenkorn. Neben ihren eigenen sechs Filialen und Märkten, beliefern sie Bioläden, Reformhäuser und Hofläden.
Hermann Falkenberg entdeckt seine Leidenschaft für Brot schon als 5-Jähriger. Er lebt in einem kleinen Dorf im Münsterland. Dort hilft er fast jeden Tag in der Backstube der Eltern seines Freundes: der Geruch von frischem Pumpernickel prägt sich tief in seine Seele ein. Und er erlebt große Freude, wenn er samstags mit dessen großer Schwester über Land fährt, um diese Brote zu verkaufen.
Nach dem Abitur studiert der politisch Engagierte Politik, Soziologie, Jura und Psychologie. Als er Vater wird, gilt es, neben dem Studium Geld für die Familie zu

verdienen. So fängt er zu Hause an, Brot zu backen. Das ernährt die Familie. Sein Brot ist sehr beliebt. Freunde und Bekannte kaufen es gerne von ihm.
Das Backen macht ihm großen Spaß. Neben dem Backen bestellt er noch einen Gemüsegarten. Später hält er auch Ziegen, Enten, Gänse und Hühner. Das handwerkliche Tun erdet ihn, das Studium ist ihm zu kopflastig.
So stößt er biologisch-organisch 1985 zum Bäckerei - Kollektiv Siebenkorn. Zehn Jahre arbeitet er in der Backstube, lernt dort alle handwerklichen Tätigkeiten verantwortlich zu meistern. 1996 ist der Betrieb so groß, dass er die Backstube verlässt und die Geschäftsbereiche Verkauf und Marketing übernimmt. Meinhard Rediske, Bäckermeister und Mitinhaber, hat Verantwortung für Herstellung der Backwaren, Verwaltung und Buchführung.
Vor einigen Jahren haben die beiden Freunde und Geschäftspartner gemeinsam ein Haus gebaut, das sie mit ihren Familien bewohnen.
Ihr Erfolgskonzept liegt in der Rückbesinnung auf alte, regionale Getreidesorten und handwerkliche Backkunst kombiniert mit einer achtsamen Technisierung des Backbetriebs. Und Hermann Falkenberg hat ein gutes Gespür für individuelle und gesellschaftliche Entwicklungen: als guter Zuhörer und Beobachter nimmt er die sich wandelnden Bedürfnisse seiner Kunden wahr. Die Öffnung der reinen Vollkorn-Ideologie ist vor einigen Jahren gelungen. Siebenkorn backt auch ökologische Backwaren aus hellem Mehl.
Stärke und neue Ideen entstehen auch im Verbund. Siebenkorn ist Mitglied im Arbeitskreis Gutes Brot. Bei den jährlichen Treffen tauschen sich die ca. 30 Biobäcker aus, geben sich Anregungen für neue Rezepte und Produkte, diskutieren über eine nachhaltige Herstellung.

Hermann Falkenberg rät jungen Menschen:

- sich selbst ganz einzubringen, sich zu zeigen mit dem, was in ihnen steckt.
- Mit dem Kopf einen zukunftsorientierten Beruf zu wählen. Das Gefühl muss allerdings zustimmen.

- In Berufen, die unsere Umwelt erhalten, sieht er auch langfristig gute Chancen.

Dass *Ökologie* sich auch mit *Glamour* verbinden kann, zeigt diese Erfolgsgeschichte, die in der Zeitschrift *echt 10*/2007veröffentlicht wurde:

Nach zwanzig Jahren erfolgreicher Arbeit im etablierten Modegeschäft langweilt sich Peter Ingwersen. Der 44-Jährige dänische Modemacher stellt sich die Frage: » Gibt es etwas, was ich tun muss?«
Im Herbst 2004, während der Pariser Modeschauen, hat er seine Idee: er gründet mit NOIR die erste Luxus-Modemarke der Welt, die auf nachhaltigen Werten und den Prinzipien fairen Handels aufbaut. Und bindet damit soziale Verantwortung in die Wertschöpfungskette seines Unternehmens ein.
Finanziers sind bei seinem Label NOIR genauso im Boot wie Entwicklungsorganisationen. Ein Gesundheitsprogramm für Plantagenarbeiter und ihre Familien ist im Aufbau. 2009 will er mit NOIR die Gewinnzone erreichen, bis 2015 soll die Baumwollproduktion die ökonomische Entwicklung in Uganda positiv beeinflussen. »Es ist eine brillante Geschäftsidee«, sagt Peter Ingwersen. »Und die Welt braucht neue Geschäftsideen!«

Wenn Dich ökologische Themen interessieren, kannst Du Deine Motivation in einem *freiwilligen ökologischen Jahr* überprüfen. Auf diese Weise unterwirfst Du Deine Ideale dem *Härtetest der Praxis* – eine gute Strategie: Du bist vor Ort, kannst konkrete Informationen über interessante Tätigkeiten in diesem Bereich recherchieren und wichtige Kontakte knüpfen.

Nach diesem Praxisjahr hast Du einen Teil der Berufsrealität in diesem Bereich kennen gelernt, und sicher mehr Klarheit und Orientierung gewonnen.

☝ **Hinweis**
Unter http://www.greenjobs.de kannst Du Dich über grüne Arbeitgeber/innen informieren.

Willkommen im Handwerk

Meine Erfahrung ist: nicht für jeden jungen Menschen ist ein Studium *der* Weg zu Erfolg und Zufriedenheit. Für manche Jugendliche kann gerade ein Handwerksberuf genau das Richtige sein.

Das Sprichwort *Handwerk hat goldenen Boden*, hat nach wie vor Gültigkeit. Handwerker, die qualitätsbewusste Handwerkstradition mit neuen Marketingstrategien verbinden, haben volle Auftragsbücher. Ein weiteres Zitat von Matthias Horx aus seinem Buch *Wie wir leben werden:*

»Im Zuge der neuen Ganzheitlichkeit erleben wir auch wieder eine *Neuzusammenfügung* des Arbeitsprozesses zum schöpferischen Handwerksprozess. Renaissancen handwerklicher Produktion findet man mit ein wenig Tiefblick in fast allen Sparten der Konsumgesellschaft.«

Das kann der Bau- und Möbelschreiner sein, der einfach sehr gute Arbeit abliefert. Oder auch ein *Design*schreiner, der Möbelunikate und kunstvolle Einbauten herstellt. Der Bäcker, der mit seinen ökologischen Angeboten Geschmack und Gesundheitsbewusstsein der Menschen trifft, die bereit sind, etwas mehr für ein natürliches Lebens-Mittel auszugeben. Oder der Installateur, der seinen Kunden ein bequemes Rundumsanierungsprogramm bieten kann. Auch im Gartenbau und der Landschaftsplanung gibt es interessante Ausbildungsplätze mit durchschnittlichen bis guten Verdienstmöglichkeiten.

Voraussetzung für eine selbständige Tätigkeit ist, dass Du eine alte Handwerkskunst sehr gut beherrschst, sie mit modernem Gerät und neuen Ideen anreicherst, ein Händchen für guten Service, eine Nase für Trends hast und geschickt für Dein Produkt / Deine Dienstleistung werben kannst. Wenn Du außerdem über gute Kontakt- und Kommunikationsfähigkeit verfügst, wirst Du ausreichend Kunden anziehen.

Zu Deiner Anregung drei Beispiele von erfolgreichen Handwerkern:

Der SCHREINERMEISTER KARL-HEINZ BRAUER liebt sein Handwerk, lebt seine Berufung hundert Prozent.

Die Vielfalt reizt den sympathischen 47-Jährigen Bau- und Möbelschreiner. Seine Tätigkeit als Meister in der Lehrlingsausbildung in einem Berufsschulzentrum ist für ihn eine willkommene Herausforderung. Auch in seinem Privatbereich setzt er neue Ideen in Holz um – zuletzt den Bau einer individuellen Sauna. Schon als Kind erfährt er sein handwerkliches Geschick, wächst selbstverständlich in den Schreinerbetrieb des Vaters hinein. Allerdings gibt es da noch einen anderen Berufswunsch, als er mit Fünfzehn die Schule verlässt: Radio- und Fernsehtechniker. Den behält er für sich und entscheidet sich für die Schreinerlehre im väterlichen Betrieb. Danach zieht ihn die Bundeswehr. Seine Gesellenzeit absolviert er in einer fremden Schreinerei. Die Meisterschule macht der ehrgeizige junge Mann in Abendkursen. Mit 28 Jahren hat er sein Ziel, selbständiger Schreinermeister zu sein, erreicht. Zwei Jahre später übernimmt er die Verantwortung für den Familienbetrieb. Er bildet Lehrlinge aus, stellt Schreiner ein. Da er nicht nur gute Erfahrungen mit Mitarbeitern gemacht hat, arbeitet er zurzeit allein, unterstützt von seinem Vater, der immer noch gerne seinem Beruf nachgeht.

Arbeit bedeutet für Karl-Heinz Brauer, täglich neuen Herausforderungen zu begegnen.

Erfolg ist für ihn, eine Arbeit ordentlich und präzise zu erledigen und seine Ziele zu erreichen.

Karl-Heinz Brauer rät Jugendlichen:

- Richtig wissen, was Dir Freude macht.
- Leistung, Ehrgeiz, soziales Verhalten und gute Umgangsformen, z. B. Pünktlichkeit einzubringen.

Als Erfolgsfaktoren sieht er an:

- Zufriedenheit auch durch ein erfüllendes Familienleben und Freizeitaktivitäten
- Ziele haben und verwirklichen
- Qualitätsstandards halten.

An dem KFZ-MECHANIKERMEISTER DIRK NIEGEL fällt mir besonders seine Fähigkeit auf, sein Leben bewusst zu reflektieren. Seine Eltern sind beide Sozialpädagogen, die Mutter ist inzwischen eine berufene Heilpraktikerin. Schon früh erkennt und fördert sein Vater die technische Begabung seines Sohnes. Begeistert baut und zerlegt Dirk Modellautos. Auch der Großvater väterlicherseits, ein Schiffsbauer, unterstützt den Enkel in seiner technischen Ausrichtung.
In der Schule wählt er, jeweils für ein halbes Jahr, die Fächer Elektrik und KFZ. Beides sagt ihm zu. Die bessere Note hat er im Bereich Elektrik. Er ist sich unschlüssig: soll er KFZ oder Elektrik wählen. Um die richtige Berufsentscheidung zu treffen macht er nach dem Hauptschulabschluss erst noch mal ein Praktikum in einer KFZ-Werkstatt. Das Praktikum sagt ihm zu. Mit 17 beginnt er seine Lehre bei einer BMW-Vertretung / Werkstatt.
Nach dem Zivildienst lässt er sich von einem Freund, der die Meisterschule besucht, zur Weiterbildung motivieren. KFZ-Meister ist er jetzt seit 1996.
Seit 12 Jahren ist er Teilhaber des Kollektiv-Betriebs *Kolbenfresser.* Neben den Reparaturarbeiten bildet der 41-Jährige engagiert Lehrlinge aus.
Das KFZ-Handwerk entspricht ganz Dirks Berufung. Die Arbeit bietet ihm viel Ab-

wechslung, da er in den Bereichen – mechanische KFZ-Technik, Elektrik und Karosseriebau – gut ausgebildet ist und viel Know-how einbringt.
Seine Stärken: Ehrlichkeit, Kontaktfreude und kreative Lösungen nimmt man ihm sofort ab.

Dirk Niegel rät Jugendlichen:

- Freiwillig viele Praktika zu machen, um selbst heraus zu bekommen, was es beruflich ist.
- *Aufwachen!* Sich bewusst sein über die Bedeutung von Schulbildung und Berufswahl fürs spätere Leben.
- Sich Ziele setzen und den Biss haben, sie entschieden umzusetzen.
- Fähigkeit zur Anpassung und Unterordnung und gleichzeitig Selbstbewusstsein einbringen. Und Interesse am Beruf auch außerhalb der Arbeitszeit.

OLIVIER HURÉ IST KORBMACHER und Weidenzüchter in La Pointe, einem kleinen Ort an der Loire in Frankreich. Er ist einer von dreihundert Korbmachern, die in Frankreich dieses Handwerk noch ausüben.
Die Schule ist seine Sache nicht. Für Olivier, Sohn einer Lehrerin und eines Försters, ist die Natur die Lehrmeisterin. Der Wald ist sein Zuhause. Er träumt davon, nach dem Vorbild des Vaters, Förster zu werden. Oder erst mal reisen, wie sein Onkel Jeannot.
Mit 16 verlässt er das Gymnasium. Er beginnt die Ausbildung zum Förster. Die Praxis entspricht ihm. Die Theorie an der staatlichen Landwirtschaftsschule langweilt diesen intelligenten, eigenwilligen jungen Mann. An zwei verschiedenen Landwirtschaftsschulen erhält er Schulverweis. Er wechselt zum Fach Landschaftspflege und damit an eine andere Schule. 1988 erhält der 18-Jährige sein Diplom.
An der pharmazeutischen Fakultät der Universität Angers bekommt Olivier eine Stelle als Landschaftsgärtner, ist verantwortlich für Anbau und Pflege der Arzneipflanzen. Die Arbeit macht ihm Freude, weil er sein Handwerk richtig gut kann.

Zehn Jahre später, inzwischen ist er Beamter, nimmt er sich eine Auszeit. Reist ein halbes Jahr in Südamerika. Die Erfahrungen auf der Reise lassen seinen Entschluss reifen: er kündigt die sichere Anstellung – zum Entsetzen seiner Eltern.
Es folgen drei Jahre als freiberuflicher Landschaftsgärtner.
Als er seiner Mutter in der benachbarten Korbflechter-Genossenschaft ein Geschenk für ihren Garten aussucht, erreicht ihn der Ruf des Schicksals: er spürt, das Korbflechter-Handwerk ist die logische Folge des Gartenbaus, bietet dabei mehr Raum für Kreativität und Selbstausdruck. Das zieht ihn an.
In Fayl Billot absolviert er die einjährige Ausbildung zum Korbmacher. Auch auf dieser – vorwiegend technisch ausgerichteten – Landwirtschaftsschule hat er wieder große Probleme – verlässt sie ohne Abschluss. Sein handwerkliches Können vertieft er, indem er einige Zeit von einem erfahrenen Kollegen lernt.
Seit vier Jahren lebt und arbeitet Olivier Hure als Korbflechter und Weidenzüchter in dem kleinen touristischen Dorf an der Loire. Da er die Weiden selbst züchtet, sind seine Produkte – neben höchster handwerklicher Qualität- ungewöhnlich in Farbe und Form. Er probiert gerne Neues aus, seine Körben und Objekten sieht man an, dass die Arbeit ihm große Freude macht.
Im Naturschutz sieht der ganzheitlich denkende und lebende Mann seinen Beitrag zur Gesellschaft. Seine Berufung lebt er bisher zu 70 % - er ist sich sicher, dass in etwa zehn Jahren noch etwas anderes kommt …
Seine Werte: Respekt gegenüber Mensch, Tier und Natur, Glaubwürdigkeit und Qualität lebt er überzeugend.
Er wird sein Leben sicher noch mehr genießen, wenn er den für Verkauf und Vermarktung die gleiche Leidenschaft entwickelt, wie zur Herstellung seiner ungewöhnlich schönen Gebrauchskunstwerke.

Olivier rät Jugendlichen:

- Das zu machen, was Du fühlst – möglichst unbeeinflusst von anderen
- Vieles auszuprobieren
- Entsprechend Deinen Ideen zu arbeiten und das Leben zu genießen.

- Sein Credo:»Tue, was Du liebst, wenn es Dir möglich ist!«

☝ **Hinweis: Ausbildung zum Europaassistent / in im Handwerk**

Um das Handwerk für *leistungsstarke Auszubildende* attraktiv zu machen, haben die Handwerkskammern von Nordrhein-Westfalen mit den Berufsschulen und dem NRW-Schulministerium die *Ausbildung zum Europaassistent/n* ins Leben gerufen. Sicher interessant ist für *Jugendliche mit Fernweh.*
Dieses Programm ermöglicht Dir, während einer handwerklichen Ausbildung, z. B. als Installateur, ein paar Wochen für ein Praktikum nach Frankreich zu gehen und dort in einem Meisterbetrieb mitzuarbeiten.
Diese interessante Möglichkeit, während der Ausbildung auf *Wanderschaft* zu gehen, wird finanziell unterstützt von der Europäischen Union. Ziel dieser Förderung ist es, die jahrhundertealte Tradition, die *Lehr- und Wanderjahre*, im Handwerk wieder aufleben zu lassen (www.letsgo-netz.de).
Die Initiatoren versprechen sich davon, dass Auszubildende über den eigenen Horizont hinausschauen, soziale Kompetenz, selbständiges Arbeiten und Sprachkenntnisse erwerben und die von Land zu Land unterschiedliche Methoden in ihrem Handwerk kennen lernen – Anforderungen, die in Zukunft von Arbeitgebern vermehrt gestellt werden.

Raus aus der Komfortzone, rein in die Kreativökonomie

Glaubt man den Ausführungen des Zukunftsforschers Matthias Horx, wird es

»[...] in der Kreativökonomie keine Nischen mehr geben. Keine gemütlichen Schreibtische, hinter deren Gummibäumen und Sachzwängen man sich verstecken kann. Keine ausgedehnten Kaffeepausen, bezahlte, teure Zeit. Alles, was Industriekultur ja auch so komfortabel machte – das Gleichmaß, die Unschärfe, die Fehlertoleranz, die Nischen, die Delegationsmöglichkeiten an andere, aber auch die saubere und komfortable Trennung zwischen Arbeit und Freizeit.«

»Schlaue Haie«, © copyright Martin Zak

Das ist insofern eine Chance, als es *Langeweile, Unterforderung* am Arbeitsplatz *und brachliegende Fähigkeiten* in Zukunft nicht mehr oft geben wird.

Du wirst herausgefordert, immer weiter zu lernen, verborgene Talente von Dir zu entdecken und auszubilden, neue Strategien zu erproben und damit Deine Erfahrungen und Aufgabenbereiche zu erweitern. Das kann später ein sehr reiches Gefühl sein: all das, was in Dir angelegt war, zur vollen Blüte gebracht zu haben.

Im nächsten Kapitel findest Du eine Auswahl von Antworten meiner Interviewpartner/innen auf meine Frage: Was bedeuten Erfolg und Zufriedenheit für Sie?

Erfolg und Zufriedenheit – ein weites Feld

»Wer Glück und Erfolg hat,
muss von etwas geträumt haben.
Nicht, weil er ein guter Arbeiter ist,
hat er Glück,
sondern weil er geträumt hat.«
Ein Ojihwa-Indianer zu seinem Enkel

»Nicht deine Anstrengungen
entscheiden über deinen Erfolg im Beruf,
sondern deine Hingabe.«
Eckhard Tolle

»Ein solider Erfolg zeichnet sich durch Dauer, Stabilität
und Nutzen für alle aus.«
Niccolo Machiavilli

Erfolgreich zu sein, ist vermutlich der Wunsch aller Menschen. Die Vorstellungen davon, was Erfolg ist, sind allerdings individuell sehr unterschiedlich.

Möglich, dass Du Dich überhaupt noch nicht damit beschäftigt hast, was *Erfolg* für Dich im Hinblick auf Dein berufliches und privates Leben bedeutet? Sicher kannst Du Dir vorstellen, dass es die Berufswahl erleichtert, wenn man sich bewusst ist, was man von einem erfolgreichen Leben erwartet.

Als Anregung hier einige Antworten meiner Interviewpartner/innen auf die Frage: *Was bedeutet Erfolg für Sie?* Diese Definitionen können Dir die Suche danach erleichtern, was *für Dich* alles zu einem erfolgreichen Leben dazu gehört. Eine Zusammenfassung der wesentlichen Erfolgsdimensionen ist in der folgenden Abbildung 2 zu sehen.

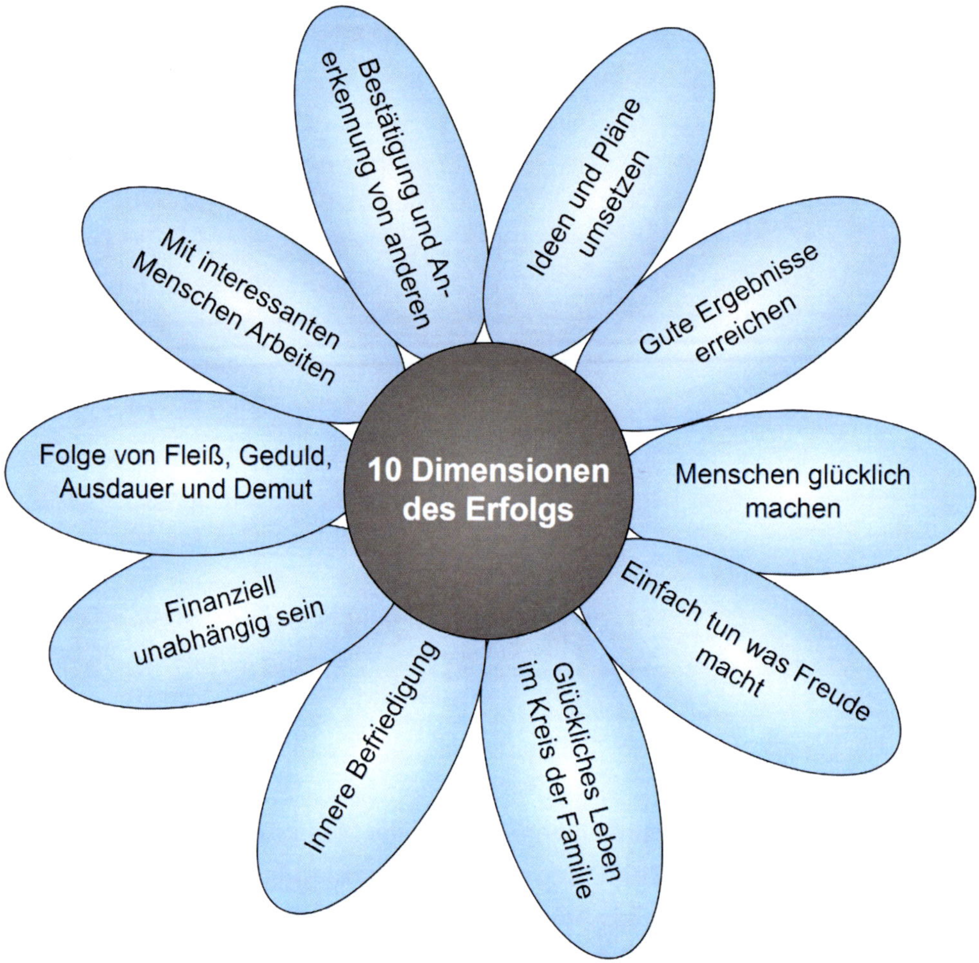

Abbildung 2: 10 Dimensionen des Erfolgs

Unterschiedliche Ansichten zu Erfolg und Zufriedenheit

»Erfolg ist dann da, wenn jemand mit dem, was er tut, zufrieden ist und finanziell ein gutes Auskommen hat.« *Immo Herbst, Unternehmer*

»Erfolg ist Bestätigung, auf dem richtigen Weg zu sein.«

Bernhard Schneiter, Psychologe

»Erfolg ist: immer weitermachen.«

Rainer Völkel, pensionierter Amtsleiter, Montessori-Dozent

»Erfolg ist die natürliche Folge von Fleiß, Disziplin, Geduld, Ausdauer und Demut.« *Dr. med. Andrea Claussen, Ärztin*

»Erfolg ist, wenn ich weiß, ich habe einen Menschen glücklich gemacht mit meiner Beratung.« *Tamara Held-Witte, Verkäuferin*

»Erfolg ist, wenn ich nach 15 Jahren, nachdem alle gedacht haben, ich bin verrückt, die Aufmerksamkeit und Wertschätzung von Politikern bekomme und andere Unternehmer von mir lernen wollen.«

Karl-Ludwig Schweisfurth, Unternehmer

»Erfolg ist für mich: erfüllt und glücklich zu sein.« *Petra Maier, Bestatterin*

»Erfolg ist für mich eine Art Zuruf von draußen.« *Peter Härtling, Schriftsteller*

»Erfolg ist, wenn man als Gesprächs- und Geschäftspartner geschätzt ist.«

Jürgen Bernecker, Einkaufsleiter

»Erfolg ist, für Mandanten möglichst gute Ergebnisse zu erreichen.«

Gerhard Strauch, Rechtsanwalt

»Erfolg ist, wenn man finanziell unabhängig und anerkannt ist.«

Dr. med. Margarete Mantke-Geiger, Ärztin

»Erfolg ist eine innere Befriedigung.«
Angelika Thiels, Stadtverordneten-Vorsteherin

»Erfolg ist Anerkennung durch andere.« *Brigitte Böke, Architektin*

»Erfolg ist, wenn man mit allen Höhen und Tiefen des Lebens zurechtkommt, und etwas Gutes draus macht.« *Wolfgang Schreiber, Manager*

»Erfolg ist, wenn Menschen mir sagen, dass meine Sachen schön sind.«
Christel Barth, Keramikerin

»Erfolg ist ein glückliches Leben im Kreis der Familie und Freunde.«
Marc Hilgenfeld, Gold- und Silberschmied

»Erfolg ist, wenn die Arbeit mir Freude macht und die Menschen mich bestätigen.« *Sybille Aderhold, Physiotherapeutin / Yogalehrerin*

»Erfolg ist, wenn ich etwas plane und es realisiert ist.« *Rita Thies, Dezernentin*

»Erfolg ist, wenn ich Freude an der Arbeit habe und mein Selbstbewusstsein steigt.« *Dirk Niegel, Automechanikermeister*

»Erfolg ist positive Resonanz, Lob, Geld und wenn auf Anstrengung ein gutes Ergebnis folgt.«
Gisela Wülffing, Leiterin Stabsstelle Frauenpolitik, Hess. Sozialministerium

»Erfolg ist Bestätigung dessen, was ich erreicht habe und was mir zufällt.«
Bernhard Lorenz, Geschäftsführer

»Erfolg ist, mich freuen, was dabei rauskommt, wenn ich wunderbare Menschen um mich habe.« *Barbara Blanke, Managerin*

»Erfolg ist Lohn der Arbeit – ein Schaumbad, gut fürs Selbstbewusstsein.«

Fred Peter, Atemtherapeut, Dozent

✍ **Anleitung**

Vielleicht bist Du jetzt neugierig, was Du Dir unter einem erfolgreichen Leben vorstellst?

Schreib am besten alles auf, was Dir dazu einfällt.

Du kannst auch eine Geschichte dazu schreiben, die so beginnt:
Wenn ich als Großmutter / Großvater in einem bequemen Sessel sitze und auf mein Leben zurückschaue, fühle ich mich erfolgreich, bin zufrieden, wenn …

Berufung – Was ist das eigentlich?

»Unsere Wünsche sind Vorgefühle der Fähigkeiten,
die in uns liegen, Vorboten desjenigen,
was wir zu leisten imstande sein werden.«
Johann Wolfgang von Goethe

»Was in so vielen Leben verloren gegangen ist
und zurück gewonnen werden muss:
ein Gefühl der persönlichen Berufung,
dass es einen Grund dafür gibt,
warum ich auf der Welt bin.«
James Hillman

»In jedem lebt ein Bild des, der er werden soll.
Solang er dies nicht ist, ist nicht sein Friede voll.«
Angelus Silesius

Auf einer Geburtstagsfeier lerne ich die Eltern von Ralph B. kennen. Voller Stolz erzählt sein Vater, dass Ralph gerade seine Habilitation als Mediziner abgeschlossen hat und bereits mit 32 Jahren Professor ist. Das macht mich neugierig. Ich erfahre, dass sein Sohn bereits im Kindergartenalter bei jeder sich bietenden Gelegenheit mit seinen Freunden *Krankenhaus* gespielt hat, genauer gesagt: *Operationssaal.* Alle haben Mundschutz und grünes Häubchen und Umhang angelegt, der Teddy liegt mit aufgeschlitztem Bauch auf dem Bügelbrett, Ralph ist natürlich der Arzt …

In Ralphs Beispiel zeigt sich die *Berufung* bereits in der Kindheit sehr deutlich. Ein großes Glück.

Berufung – vielleicht hört sich dieser Begriff für Dich ziemlich uncool an und ein bisschen nach Traumtänzerei?

Berufung ist ganz einfach das, wovon Deine kühnsten Träume handeln. Eine Möglichkeit, ihr auf die Spur zu kommen ist, indem Du Dich fragst, was Dir schon immer leicht fällt, Du gerne tust und damit auch überdurchschnittlich gut kannst. Dazu später mehr.

Der amerikanische Psychologe James Hillman hat zum Thema Berufung ein ungewöhnliches Buch mit dem deutschen Titel *Charakter und Bestimmung* geschrieben. Darin stellt er die Theorie auf, die besagt, dass wie in einer Eichel, in der schon alles für den werdenden Baum enthalten ist, jeder Mensch schon als Kind ein *inneres Bild* in sich trägt, das nach Entfaltung verlangt. Seiner Ansicht nach verträgt dieses Bild keine allzu großen Abweichungen. Meine langjährige Erfahrung mit Menschen, die sich beruflich weiter entwickeln wollten, bestätigt seine *Eicheltheorie*. Hillman beschreibt seine Beobachtung wie folgt:

»Früher oder später scheint uns irgend etwas zu einem bestimmten Weg zu rufen. Möglicherweise erinnern Sie sich an dieses *Irgend-Etwas* als einen Zeichen setzenden Augenblick in der Kindheit, als einen Drang aus dem Nirgendwo, eine Faszination, eine eigenartige Wendung der Ereignisse, die wie eine Verkündigung einschlug: Das ist es, was ich tun muss; das ist es, was ich haben muss. Das ist der Mensch, der ich bin.«

Wir alle kennen *solche* Menschen, die genau das tun, was *ihr Ding* ist. Von ihnen geht eine besondere Faszination aus. Ob das der berufene KFZ-Mechaniker, die zugewandte Physiotherapeutin oder der engagierte Lehrer ist: sie haben eine ungewöhnlich gewinnende Ausstrahlung. Ihre Arbeit hat eine *Qualität*, die nur entsteht, wenn jemand von dem, was er tut, *erfüllt* ist.

Wer seine Berufung lebt, arbeitet mit Freude und Leidenschaft, verbreitet gute Stimmung und kann andere Menschen begeistern und mitziehen. Eckart von Hirschhausen sagt das in seinem Buch *Glück* so:

»Wer sein Hobby zum Beruf macht, muss nie mehr arbeiten. Ich kann das nur empfehlen. Ob ihre Arbeit schon etwas von *Berufung* hat, können Sie mit einer Frage für sich klären: Würde ich das auch tun, wenn ich kein Geld dafür bekäme?«

Berufung? – Sollte man in der aktuellen Wirtschaftskrise nicht dankbar sein, *irgendeinen* Ausbildungsplatz oder Job zu finden, auch wenn dieser die eigenen Fähigkeiten und Interessen nicht so trifft? Das hört sich nach gesundem Menschenverstand an – und ist doch die falsche Einstellung.

In mehr als zwanzig Jahren Karriereberatung mit den unterschiedlichsten Menschen habe ich die Erfahrung gemacht: wer seine Berufung erkennt und ihr folgt, ist Krisen gegenüber am besten geschützt. Auch dann, wenn viel von Dir gefordert wird – mit der Freude, die aus einer Aufgabe entsteht, die Dich wirklich fasziniert – hast Du die Kraft, weiterzumachen.

Jetzt höre ich Dich förmlich fragen: hört sich interessant an, aber wie finde ich denn meine Berufung?

Wenn Du eine nachhaltige Berufswahl anstrebst, geht es darum, wieder in Kontakt mit diesem visionären Bild zu kommen, wer Du sein kannst. Ich bin ziemlich sicher, dass auch Du dieses *innere Bild* in Dir trägst. Allerdings ist es oft nur noch vage zu erkennen, weil es durch jahrelange alltägliche Erlebnisse überlagert wurde. Daher sagen viele Jugendliche: »Ich weiß nicht, was ich werden will«

Kann es sein, dass Du sagen müsstest: »Ich weiß nicht ***mehr,*** was ich werden will«

Denn als Kind wusstest Du es schon, hast genau wie Ralph entsprechende Spiele gespielt, Rollen in Schule, Freizeit und Familie übernommen, die damals schon mehr oder weniger deutliche Hinweise auf Deine Berufung gegeben haben. Aber irgendwie ist dieses innere Wissen wieder in Vergessenheit geraten.

Jugendliche nehmen ihre Berufung nur noch schemenhaft, wie durch einen Schleier, wahr. Es braucht dann eine besondere Situation, ich nenne sie *Schlüsselerlebnis oder Klick,* um diesen Schleier zu lüften und das Wissen um die Berufung wieder zugänglich zu machen.

Diese *Klicks* erreichen uns auf *merk-würdige* Weise und sind für jeden von uns anders *gestrickt*. Oftmals sind mir solche *Schlüsselerlebnisse* beschrieben worden als Gedankenblitz, als Intuition, die meist überraschend auftaucht, spontan eine klare, umfassende Botschaft vermittelt, und dann wieder aus dem Bewusstsein verschwindet. Im nächsten Kapitel findest Du anschauliche Beispiele von solchen Schlüsselsituationen.

Gelingt die Anknüpfung an das frühe Wissen, sagt auch mancher Erwachsene: »Stimmt, das wollte ich damals und das ist es auch heute noch! Merkwürdig, dass ich das so lange nicht mehr wusste!«

Wesentliche Voraussetzungen, um Deiner *Berufung* auf die Spur zu kommen, sind Ruhe und Konzentration. Und damit ist klar, warum sich Jugendliche heute so schwer tun, ihre Berufung *wahrzunehmen.* Sie leben in einer Welt voller Ablenkungen und Lärm, die den Zugang zu den feinstofflichen Schichten der Seele fast unmöglich macht.

Im Kapitel *Praxisteil: So findest Du Deine Berufung,* ist eine konkrete Anleitung, die Dich *wieder* in Verbindung mit *Deinem inneren Wissen* bringen kann.

Hillman zieht übrigens zum Beweis seiner Behauptung, dass jeder von uns mit einem bestimmenden Bild geboren wird, Biografien bekannter Persönlichkeiten heran. Ganz bewusst wählt er Menschen, die Außergewöhnliches leisten. Allerdings geht es ihm *nicht* um die Verehrung von Reichen und Berühmten, sondern darum, dass man bei ihnen die Impulse des Schicksals sehr gut beobachten kann.

> »Außergewöhnliche Menschen legen das bessere Zeugnis (von ihrer Berufung. U. H.) ab, weil sie das zeigen, was normalen Sterblichen einfach nicht gelingt. Wir scheinen weniger Motivation aufzubringen und dafür leichter ablenkbar zu sein. Dennoch wird auch unser Schicksal von dem gleichen universalen Motor angetrieben. Außergewöhnliche Menschen gehören nicht einer anderen Kategorie an; die Arbeitsweise dieses Motors ist bei ihnen einfach nur leichter erkennbar.«

Hillmans Eicheltheorie besagt auch, dass in uns, wie im *Keim einer Pflanze, gleichzeitig alles Vergangene, Gegenwärtige und Zukünftige* enthalten ist. Folgt man dieser Sichtweise, bedeutet das, dass jeder Mensch eine *Einzigartigkeit* in sich trägt, die bereits vorhanden ist, *bevor* sie gelebt werden kann. Dazu zitiert er

Picasso, der gesagt hat: »Ich entwickle mich nicht, ich bin.« Vielleicht kannst Du das nächste Mal, auf die Frage: »Was willst Du werden?« – die Frage bekommt man ja spätestens ab 14 immer wieder gestellt, und sie kann ganz schön nerven – pfiffig antworten: »*Ich bin schon*.«

Achtung! Das ist nicht falsch zu verstehen: die Hände in den Schoß legen und tatenlos abwarten, bis sich alles in Deinem Leben fügt, ist damit nicht gemeint. Die *Berufung* gibt Dir Orientierung, damit Du im Dschungel der vielen Möglichkeiten *Deinen Weg* findest, sie weist Dir die *Richtung* und das *Ziel* – allerdings ist es *Deine Aufgabe*, aktiv zu werden, damit aus dem inneren Ruf *Dein Beruf* wird.

Wie bereits gesagt, zeigt sich bei außergewöhnlichen Menschen die Berufung besonders deutlich. Sie *sind* außergewöhnlich und erfolgreich, weil sie ihre Bestimmung klar erkannt haben und loyal zu ihr sind. Vielleicht sind ihre Biografien gerade deshalb so interessant für uns. Dazu einige Beispiele:

Der Nationaltorhüter Oliver Kahn und der bekannte chinesische Pianist Lang Lang antworten in einem Interview des Schweizer Nachrichten Magazins *FACTS* auf die Frage des Journalisten: »Wer oder was entscheidet darüber, wer seine Hände als Torhüter nutzt und wer als Pianist?«
Oliver Kahn: »Die Bestimmung. Jeder Mensch hat eine ganz klare Bestimmung, was er in seinem Leben tun soll. Viele meinen, dass man seine Bestimmung, die man vom lieben Gott bekommen hat, auch hundertprozentig finden muss. Aber die Bestimmung selbst zu finden, ist nicht einfach. Da kommt dein Umfeld ins Spiel, deine Eltern, die dich auf dein Talent hinweisen.«
Lang Lang: »Meine Bestimmung fand ich durch Tom und Jerry, die ich im Fernsehen gesehen hatte. Ich liebte sofort die Art, wie Kater Tom Klavier spielte. Danach dachte ich: Wow, wär doch super, wenn ich Klavierspieler sein könnte. Da war ich drei. Mein erstes Recital machte ich mit fünf, und ich merkte sofort: Ich liebe die Bühne, die Lichter, das Publikum.«

Unabhängig davon, ob ein Mensch bereits zufrieden und erfolgreich tätig ist, kann seine Bestimmung ihn daran erinnern, dass er noch nicht an seinem Ziel angekommen ist. In der Zeitschrift *ELLE* 5 / 2008 lese ich:

»Der in New York lebende Fotograf David Byun, hatte als Jugendlicher einen Traum: er wollte irgendwann seinen Bildband mit künstlerischer Fotografie entwickeln. Vor vier Jahren klopfte die Berufung bei ihm erneut an: ihm wurde klar, dass er als Art-Director einer Werbeagentur sein Ziel nur schwer erreichen kann. Er kündigte, wurde Modefotograf. Der Erfolg stellte sich sofort ein: David Byun wird für seine außergewöhnliche Experimentierfreude geschätzt.«

Auch wenn Du nicht gleich die Chance hast, Deinem inneren Ruf zu folgen, Du kannst darauf vertrauen, die Berufung wird sich immer wieder mal bemerkbar machen. Und sie ist sehr *beharrlich*. Sie will, dass Du das, was an individuellen Begabungen in Dir angelegt ist, in einem beruflichen Ziel verwirklichst. Was sie sich alles einfallen lässt, kannst Du im Kapitel *Zweite Chance: es ist nie zu spät, der Berufung zu folgen* lesen.

So kann es sein, dass sie Dir erst mit 35 auf die Schulter klopft und sagt: »Schon ganz gut, was Du erreicht hast, nur – Du tust noch nicht das, was Du tun könntest, was wirklich *Dein Ding* ist und Deinem Leben Sinn verleiht!«

✍ Anregung

- Nimm Dir jetzt einen Moment Zeit, leg vielleicht das Buch aus der Hand, lehn Dich bequem zurück, um Deine Gedanken und Gefühle zum Thema Berufung wahr zu nehmen …
- Erinnere Dich, was Du als Kind gespielt hast?
- Vielleicht hast Du schon erste Vorstellungen zu Deiner Berufung? Oder Du weißt es ganz genau, hast Dich bisher nur nicht getraut, dazu zu stehen?
- Möglich, dass Dich die eine oder andere Aussage neugierig macht?

- Vielleicht denkst Du auch: Was soll ich mit Berufung! Völlig veraltet! Ich bin doch froh, wenn ich überhaupt irgendeinen Ausbildungsplatz oder Job bekomme.
- Oder ein ganz anderer Gedanke, eine andere Frage beschäftigt Dich dazu?
- Nimm ein möglichst großes Blatt Papier und schreib alles auf, was Dich gerade beschäftigt ...

Schlüsselerlebnisse – Vorladungen des Schicksals

»Wenn der Mantel Gottes durch die Gänge weht,
soll man einen Zipfel ergreifen.«
Otto von Bismarck

»Wir müssen lernen, die Erfahrungen ernst zu nehmen,
durch die uns in besonderen Augenblicken
das Göttliche Sein berührt und ruft.«
Karfried Graf Dürckheim

Deine Berufung bietet Dir viele kreative Möglichkeiten an, um auf sich aufmerksam zu machen. Es kann sein, dass sie sich Dir bereits im Kindesalter deutlich zeigt und Du ihren Impulsen während des Heranwachsens stringent folgst, so dass Du ohne Umwege in *Deinem Beruf* ankommst, wie es die Geschichte von Ralph im vorhergehenden Kapitel zeigt.

Oft ist es so, dass Dein frühes Wissen um die Berufung in *Vergessenheit* geraten ist. Du warst schließlich während Deiner Kindheit und Jugend vielen äußeren Eindrücken und Erwartungen ausgesetzt, mit denen das Wissen um Deine Berufung überlagert wurde. Keine Angst, Deine Bestimmung ist hartnäckig und macht immer wieder auf sich aufmerksam: es kann ein *Aha-Erlebnis* sein, wenn Dir zum Beispiel jemand begeistert von seinem Beruf erzählt. Du hörst Dich dann spontan innerlich sagen »Das will ich auch!« Oder, Du beobachtest eine Person in einem Film und spürst ein *Klick, eine Resonanz* auf das, was diese in ihrer Rolle darstellt. Dieser *Klick* kann ein Hinweis sein, dass Du gerade Deiner Berufung begegnet bist.

Der Psychologe James Hillman, aus dessen Buch *Charakter und Bestimmung* ich schon zitiert habe, beschreibt den Prozess, der uns auf das *ganze Bild*, auf die *vollständige Gestalt* der Bestimmung aufmerksam macht:

»Intuition ist klar, schnell und vollständig. Wie eine Offenbarung kommt alles zugleich und rasch. Intuitionen geschehen; wir erzeugen sie nicht. Sie kommen zu uns als plötzlicher Einfall, als klares Urteil, als erfasste Bedeutung. Sie tauchen im Gefolge eines Ereignisses auf (= Schlüsselerlebnis – die Autorin), das sie auszulösen oder dem sie inne zu wohnen scheinen. Jemand sagt etwas, und »wir kapieren« es einfach so. Jemand zeigt uns ein kurzes, schwieriges Gedicht, und »wir verstehen«. Wir gehen zu einer großartigen Retrospektive ins Kunstmuseum, und ohne die Informationstexte zu lesen oder den Kopfhörer für die Audioinformation aufzusetzen, stehen wir vor einem Bild an der Wand, schnappen nach Luft und denken: »Aha!« Wir sind getroffen.«

Die folgenden Beispiele können Dich an Schlüsselsituationen in Deinem eigenen Leben *erinnern* bzw. Dich anregen, künftig auf solche Fingerzeige Deines Schicksals aufmerksam zu sein.

Vorbilder

Vorbilder, Frauen oder Männer, die genau das tun, was *ihr Ding* ist und das auch ausstrahlen, können Wegweiser für Dich sein. Vielleicht fühlst Du Dich von der ein oder anderen Lebensgeschichte spontan angesprochen, bist plötzlich hellwach: dann passiert so ein *Klick* oder *Aha-Erlebnis:* wie gebannt beobachtest Du Dein Vorbild, bekommst von Innen die Botschaft »Das will ich auch!«

Bemerkenswert ist dabei der folgende Zusammenhang: das, was Dich an einem Vorbild begeistert, seine oder ihre besonderen Kompetenzen – ist ein Hinweis auf *Deine* eigenen Fähigkeiten und Interessen. Sonst würde Dir dieser Mensch überhaupt nicht auffallen. Durch die Beobachtung *außen* entsteht sozusagen eine Resonanz zu einem Teil Deines *inneren* Potenzials und umgekehrt.

Einige Beispiele zum Verständnis:

Der STUDIENDIREKTOR ALBERT LANG hat das Glück, in seinem Grundschullehrer ein solches Vorbild zu haben. Dieser berufene Pädagoge hat sehr viel Freude an den Kindern und an seiner Aufgabe. Der 7-Jährige Albert beschließt: *Das will ich auch!* Er ist der erste in der Bauern- und Arbeiterfamilie, der einen akademischen Beruf ergreift – die Reaktion der Eltern ist daher zunächst zögerlich. Unbeirrbar setzt Albert Lang seinen Lebensauftrag in die Tat um und ist noch nach 30-jähriger Tätigkeit im Schuldienst ein begeisterter Pädagoge.

Auch der TIERARZT DR. FRIEDRICH-WILHELM HANEBUTH findet seine Bestimmung über ein Vorbild. Von klein auf beobachtet er, wie Dr. Hoppenstedt, Veterenär auf dem Bauernhof der Familie, mit Respekt und Hochachtung begrüßt wird. *Das will ich auch!*, sagt er sich schon als Kind. Mit dieser inneren Entscheidung sind die Würfel für seine Berufswahl gefallen.

Die vielfach ausgezeichneten PORTRÄT-FOTOGRAFIN MONIKA WERNEKE hat in ihrem Vater, ein Vorbild, das ihrem Berufsweg die Richtung gab. Ihr Grundanliegen ist es, Menschen nahe zu kommen, ihnen in die Seele zu schauen – durch das Objektiv der Kamera.
Schon die Fünfjährige spürt deutlich den inneren Ruf: *Ich möchte Fotografin werden!*
Ihr Vater, selbst Fotograf im eigenen mittelständischen Unternehmen, erkennt und fördert früh das Talent seiner Tochter. Sie ist noch nicht 14, als sie in Workshops von international anerkannten Fotografen ihr Handwerk lernen kann.
Kaufmännische Kenntnisse erwirbt sie sich während ihrer Lehre im Feinkostgeschäft der Großmutter. Mit 17 beginnt sie ihre Ausbildung zur Fotografin, lernt diesen Beruf im elterlichen Betrieb in allen seinen Facetten sehr gut kennen.
Nach nur 1 ½ Jahren besteht sie vorzeitig die IHK-Prüfung: mit Auszeichnung.
Vier Jahre bleibt sie noch dem elterlichen Unternehmen treu. Es zieht sie schon län-

ger nach Norden ... an die Hamburger Fotografenschule. Dort lernt sie ihren Mann, einen Berufskollegen, kennen. Mit 28 Jahren absolviert sie die Meisterprüfung. Ganz bewusst wählt das Fotografenpaar Wiesbaden als Wohn- und Arbeitsort. Erfolg ist für sie, wenn sie Menschen glücklich machen kann.
Nahe liegend, dass sie sich auch soziale Herausforderungen sucht: 2003 bis 2005 hat sie in der Jugendvollzugsanstalt Wiesbaden in einem 6-monatigem Kurs jungen Häftlingen die Möglichkeit geboten, sich und ihre persönliche Erfahrung im Gefängnis professionell und authentisch zu fotografieren.
Diese Portraits sprechen eine deutliche Sprache: mit ihrer warmherzigen Persönlichkeit ist es ihr gelungen, diese jungen Männer zu motivieren und zu stärken: in ihrem Selbstwertgefühl, ihrer Würde.
Inzwischen gibt es einen Film über dieses beispielgebende Projekt.
Den Sinn des Lebens sieht sie darin, Impulsgeberin für andere zu sein, sich immer wieder neu in Frage zu stellen und sich weiterzuentwickeln
Sie selbst, auch ihr ungewöhnlich schönes Fotoatelier, ein Loft mit bezaubernder Terrasse, strahlen aus: hier lebt ein Mensch mit Freude und Erfolg seine Berufung!

Monika Werneke rät Jugendlichen:

- Nimm Dir Zeit für Praktika, zum Ausprobieren Deiner Fähigkeiten und Interessen.
- Finde heraus, was Dir leicht fällt und Dich freut.
- Bringe dich selbst ganz ein, mit Herzblut und Leidenschaft.
- Entwickle die Bereitschaft, immer weiter zu lernen und den Mut, Dich auf neue Dinge einzulassen, die Du noch nicht kannst.

Spiele als Kind

Die Spiele von Kindern zeigen, mehr oder weniger deutlich, wo die Lebensreise hin geht.

Auf einer Geburtstagsfeier lerne ich die Eltern von Ralph B. kennen. Voller Stolz erzählt sein Vater, dass Ralph gerade seine Habilitation als Mediziner abgeschlossen hat und bereits mit 32 Jahren Professor ist. Das macht mich neugierig. Ich erfahre, dass sein Sohn bereits im Kindergartenalter bei jeder sich bietenden Gelegenheit mit seinen Freunden *Krankenhaus* gespielt hat, genauer gesagt: *Operationssaal*. Alle haben Mundschutz und grünes Häubchen und Umhang angelegt, der Teddy liegt mit aufgeschlitztem Bauch auf dem Bügelbrett, Ralph ist natürlich der Arzt …

Auch der THEATERREGISSEUR LUC BONDY ist ein gutes Beispiel: schon als Junge erfindet er Geschichten – aus Strandgut. Kein Wunder also, dass er diesen Beruf erlernt hat und darin sehr erfolgreich ist.

Vielleicht schaust Du Dir Fotos von früher an, die zeigen, was Du gespielt hast, was Dich damals schon bewegt hat. Auch in Gesprächen mit Deinen Eltern, Geschwistern und Freunden kann dieses frühe Aufleuchten Deiner Berufung wieder Deinem Bewusstsein zugänglich werden.

Unangepasstes Verhalten von Kindern

Auffälliges, rebellisches Verhalten von Kindern weist auf eine besondere Begabung hin. Hillman beschreibt dazu die Geschichte von Yehudi Menuhin:

Der knapp 4-Jährige ist mit seinen Eltern im Theater. Der erste Geiger Louis Persinger spielt eine Solopassage. Nach dem Konzert fragt das Kind aufgeregt seine Eltern, ob es zu seinem Geburtstag eine Violine bekomme und ob Louis Persinger sein Lehrer werden könne.

Seinem Wunsch wurde entsprochen – in Form einer Spielzeugvioline. Er ist empört, weint und wirft schließlich wütend das Instrument auf den Boden. Sein Talent, damals schon für ihn spürbar, wollte ernst genommen und nicht wie ein Kind behandelt werden. Seine Hände wollten beginnen, dieses Instrument richtig zu lernen.

Ereignisse, die intensive Gefühle auslösen

Starke Gefühle, spontane Begeisterung für etwas oder stundenlang in eine bestimmte Beschäftigung versunken sein, sind deutliche Hinweise auf die Berufung.

Bei der DIPLOM-VOLKSWIRTIN UND ROMANISTIN BARBARA BLANKE zeigt sich die Berufung auf folgende Weise: sie reist nach dem Abitur nach Frankreich und erlebt eine totale Euphorie, als sie dort aus dem Zug steigt. *International arbeiten* sind die beiden Schlüsselworte, die sie in sich wahrnimmt. Zwei entscheidende, Richtung weisende, Worte für ihre Berufswahl. Die heute 42-Jährige Mutter von zwei Töchtern arbeitet seit siebzehn Jahren begeistert und erfolgreich in einem *internationalen Konzern*.

Mit starken Gefühlen macht sich die Bestimmung bei dem bedeutenden Britischen PHILOSOPHEN. R. G. COLLINGWOOD (1889-1943) auch schon als Kind bemerkbar:

»Mein Vater hatte viele Bücher … als ich acht Jahre alt war, nahm ich neugierig ein kleines schwarzes Buch des deutschen Philosophen Kant aus dem Regal. Ich begann zu lesen. Sofort empfand ich intensive Aufregung. Ich fühlte deutlich, dass hier ganz wichtige Dinge gesagt werden, die ich um jeden Preis verstehen musste. Ich fühlte, dass ein Schleier sich gehoben und mir mein Schicksal enthüllt hat.«

Der ARCHITEKT NORMAN FOSTER, einer der technisch innovativsten und erfolgreichsten Architekten der Gegenwart, schildert in einem Interview in der

ZEIT 35 / 2008 die Begegnung mit seiner Berufung als 14-Jähriger, seinen *Flash*, seine Manie, wie er das nennt:

»Meine Eltern waren einfache Arbeiter, und auch sonst gab es in meinem Umfeld niemanden, der je auf die Idee gekommen wäre, eine Universität zu besuchen. Ich habe es wirklich dieser Bibliothek (in Manchester, GB) zu verdanken, dass ich zu dem wurde, was ich heute bin. Erst dort habe ich die Architektur für mich entdeckt, Bücher über Frank Lloyd Wright zum Beispiel und von Le Corbusier. Von denen kam ich gar nicht wieder los ... Lesen ist das falsche Wort. Ich versank in diesen Büchern. Es waren für mich Abenteuerbücher.«

Mit dem Fahrrad folgt er *seiner Manie,* radelt aus Manchester hinaus, sieht sich Häuser an, immer auf der Suche nach schönen Gebäuden.

Die folgende Berufsbiografie zeigt deutlich, wie durch ein intensives Erleben die ursprüngliche Berufswahl in Frage gestellt und konsequent zugunsten der Berufung aufgegeben wurde.

Der Ort für das Schlüsselerlebnis, das ihm seine Berufung deutlich macht: die Montanus Buchhandlung in Mainz.
JÜRGEN BERNECKER, JURASTUDENT im fortgeschrittenen Semester, ist dort Stammkunde. Seine Bücherleidenschaft hat er schon als Heranwachsender in der umfangreichen Bibliothek von seinem Onkel Albert entwickelt.
Bei einem dieser Besuche bittet ihn der Filialleiter, kurz die Kasse zu übernehmen. Er muss schnell etwas erledigen. Der 26-Jährige übernimmt ganz selbstverständlich die Vertretung. Dabei erlebt er ein intensives Gefühl von Freude und hört die Frage aus seinem Innern: »Warum machst Du eigentlich nichts mit Büchern?«
Verantwortungsbewusst gegenüber seine Ehefrau und den Schwiegereltern beendet er das Studium, absolviert noch erfolgreich das Referendariat. Dann hält ihn nichts mehr.

Er fragt umgehend in einem renommierten Buchladen in Wiesbaden nach, ob er dort eine Buchhändlerlehre machen kann. Und erhält prompt die Zusage.
Jeden Abend verlässt er seinen Arbeitsplatz mit einem Glücksgefühl und der inneren Gewissheit: *Das ist das Richtige für mich!*
Auch der äußere Erfolg zeigt sich schnell. Bald schon leitet er die Taschenbuch-Abteilung. Auf der Strecke bleibt seine Ehe. Im Buchhandel lernt er dann seine zweite Frau kennen.
Wohl kaum ein Zufall, dass er etwas später Filialleiter einer Montanus Buchhandlung wird. Für sieben Jahre. Er engagiert sich im Betriebsrat und bildet Lehrlinge aus. Entwickelt dort das Moderne Antiquariat.
1988 wechselt er zum Fourier Verlag. Als Verkaufsleiter im Bereich „Reste", später als Geschäftsführer. Fünfzehn Jahre ist er dort erfolgreich tätig. Zuletzt gab es personelle und strukturelle Veränderungen, die ihm nicht zusagten. Vor vier Jahren erhält er ein attraktives Angebot als Einkaufsleiter bei GLB Parkland in Köln. Nimmt es dankbar an.
Gerne hätte er direkter zu seinem Wunschberuf gefunden. Gebraucht hätte er den Mut, zu sich zu stehen. Auch mehr Übersicht über Berufsmöglichkeiten und den Rat, dass auch ein Berufsweg ohne Studium zufrieden machen kann.
Heute ist er stolz darauf, dass er nach dem fremdbestimmten Studium mit der Empfehlung aus seinem Umfeld: *Damit hast Du eine breite Basis,* die Kraft zum Umstieg hatte. Er sagt: »Man könnte es auch *Abstieg* im gesellschaftlichen Ansehen nennen.«
Ich nehme Jürgen Bernecker als einen in sich ruhenden Menschen wahr, mit dem man gerne in Kontakt ist: herzlich, optimistisch, gut in der Realität verankert, mit einem hinreißenden Humor.

Jürgen Bernecker rät Jugendlichen:

- viel Bildung auf verschiedenen Wegen auszuschöpfen.
- Auch Interesse an dem haben, was andere tun.
- Engagiert seine Fähigkeiten einbringen.
- Besonders wichtig: Team- und Dialogfähigkeit entwickeln.
- Einsatzbereitschaft über das vertraglich vereinbarte Maß hinaus.
- Neugier, über den *Tellerrand* zu schauen.

Einfach engagiert tun, was Freude macht

Die Berufung kann sich auch darin zeigen, dass man einfach das tut, was man gerne tut und darin erfolgreich ist.

Dass es glücken kann, einfach zu tun, was man gerne tut und gut kann, ohne perspektivisches Planen, dafür ist die JOURNALISTIN INGRID NICOLAI ein Beispiel. Die 49-Jährige ist Desk-Managerin und stellvertretende Redaktionsleiterin beim Wiesbadener Tagblatt.

Deutlich wird ihre Berufung mit 13 – sie schreibt Kurzgeschichten, die gut ankommen.

Das motiviert sie. Sie schreibt einfach weiter. Hat Erfolg damit, schreibt immer weiter …

Nach dem Abitur bewirbt sie sich beim Wiesbadener Tagblatt als freie Mitarbeiterin. Vier Jahre schreibt sie Beiträge für unterschiedliche Ressorts. Sie begegnet bei ihren Recherchen interessanten Menschen, lernt viel, arbeitet diszipliniert, hat Freude an ihrer Aufgabe.

Die Resonanz auf ihre Beiträge ist entsprechend gut. Sie bekommt vom Verlag das Angebot ein Volontariat zu absolvieren.
Mit 22 Jahren hat sie es geschafft: sie hat eine feste Stelle als Redakteurin.
2004 erhält sie im Zuge der Umstrukturierung erneut ein Angebot von dem Verlag: die Position der Desk-Managerin zu übernehmen. Sie hat sich das gut überlegt – und ja gesagt. Die Chance – mit mehr Macht ausgestattet – Ihrem Anliegen, Menschlichkeit gegenüber dem verschärften Leistungsdruck einzubringen, wollte sie sich nicht entgehen lassen. Gereizt hat sie auch, dass sie ihre Kompetenz in Personalführung mehr als bisher nutzen und weiter entwickeln kann.
Während meiner vielen Berufsjahre als Coach habe ich selten eine so natürliche und überzeugend selbstbewusste Führungspersönlichkeit kennen gelernt
Wesentliche Faktoren für ihre erfolgreiche Karriere sehe ich in ihrer Treue zu ihrer Berufung und in ihrer Persönlichkeit begründet. Im Kontakt mit ihr spüre ich: sie ist echt. Bei aller Kompetenz angenehm zurückhaltend gemäß ihrem Credo „Das System ist wichtiger als Einzelinteressen."
Ihre Werte sind nicht nur Lippenbekenntnis. Sie lebt Vertrauen, Toleranz, Respekt, Entwicklung, und Neugier.

Ingrid Nicolai ermutigt Jugendliche:

- Es steckt alles in Dir, finde es!
- Um erfolgreich zu sein brauchst Du Begeisterung, Kontaktfähigkeit, Disziplin, und immer auch einen Plan B im Hinterkopf.

Könnte es sein, dass auch sie noch einen Plan B im Kopf hat?

Zufälle – die keine sind

Der so genannte Zufall hat bei dem Erkennen der Berufung gerne die Hand im Spiel.

Aber manche Zufälle sind keine: du bist genau zur rechten Zeit am rechten Ort und triffst jemanden, der Dir einen wichtigen Impuls oder Rat gibt. Vielleicht auch genau den kennt, den Du schon lange ansprechen wolltest. Und Dir gerne dessen Handynummer gibt.

Oder: man greift scheinbar *wahllos zu* einem Buch – und findet dort die Antwort, nach der man lange gesucht hat …

Der WINZER NICOLAS JOLY, unkonventioneller Besitzer eines biodynamischen Weingutes an der Loire, kann mit meiner Frage nach der Schlüsselsituation für seine Berufung nichts anfangen. Er bietet mir folgendes Bild an:
Während des Lebens verteilt das Schicksal Körner auf die zwei Schalen einer Waage. Wenn auf einer Seite ein Korn mehr dazukommt – und das kann ein ganz kleines Korn sein – schlägt die Waage in eine Richtung aus. Die Bestimmung wird deutlich.
Nach Jahren des Studiums in den USA und dem Beginn einer Karriere im Finanzwesen, kehrt Nicolas Joly 1970 nach Frankreich zurück, bewirtschaftet mit seiner Mutter das familieneigene Weingut - konservativ, mit sparsamem Einsatz von Düngemitteln und Insektiziden.
Er folgt Beratern der Landwirtschaftskammer, die die Art und Weise wie bisher das Weingut geführt wird, als archaisch erklären: kauft Maschinen, erhöht den Einsatz von Chemie in den Weinbergen – die negativen Folgen erkennt er schnell, da er schon als Kind gelernt hat, die Natur genau zu beobachten, ihre Signale mit allen Sinnen wahrzunehmen.
Genau in dieser Zeit fällt ihm bei einem Antiquar ein Buch Rudolf Steiners über die biodynamische Wirtschaftsweise in die Hände - für ihn das »ausschlaggebende

Korn«. Der Titel weckt seine Neugier. Schon nach einigen Seiten erfasst ihn das Gelesene ganz. Ein paar Wochen später beginnt er zügig mit der biodynamischen Wirtschaftsweise, zunächst auf einer kleinen Versuchsfläche.
Das Ergebnis: die Gesundheit der Pflanzen und die Qualität des Weines überzeugen ihn. Nach vier Jahren erhält er die Demeter-Anerkennung.
Seinem naturnahen Anbau entsprechend nennt er sich Nature assistant statt Wine maker.
Er ist erfolgreich. Auch sein fundiertes Wissen aus seinem MBA-Studium und einige Jahre Berufserfahrung im Finanzministerium fördern die Prosperität seines Unternehmens – die Voraussetzung, dass andere Winzer seine Überzeugungen ernst nehmen.
Manch ein Winzerkollege, der ihn zunächst als Spinner bezeichnet hat, erklärt heute anerkennend seinen *Coulee de Serrant* zu den ganz großen Weißweinen des Landes.
Sein Anliegen ist es, mehr und mehr Winzer für die Biodynamische Wirtschaftsweise zu gewinnen. Zum Wohl der Natur, der Weingenießer und der Gesellschaft.
Das gelingt diesem gebildeten Menschen mit weitem Horizont. Seine Begeisterung, seine Konsequenz sind überzeugend und einfach ansteckend.

Nicolas Joly rät jungen Menschen:

- Die Antwort auf Deine Frage, was Du beruflich tun sollst, versteckt sich da, wo Du sie *nicht* suchst.
- Dein Leben wird vom Schicksal gelenkt. Es kommt sehr darauf an, wem Du begegnest. Mit einem jungen Menschen ist das Schicksal geduldiger, gibt mehrmals Zeichen, verstärkt sie, bis der Nebel sich lüftet und Du erkennst, wo Dein Weg weiter geht.
- Du musst wissen, wenn Du authentisch leben möchtest, ist das oft weniger rentabel als einen konventionellen Beruf auszuüben.
- Ein glücklicher Handwerker ist für sich selbst und die Gesellschaft wertvoller als fünfzig kaputte Vorstandsvorsitzende.

Konflikte

Immer gleiche Konflikte an wechselnden Arbeitsplätzen, können ein Zeichen dafür sein, dass jemand an seinem Lebensauftrag vorbei lebt. Eine Zeitlang kann man das ignorieren und weitermachen. Bis es an den Punkt kommt, an dem man die Botschaft aus seinem Inneren ernst nimmt: *Du solltest etwas anderes machen, das ist nicht das, was Deinem Potenzial entspricht.*

Schicksalsschläge

Auch Schicksalsschläge und Lebenskrisen können uns mit unserer Bestimmung in Kontakt bringen.

Über eigene Krankheit oder die Krankheit Angehöriger haben schon viele zu *ihrem* Beruf gefunden.

James Hillman nennt als Beispiel den REGISSEUR MARTIN SCORSESE. Er hatte als Kind so starkes Asthma, dass er die Wohnung nicht verlassen durfte. So hat er stundenlang aus dem Fenster geschaut und aus New Yorker Straßenszenen Geschichten entwickelt.

Die PHYSIOTHERAPEUTIN MARIA FÜTTERER macht nach dem Abitur eine Ausbildung zur Gärtnerin. Während sie in diesem Beruf arbeitet, fühlt sie den starken Wunsch, im Gesundheitsbereich zu arbeiten. Diesen Wunsch schiebt sie erst mal auf. Neben Familien- und Erwerbsarbeit absolviert sie schon mal die Ausbildung zur Heilpraktikerin.
Der tragische Unfall ihrer Tochter – Querschnitt nach einer Rückenoperation – bringt sie näher in Kontakt mit diesem Bereich: zahlreiche Arztbesuche, zahllose Reha- Maßnahmen. Sie macht entscheidende Erfahrungen. Sie erkennt: *Das mache ich besser!* Dann setzt sie alles auf eine Karte. Über ein Auswahlverfahren erhält die 42-Jährige einen der begehrten Ausbildungsplätze zur Physiotherapeutin. Als ich sie kennen lerne habe ich den Eindruck: sie macht das schon *ewig.*

Ganz stark strahlt sie aus: Meine Arbeit macht mir total Freude und entspricht 100 % meiner Berufung.

In *mobil,* der Zeitschrift der Deutschen Bahn, lese ich über den ARCHITEKTEN WOLFGANG DIMKE. Er baut seit 20 Jahren Häuser nach konsequent ökologischen Richtlinien, mit außergewöhnlichem Design. Diese Idee entstand, als sein kleiner Sohn Asthma hatte. Der engagierte Vater forschte nach den Ursachen der Umweltkrankheit seines Kindes – und fand auf diese Weise sein Spezialgebiet als Architekt. Er baute sein eigenes Haus nach den ökologischen Kriterien. Sein Sohn wurde beschwerdefrei und seine Überzeugung zur erfolgreichen Geschäftsidee.

Auch ein tragischer Verlust kann uns in Kontakt mit unserer *besonderen Begabung* bringen.

Der SCHRIFTSTELLER PETER HÄRTLING verliert als 13-Jähriger kurz hintereinander beide Eltern. Es ist Nachkriegszeit, die Zeit der Entnazifizierung. Hautnah erlebt derJugendliche, wie über Nacht aus Nazis *überzeugte Demokraten* werden. In dieser opportunistischen Stimmung kann dieser wache junge Mann nur wenigen Menschen vertrauen.
Das Schreiben wurde für ihn zum Geländer, um im Leben Halt zu finden. »*Aus* Verhältnissen, die mich schweigen ließen, entstand ein starkes Mitteilungsbedürfnis.«
In der Bewältigung dieser Lebenskrise offenbaren sich Härtlings Talente: sein Interesse am Menschen, seine feinsinnige Beobachtungsgabe, sein Empfinden für soziale Herausforderungen, seine Sprach- und Entwurfslust.

Für die BESTATTERIN PETRA MAIER ist der Tod und die Art, wie das Begräbnis ihres kleinen Sohnes gehandhabt wird, Ansporn dafür, in diesen herausfordernden Beruf zu wechseln.
Träume von großen Kühlhallen in Leichenschau-Häusern mit den vielen Kühl-

boxen erschüttern sie fast jede Nacht. »Es geht auch anders! Man kann Menschen mit mehr Würde begleiten«, sind die Botschaften, die sie immer wieder vernimmt.
Mit 41 Jahren macht sich die Zierpflanzengärtnerin auf den Weg, diesen Ruf in die Tat umzusetzen. Es ist ihr Anliegen, *der Trauer eine Heimat zu geben* – so lautet auch der Titel des Buches von Fritz Roth, ihrem Lehrmeister. Intensiv setzt sie sich mit dem Thema Tod auseinander, entwickelt neue Trauerrituale. Bald schon erhält sie erste Aufträge für Bestattungen – eine Bestätigung, dass ihre Neuorientierung stimmt. Den Umgang mit Verstorbenen und Hinterbliebenen erlebt sie als eine heilige Handlung. Nach zehn Jahren ist sie mit ihrer besonderen Geschäftsidee sehr gefragt. Sie hat sich persönlich weiterentwickelt und ist mit ihrem Leben sehr zufrieden Die heute 51-Jährige lebt zu 90 % ihre Berufung. Sie ist weiterhin offen für Impulse, die vielleicht noch mehr ihrer Berufung entsprechen.

Versagen

Misserfolgserlebnisse, die *völlig aus der Reihe tanzen* und nicht mit mangelnder Begabung zu erklären sind, können Fingerzeige des Schicksals sein: eine Absage auf einen ersehnten Studien- oder Arbeitsplatz. Das Nichtbestehen einer Prüfung oder das Versagen bei an sich leichten Tätigkeiten.
Der Berufswunsch von STEFAN GRONEMEIER ist es, PHYSIOTHERAPEUT zu werden. Er hat drei Jahre Wartezeit auf einen Ausbildungsplatz zu überbrücken. Ein Bekannter vermittelt ihm eine Lehrstelle bei IBM als Industriekaufmann. Nach der Lehre wird er übernommen. Jetzt überlegt er, ob er seinen inneren Berufswunsch aufgeben und bei IBM Karriere machen soll. Aber plötzlich versagt er bei leichtesten Arbeiten. Darüber wir ihm klar: »Ich will selbständig als Physiotherapeut arbeiten.« Er absolviert die Ausbildung und eröffnet ein paar Jahre später mit 28 Jahren seine erste Praxis.

Inzwischen hat der 1965 Geborene zwei Praxen für Physiotherapie. Eine davon gemeinsam mit einem Kollegen. Beide Praxen beschäftigen über zwanzig Mitarbeiter/innen.

✍ **Anleitung**

Nimm Dir Zeit, Deine Gedanken und Gefühle zu dem, was Du gerade gelesen hast wahrzunehmen ... vielleicht auch aufzuschreiben.

Vielleicht wurden Dir beim Lesen Situationen aus Deinem Leben bewußt, in denen das Schicksal bei Dir angeklopft hat?

Bist Du diesen Botschaften gefolgt oder hast Du sie ignoriert?

Vielleicht bist Du auch neugierig geworden, wie die Berufsentscheidungen anderer Menschen, z. B. Deiner Eltern, zustande gekommen sind und fängst darüber ein Gespräch mit ihnen an?

Praxisteil: So findest Du Deine Berufung

»Dem Schiff, das seinen Hafen nicht kennt, weht kein Wind günstig.«
Seneca

»Jedes Wesen hat eine bestimmte Berufung,
und diese Berufung ist das Licht, das sein Leben erleuchtet.
Der Mensch, der seine Berufung nicht beachtet,
ist wie eine unangezündete Kerze.«
Hazrat Inayat Khan

»Fragen, die wir mit unserem ganzen Wesen beantworten,
haben eine tiefe, ermutigende Wirkung.«
Zen-Text

»Ich weiß nicht, was ich werden will« ist ein Satz, den ich, wie bereits gesagt, sehr oft von jungen Menschen höre.

Nach meinem Erkenntnisstand müsste es heißen: »Ich weiß nicht *mehr*, was ich werden will.« Die meisten Menschen haben *als Kind* durchaus ein Bild davon, was sie tun wollen. In ihren Kinderspielen zeigt sich oftmals schon die Berufung – mehr oder weniger deutlich wahrnehmbar für die Erwachsenen in ihrem Umfeld. Im Laufe der Kindheit und Jugend wird dieses Wissen durch äußere Einflüsse und Erwartungen überdeckt.

Mit der folgenden Anleitung hast Du die Möglichkeit, dieses Wissen, wer Du bist, was Du besonders gut kannst und was Du willst, wieder aus der Tiefe des Vergessens an die Oberfläche bringen – und damit Deine Berufung wieder zu ent-decken. Damit stellst Du Deine Berufswahl auf ein solides Fundament.

Indem Du Dich auf den Weg machst, Deine Berufung zu erkennen und umzusetzen, fließen Dir ungewöhnlich viel Kraft, Einfallsreichtum und Beharrlichkeit zu. Das ist die *Belohnung* für Deine Treue zu Dir selbst.

Erich Fromm nennt vier Voraussetzungen, die notwendig sind, um ein Ziel zu erreichen:

DISZIPLIN, KONZENTRATION, GEDULD und UNBEDINGTES INTERESSE.

Das ist der *Einsatz,* für den Du Dich jetzt entscheiden kannst.

☝ Wichtiger Hinweis

Der Suchprozess geht von *Innen nach Außen*: das bedeutet, erst wenn Du Dein Inneres erforscht hast und Deinen Berufswunsch – zumindest annähernd – gefunden hast, ist es effektiv, in der Außenwelt nach weiterführenden Informationen zu recherchieren.

Vielleicht hast Du schon erfahren, wie verwirrend und ermüdend es ist, sich aus Ratlosigkeit *wahllos* Berufe im Internet oder im Berufsinformationszentrum der Arbeitsagentur anzusehen? Das gibt Dir zwar das Gefühl, etwas zu tun, hat aber selten den gewünschten Erfolg: zu erkennen, was Du wirklich tun willst.

Was der Schriftsteller Rainer Maria Rilke in seinem Buch *Briefe an einen jungen Dichter* dem jungen Mann rät, ist gerade heute wieder sehr aktuell: sich nicht von äußeren Zielen ver-leiten zu lassen, sondern den *Blick nach Innen* zu richten.

»Sie fragen, ob Ihre Verse gut sind. Sie fragen mich, Sie haben vorher andere gefragt. Sie senden sie an Zeitschriften. Sie vergleichen sie mit anderen Gedichten, und Sie beunruhigen sich, wenn gewisse Redaktionen Ihre Versuche ablehnen.
Nun (da Sie mir gestattet haben, Ihnen zu raten) bitte ich Sie, das alles aufzugeben. Sie sehen nach außen, und das vor allem dürften Sie jetzt nicht tun. Niemand kann Ihnen raten und helfen, niemand.
Es gibt nur ein einziges Mittel. Gehen Sie in sich. Erforschen Sie den Grund, der Sie

schreiben heißt; prüfen Sie, ob er in der tiefsten Stelle Ihres Herzens seine Wurzeln ausstreckt, gestehen Sie sich ein, ob Sie sterben müssten, wenn es Ihnen versagt würde zu schreiben. Dieses vor allem: fragen Sie sich in der stillsten Stunde Ihrer Nacht: muss ich schreiben? Graben Sie in sich nach einer tiefen Antwort. Und wenn diese zustimmend lauten sollte, wenn Sie mit einem starken und einfach „Ich muss" dieser ernsten Frage begegnen dürfen, dann bauen Sie Ihr Leben nach dieser Notwendigkeit …
Was soll ich Ihnen noch sagen? Mir scheint alles betont nach seinem Recht; und schließlich wollte ich Ihnen ja auch nur raten, still und ernst durch Ihre Entwicklung durchzuwachsen; Sie können sie gar nicht heftiger stören, als wenn Sie nach außen sehen und von außen Antwort erwarten auf Fragen, die nur Ihr innerstes Gefühl in Ihrer leisesten Stunde vielleicht beantworten kann.«

Ein guter *Zeitpunkt*, sich mit diesem Berufswahlkonzept zu beschäftigen, ist ein Jahr vor Schulabschluss.

Ein Entdeckungsreise zu Dir Selbst – Konzept in vier Schritten

Auf dieser Entdeckungsreise zu Deiner Berufung erwarten Dich jetzt viele *Fragen und* die jeweiligen *Anleitungen* dazu, wie Du Antworten auf diese Fragen findest. Mit Hilfe dieser Fragen erkennst Du, worauf es *Dir* ankommt und was *Dein Weg* ist. Das gibt Dir Orientierung, stärkt und ermutigt Dich.

Kannst Du Dir vorstellen, dass das ziemlich aufregend und spannend sein kann, Dich intensiv mit Dir selbst zu beschäftigen, mit dem Ziel, eine nachhaltige Berufswahl zu treffen?

Übrigens ist das Arbeiten an diesen Fragen gleichzeitig eine hervorragende Vorbereitung für erfolgreiche Bewerbungen.

Es lohnt sich also in zweifacher Hinsicht, Dich zu engagieren! Und: je mehr Du einbringst, umso klarer wird in ein paar Wochen Dein Ergebnis sein.

Abbildung 3 zeigt die vier vier Hauptschritte zu Deiner Berufung :

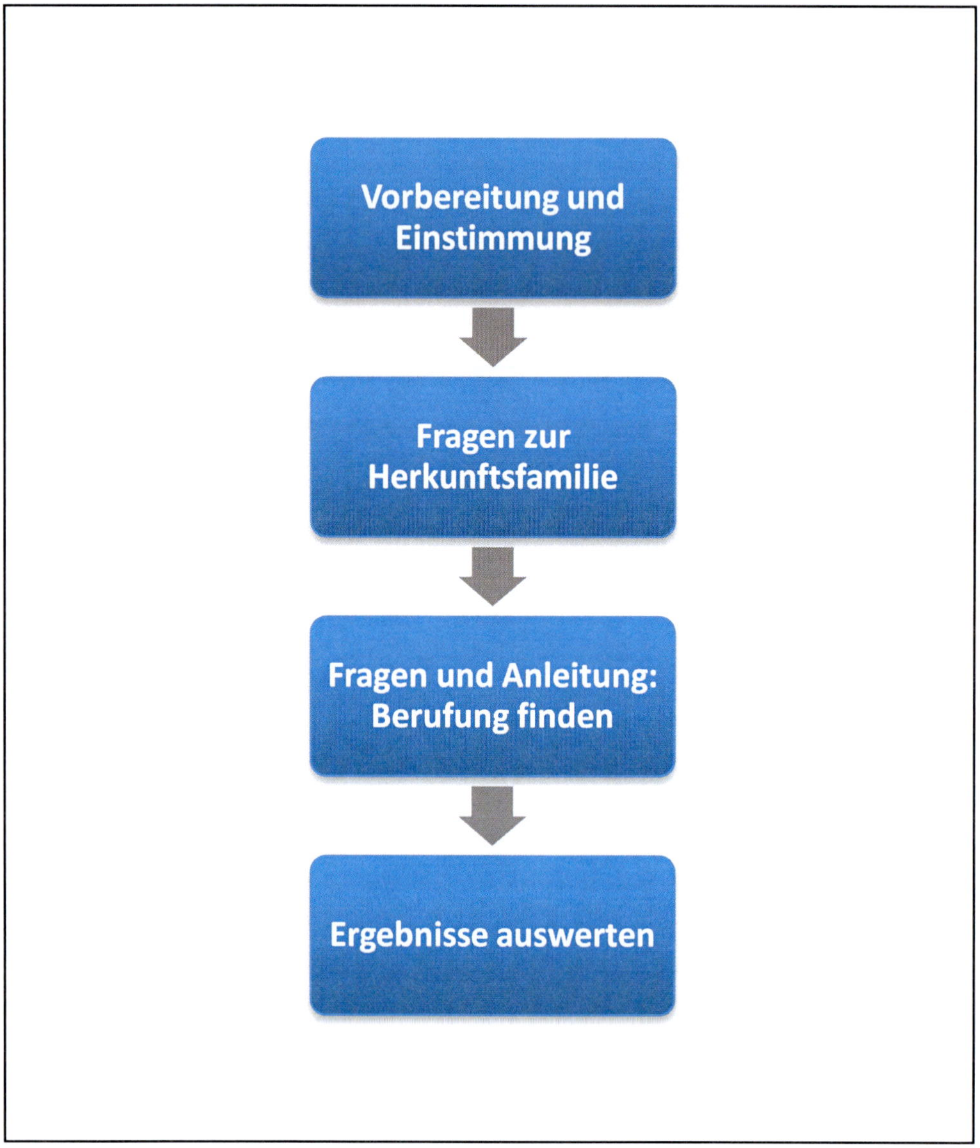

Abbildung 3: Wie Du Deine Berufung findest – Konzept in vier Schritten

☝ **Wichtiger Hinweis**

Erwarte nicht, dass Du gleich *alle* Deine Interessen und Talente in einer ersten Berufsentscheidung, Ausbildung oder einem Studium unterbringen kannst. Es reicht, mit einer *80%-stimmigen Entscheidung* loszugehen.

Behalte dabei Dein Ziel, Deine Berufung, weiter beharrlich im Auge.

Das Leben ist ein *Prozess,* der für Dich über viele Jahre Entwicklungsmöglichkeiten bereithält. Das ist, wie wenn Du einen *Zopf flechtest.* Während Deines Berufslebens kannst Du immer mehr von Deinem Potenzial *einflechten,* immer eine neue *Strähne* dazunehmen, bis alles Verfügbare darin untergebracht ist und das Gefühl in Dir entsteht: *jetzt ist es rund.*

Der Unternehmensberater Hubert Weber sagt dazu in *brandeins* 11/2005:

»Man muss sich vorstellen, was man wirklich will, ein Ideal entwickeln und dann überlegen, wie man dorthin kommt. Vermutlich wird niemand dieses Ideal je erreichen, aber trotzdem muss man danach streben.«

Schritt 1: Vorbereitung und Einstimmung

Es ist sinnvoll, das *ganze Konzept* erst mal quer zu lesen, damit Du eine Vorstellung davon bekommst, worum es geht. Wenn Du dann entschieden hast, Dich ernsthaft damit auseinander zu setzen, brauchst Du noch *Material*, einen *geeigneten Ort* und *verbindliche Termine.*

Material: Besorge Dir mindestens 20 Bögen Papier Din-A-2, gut ist ein Skizzenblock. Ein ausgedienter großformatiger Kalender oder Tapetenrollen, die Du passend zuschneiden kannst, eignen sich auch. *Optimal* ist Flip-Chart Papier. Der Vorteil von großformatigen Blättern: sie bieten viel Raum für Kreativität, z. B. für Skizzen von Deinem Arbeitsplatz oder Fotos. Du kannst groß schreiben, dadurch wird alles sehr übersichtlich. Weitere Materialien: farbige Stifte, Schere, Klebstoff, Fotos, Illustrierte für Collagen. Leg diese Dinge schon mal an einen Ort, wo Du Deine gesammelten Werke liegen lassen kannst – damit sie Dich immer mal wieder auffordern, daran zu arbeiten.

Nimm für *jede* der folgenden acht großen Fragen / Bereiche jeweils ein eigenes Blatt. Übertrage sie und auch die *zusätzlichen Fragen* darauf. Aus Erfahrung braucht man für manche Themen, z. B. für *Deine Vision 3D,* mehrere große Blätter.

Wenn Du denkst, ich kann das am besten am Computer schreiben, dann mach es auf Deine Weise. Alles ist richtig!

Ort: finde einen angenehmen Ort, wo Du Dich ungestört mit diesen Fragen beschäftigst. Dein Bett oder Sofa in Deinem Zimmer. Oder einen Platz in der Natur, den Du sehr magst, eine Wiese, an einem See, unter Deinem Lieblingsbaum …

Der Schriftsteller Alain de Boton bietet Dir in seinem Buch *The Art of Travel* noch eine weitere Möglichkeit an:

»At the end of hours of train-dreaming, we may feel we have been returned to ourselves – that is, brought back into contact with emotions and ideas of importance to us. It is not necessarily at home, that we best encounter our true selves … Hotel rooms offer a similar opportunity to escape our habits of mind. Lying in bed in a hotel, the room quiet exept for the occasional swooting of an elevator in the innards of the building, we can draw a line under what preceded our arrival, we can overfly great and ignored stretches of our experience. We can reflect our lives from a height we could not have reached in the midst of everyday business – subtly assisted in this by the unfamiliar world around us: by the small wrapped soaps on the edge of the basin, by the gallery of miniature bottles in the mini-bar.«

Das Entdecken Deiner Berufung ist ein *schöpferischer Akt.* Damit Du Zugang dazu findest, bedarf es einer entsprechenden *Stimmung, Aufmerksamkeit* und inneren *Freiheit.* Diese entsteht nicht bei-läufig, wenn Du gerade mal zehn Minuten Zeit zwischen zwei Terminen hast. Neben einem geeigneten Ort und anregendem Material, ist ein *Zeitrahmen ohne Termindruck* notwendig.

Trage dafür jetzt noch einige *verbindliche Termine* in Deinem Kalender ein.

Damit Deine Suche erfolgreich wird, brauchst Du innere Muße und eine neugierige, achtsame Haltung, welche Bilder auftauchen werden, welche Ideen sich zeigen, sowie die innere Erlaubnis, Dir auch etwas *Verrücktes* vorzustellen. Aus all dem wird deutlich: es reicht nicht, nur den Kopf anzustrengen, es geht eher darum, ihn (mit seinen Vorurteilen, was alles doch nicht geht!) mal auszuschalten und Dich ganz auf Deine Träume, Wünsche und Sehnsüchte einzulassen.

Es hat sich bewährt, vor dem Einsteigen auf die Fragen, etwas zu tun, was Dich in einen richtig guten Zustand bringt: Vielleicht triffst Du Dich zu einem Frühstück mit Freund / innen oder machst Deinen Lieblingssport, vielleicht hörst Du eine bestimmte Musik oder tanzt Dich in dieses supergute Gefühl, das man *Flow* nennt, einfach weil alles in Dir im Fluss ist, all Deine Eigenschaften und Fähigkeiten verfügbar sind.

Der Regisseur Antony Mighella beschreibt diesen Flow-Zustand anschaulich:

»Es ist, als ob alles, was ich schreibe, schon in irgendeiner Schublade existiert, die sich zufällig öffnet oder schließt. Manchmal für eine Sekunde, manchmal eine Stunde lang, manchmal für einen ganzen Tag – es ist unvorhersehbar, aber wenn es passiert, muss man bereit sein, alles aufzuschreiben. Damit die Schublade sich öffnet, muss ich in einem bestimmten Zustand sein – in einer Art Wachtraum. In diesem Zustand gibt es keinen Platz für Analyse oder für Überprüfung einzelner Fakten. Es ist ein Ort des Fühlens und des Sehens.«

Auch *Deine* Berufung existiert schon in einer Schublade Deines Wesens. Stille und Alleinsein sind Voraussetzungen dafür, einen Blick in die Schublade zu werfen.

»Wenn Menschen still werden, gehen sie über das Denken hinaus. Jenseits des Denkens, in der Stille, eröffnet sich ihnen eine weitere Dimension der Erkenntnis, der Bewusstheit.«

Kannst Du Dir vorstellen, ein paar Stunden mit Dir allein zu sein? Handy, Telefon, MP3player auszumachen, den Computer offline zu schicken. Vielleicht nur Deine Lieblingsmusik im Hintergrund. Und ein Schild an Deiner Zimmertür: *Bitte nicht stören – arbeite an meiner Zukunft!*?

Mit der folgenden Anleitung kannst Du *spontan* dieses Flow-Gefühl in Dir erzeugen:

Anleitung

Erinnere Dich jetzt an mehrere *Glücksmomente* in Deinem Leben. Hol sie Dir ganz nah vor Dein inneres Auge, mal sie Dir in den schönsten Farben aus und nimm die wundervollen Gefühle genau so intensiv wahr wie damals. Fühl Dich geborgen und geliebt, vollkommen im Einklang mit der Welt. Und genieße jede dieser Situationen ausgiebig …
Jetzt bis Du gut vorbereitet und kannst Dich in bester Stimmung, diesen Fragen zuwenden. Vielleicht notierst Du, was Dir spontan dazu einfällt, erst mal auf kleine Blätter, um das Ganze später strukturiert auf die großen Bögen zu übertragen.

Schritt 2: Einige Fragen zur Herkunftsfamilie

Zu Deiner Herkunftsfamilie kannst du Dir folgende Fragen stellen:

- Welche Berufe gibt es in Deiner Familie – Eltern und Großeltern?

- Stell Dir vor: Du bist einige Jahre älter und berufstätig, welche Gefühle spürst Du dazu in Dir?
- Fühlst Du Dich frei in Deiner Berufswahl?
- Was hätten Deine Eltern und andere vertraute Menschen gerne, das Du tust?

☝ **Wichtiger Hinweis**

Die nun folgenden Fragen beziehen sich erst mal *allein auf Dich*, Deine Vision, wie Du leben und arbeiten möchtest – ohne die Schere im Kopf, die sagt: *das geht nicht, ich kann doch nicht in Australien arbeiten, ich habe hier meine Freundin …* oder: *das kann ich meinen Eltern nicht antun, Modedesign zu studieren, wo die alle so normale Berufe haben …* Blende also zunächst die Erwartungen Dir nahe stehender Menschen aus.
Gegen Ende dieses Konzeptes holen wir all Deine lieben Menschen wieder dazu, so dass Du eine *ausgewogene Entscheidung* treffen kannst, die parallel zu Deiner beruflichen Perspektive auch Dein Bedürfnis nach guten Beziehungen erfüllt.

Schritt 3: Fragen und Anleitungen die Dich nach Innen führen

Deine Vision (wieder) finden

Wo zieht es Dich hin? Was ist Dein Traum, Dein Wunsch, Deine Idee beruflich?

✍ **Anleitung:**

Trau Dich jetzt einfach zu träumen. Träume sind Botschaften Deiner Seele.

Stell Dir vor, eine Fee kommt, nennt Dich liebevoll bei Deinem Namen und fragt Dich:» Wenn alles möglich ist und Dir alles gelingt, was Du Dir wünschst – wo zieht es Dich hin? Wie siehst Du Dich als Berufstätige/n? Was tust Du genau?«
Steh dazu, was Dir ein-fällt, auch wenn es Dir unrealistisch und größenwahnsinnig vorkommt.
So viel wie Du Dir vorstellst, kannst Du erreichen!
Schreib *spontan* alles auf, was Du wahrnimmst – auch, wenn Du es merkwürdig findest. Der Sinn enthüllt sich Dir später.

Als Anleitung *vier Möglichkeiten*, wie Du in Kontakt mit Deiner Vision kommst:

1. Erforsche Deine Biografie

Deine Lebensgeschichte enthält wichtige Informationen, was beruflich *Dein Ding* ist. Schon als Kind hast Du bestimmte Begabungen gezeigt. Als Jugendliche/r Deine Interessen in Schule und Freizeit verfolgt. Für diese Rückschau lohnt es sich Fotos anzuschauen, Eltern, Geschwister, Freundinnen zu befragen – was meistens sehr anregend für *alle* Beteiligten ist.

Als Siebenjährige(r): Welche Spiele hast Du gespielt? Wie hast Du Dich verkleidet? Welche Rolle hattest Du in der Gruppe? Was hat Dich damals vielleicht schon besonders interessiert? Was hast Du gerne getan, ist Dir leicht gefallen in Schule, Familie, Freizeit?

Mit Vierzehn: Hattest Du Idole, vielleicht Fotos von ihnen in Deinem Zimmer? Gab es damals schon eine Vorstellung, was Du am liebsten werden willst? Welche Rolle hattest Du in Gruppen: Anführerin, Ideengeber, Mitreißende, Bremser, der Vernünftige, die spontan Handelnde?

Mit 16 – 20 Jahren, zur Zeit Deines Schulabschlusses: frag Dich, welchen Beruf würdest Du gerne ausüben, wenn alles möglich ist? Innere Bilder und Vorstellungen, wie Du aussiehst, wie es Dir geht an Deinem Arbeitsplatz? Du weißt ja, die Fee ist an Deiner Seite, ermutigt Dich zu träumen …

2. Vorbilder

Vorbilder geben Dir einen Hinweis auf Deine Wünsche und Dein eigenes Potenzial. Das, was Du an einem anderen Menschen bewunderst, diese Fähigkeiten und Eigenschaften, hast Du zum Teil auch.

Gibt es oder gab es für Dich Vorbilder, Menschen, die Dich faszinieren in dem, was sie tun, wie sie leben und arbeiten?

Dann entwirf einen kurzen *Steckbrief,* beschreibe, was sie genau tun und nenne die *Gründe,* warum sie Vorbild für Dich sind.

3. Rollentausch

Stell Dir die Frage: Wenn ich es mir aussuchen kann, wer möchte ich mal 14 Tage lang sein? Gibt es einen Menschen, in dessen Rolle ich eine Zeitlang schlüpfen möchte? Wenn ja, begründe Deine Wahl.

Das kann ein berühmter Mensch sein oder einfach Dein Nachbar nebenan. Eine Person, die jetzt lebt oder bereits gestorben ist.

4. Ermutigung, die ***Schere aus dem Kopf*** *zu legen*

Was tust Du, wenn Du Dir sicher sein kannst: alles, was Du Dir wünschst erreichst Du und alles, was Du anpackst gelingt Dir?

Was tust Du, wenn Geld keine Rolle spielt. Was würdest Du auch ohne Entlohnung tun?

Dein Stärkenprofil genau kennen lernen

Unter Stärkenprofil verstehe ich eine Kombination von *Fähigkeiten* (Texte schreiben, Programmiersprachen beherrschen, beraten) und *Charaktereigenschaften* (initiativ, zurückhaltend, höflich).

Neben Deinem Stärkenprofil ist es gut, Deinen *Entwicklungsbedarf* zu kennen, d.h. zu wissen, was Du noch entwickeln könntest, um in Deinem Leben erfolgreich zu sein. Beides: Dein individuelles *Stärkenprofil* und Deinen *Entwicklungsbedarf* zu kennen, bilden in Dir wertvolles Selbstbewusstsein.

Dabei helfen Dir die Erkenntnisse aus *zwei Perspektiven*: eine realistische Selbsteinschätzung und Fremdeinschätzungen von mindestens drei Menschen, die Dich ganz gut kennen und Dich mögen.

Perspektive 1: Selbsteinschätzung Deiner Fähigkeiten, Charaktereigenschaften und Deines Entwicklungsbedarfs – damit solltest Du beginnen, bevor Du von den Einschätzungen anderer beeinflusst wirst:

Deine *Fähigkeiten* findest Du, indem Du Dich fragst: Welche *Tätigkeiten* fallen mir schon immer leicht, was tue ich schon immer besonders gerne und gut? In Familie, Schule, Freizeit, Hobby. Denn das, was Dir leicht fällt, machst Du gern und oft und darin hast Du ein besonderes Können erworben.

Beispiele für Fähigkeiten: Geschichten erfinden, Feste organisieren, Texte schreiben, kochen, Streit schlichten, Wissen vermitteln, Gartenarbeit, einkaufen, verkaufen, Theater spielen, Referate halten, reparieren, Umgebung gestalten …

Deine *Charaktereigenschaften* findest Du, indem Du Dich erinnerst, was Menschen anerkennend über Dich gesagt haben.

Beispiele für Charaktereigenschaften: freundlich, hilfsbereit, witzig, verständnisvoll, ehrlich.

Manchmal mischen sich auch Fähigkeiten und Charaktereigenschaften – halte

Dich nicht zu lange bei den Zuordnungen auf. Hauptsache, Du erkennst, wer Du bist.

Du kommst Deinem individuellen Stärkenprofil vielleicht noch genauer auf die Spur, findest noch neue Qualitäten, die Dich ausmachen, wenn Du Dich an *Erfolgsgeschichten* erinnerst, in denen Du als Handelnde / r bestimmte Fähigkeiten und Eigenschaften gezeigt hast.

Beispiel für eine Erfolgsgeschichte

Ein junger Mann geht mit seinem Freund und dessen Hund spazieren. Der Hund springt plötzlich ins Wasser. Ein Wehr ist in unmittelbarer Nähe. Der Freund begreift sofort die Gefahr für das Tier, springt ins Wasser und rettet den Hund.

In dieser Erfolgsgeschichte zeigt der Retter folgendes Stärkenprofil: Überblick, Schnelligkeit, Mut, Einfühlungsvermögen, soziales Verhalten, sportliche Fähigkeiten …

Auf diese Weise könntest Du jetzt Deine Erfolgsgeschichten für Dich auswerten.

Wie Du Deinen *Entwicklungsbedarf* ehrlich einschätzen kannst:

Vielleicht fällt es Dir leicht, die positiven Seiten Deines Stärkenprofils zu Papier zu bringen und Du tust Dir schwer damit, Dir bewusst zu machen, was Dir noch fehlt. Aber vielleicht fällt es Dir auch leichter, wahrzunehmen, was Du nicht kannst, als zu Deinem Potenzial zu stehen?

Du kennst Dich ja schon ganz gut. Schätze jetzt realistisch ein, was Du an Fähigkeiten und Eigenschaften noch entwickeln könntest, damit Du mehr Freude und Erfolg in Deinem Leben hast. Vielleicht etwas *aktiver, disziplinierter, lockerer, positiver etc. zu sein oder die Dinge nicht mehr so lange aufzuschieben?*

Perspektive 2: Fremdeinschätzung von mindestens drei Menschen, die Dich ganz gut kennen

Fremdeinschätzungen sind wertvoll für Dich. Oft nimmt ein anderer Mensch mehr von Dir wahr, als Du selbst über Dich weißt, kann vielleicht sogar Entwicklungen von Dir voraussehen. Angenommen Du bekommst mehrfach die Rückmeldung, dass man Dir gerne zuhört, weil Du sehr interessant erzählst, wird Dich dieses Feed-back *sicherer* machen für Dein nächstes Referat oder für ein bevorstehendes Vorstellungsgespräch.

☝ **Hinweis**

Wenn Du Deine Selbsteinschätzung beendet hast – erst dann – bittest Du drei bis fünf Menschen unterschiedlicher Generationen, die Dich ganz gut kennen und an Deinem Wohlergehen interessiert sind, Dir ihre Einschätzung Deines Stärkenprofils schriftlich zu geben. Schreiben ist deshalb wichtig, weil sie dann genauer überlegen und Du das Geschriebene immer mal wieder ansehen kannst, wenn Du gerade eine Stärkung brauchst.

Folgende Fragen kannst Du an diese Menschen richten:

- Welche Fähigkeiten und Eigenschaften nimmst Du bei mir wahr?
- Was sollte ich beruflich tun? Was ist *mein Ding* aus Deiner Sicht?
- Was sollte ich noch entwickeln, verbessern?

Welches Tätigkeitsfeld passt zu mir?

Du hast sicher schon einige Arbeitsplätze kennen gelernt – hast Praktika gemacht, gejobbt. Erinnere Dich an die Erfahrungen, die Du damals gemacht hast, und beantworte Dir folgende Fragen:

- Welche Informationen und Ideen interessieren mich besonders?
- Mit welchen Materialien, Werkzeugen, Apparaten, Maschinen macht es mir Freude zu arbeiten?
- Mit welchen Menschen fühle ich mich wohl?
- Welche Unternehmen, Firmen und Produkte interessieren mich?
- Was fasziniert mich im Leben – ganz allgemein?

Bei diesen Fragen geht es darum, Dir wesentliche Interessen bewusst zu machen. Bist Du begeistert von anderen Kulturen, Sprachen, Genforschung, dem Verhalten von Tieren, Theater, Kunst, Sport ...?

Die letzte Frage, was Dich im Leben fasziniert, kannst Du z.B. mit auf einen Spaziergang oder eine Fahrradtour nehmen. Indem Du Dir immer wieder diese Frage stellst und einfach aufmerksam auf Deine Antworten von Innen bist. Allerdings geht das nur, wenn Du alleine mit Dir bist.

Eigene Bedürfnisse bewusst machen

Zwei Fragen zeigen Dir, welche Bedürfnisse Du an einen Arbeitsplatz stellst:

Frage 1: Was sind für mich die Voraussetzungen, damit ich mich an einem Arbeitsplatz wohl fühle, leistungsfähig bin?

Diese Frage findest Du hier, weil es Menschen gibt, vor allem Frauen, die so begeistert davon sind, dass jemand ihnen eine Arbeitsstelle anbietet, dass sie – ohne für sich zu prüfen, ob das Angebot *auch* für sie passt – eine Zusage machen. Es dauerte dann nicht lange, bis die *Mesalliance* von beiden Seiten erkannt und im besten Fall beendet wird. Eine Erfahrung, die Du Dir und einem Arbeitgeber ersparen kannst. Werde Dir darüber klar, was Du brauchst, um Dich an einem Arbeitsplatz wohl zu fühlen – Wohlbefinden ist schließlich eine Voraussetzung für Leistungsfähigkeit und Erfolg.

Diese Bedürfnisse sind individuell sehr verschieden. Für den einen ist es bedeutsam, einen klaren Arbeitsauftrag zu haben, für andere Menschen ist die räumliche Umgebung das Allerwichtigste. Viele nennen ein gutes Arbeitsklima an erster Stelle. Manche bevorzugen eindeutig Teamarbeit, andere arbeiten gerne eigenverantwortlich an einer Aufgabe.

Natürlich ist nicht zu erwarten, dass alle diese Faktoren erfüllt werden. Aber wenn Du Deine Bedürfnisse gut kennst, wirst Du leichter erkennen, wann Du am richtigen Ort bist.

✍ **Anleitung**

Finde mindestens 5 Kriterien und beschreibe *genau,* was Du Dir darunter vorstellst. Fang damit an, herauszufinden, was Dir am wichtigsten ist: *das Betriebsklima, die Aufgabe, die Räume, die Bezahlung, eigenverantwortlich arbeiten können, Zusammenarbeit, …*

Beispiel: ist Dir *ein gutes Betriebsklima* wichtig, dann überlege *genau,* was das alles für Dich beinhaltet. Was genau stellst Du Dir unter einem *gutem* Betriebsklima vor: offen miteinander umgehen, statt hintenherum zu tratschen, Austausch und gegenseitige Unterstützung …

Nur wenn Du *konkrete Kriterien* herausfindest, kannst Du Arbeitsangebote realistisch bewerten.

Tipp: Bevor Du später einen Ausbildungsvertrag unterschreibst, überprüfe erst mal genau, ob wesentliche Voraussetzungen für Dich stimmen.

Frage 2: Welche Aufträge oder Aufgaben inspirieren mich, machen Spaß? Welche unter- oder überfordern mich?

✍ **Anleitung**

- Bist Du eher ein Theoretiker, eine Forscherin im stillen Kämmerlein, oder arbeitest Du lieber praktisch?
- Entwickelst Du gerne eigene Lösungen oder setzt Du lieber die Ideen anderer um? Vielleicht liegt Dir auch beides: Ideen entwickeln und selbständig umsetzen?
- Arbeitest Du gerne mit anderen zusammen oder lieber allein. Oder bevorzugst Du, erst mal mit anderen Ideen zu entwickeln und dann eigenverantwortlich an einem Bereich weiter zu arbeiten? Oder umgekehrt?
- Erinnere Dich jetzt an Situationen, die Dich unter- oder überfordert haben – Du brauchst nicht noch *mehr desselben*.

Lebensauftrag

Meine Vorannahme ist, dass *jeder* Mensch einen Beitrag zu unserer Gesellschaft leistet – bewusst oder unbewusst. Gleichgültig, ob diese Person blitzgescheit oder durchschnittlich begabt, gesund oder krank, jung oder alt ist, als so genannt *normal* oder *anders* eingeordnet wird.

Eine Geschichte kann Dir verdeutlichen, was mit Lebensauftrag gemeint ist:

Hundert Eicheln

Ein Schriftsteller begegnet in der Provence einem Schäfer, der einen ausgesprochen zufriedenen Eindruck auf ihn macht.
Das Geheimnis seiner Lebensfreude: er hat vor Dreißig Jahren erkannt, dass bald kein Wald mehr in seiner Region sein wird. Er spürt in sich den Auftrag, neue Bäume entstehen zu lassen.
Von diesem Tag an sammelt er täglich hundert Eicheln, weicht sie abends

in Wasser ein, nimmt sie am nächsten Tag mit auf die Wanderschaft mit seinen Schafen. Während er die Tiere hütet, versenkt er Tag für Tag hundert Eicheln in der Erde.
Er lebt seinen Lebensauftrag mit Hingabe, Geduld und mit der erfüllenden Vorstellung, dass in einigen Jahren in seiner Heimat wieder Wälder voll prächtigen Steineichen Mensch und Tier erfreuen.

Dieser Beitrag kann verschiedene Namen haben, die alle ungefähr das Gleiche bedeuten: *Berufung, Lebensauftrag, Mission, Bestimmung, Schicksal, Meisterschaft*. Wähle den Begriff, der Dich spontan anspricht.

Im Gespräch mit vielen Menschen ist mir aufgefallen, dass Erfolg und Zufriedenheit die natürliche Folge einer Haltung ist, die fragt: *Was kann ich geben?* oder *Es geht mir sehr gut – was kann ich der Gesellschaft zurückgeben?*

Dazu passt der Ausspruch von John. F. Kennedy:

»Frage nicht, was Dein Land Dir gibt, sondern frage Dich, was Du Deinem Land geben kannst.«

Du findest *Deinen* Lebensauftrag, indem Du Dich fragst:

Was kann ich anderen geben? Was brauchen andere Menschen von mir? Was kann ich der Gesellschaft geben?

✍ **Anleitung**

In welchem dieser Bereiche versteckt sich Dein Lebensauftrag?

- Forschung und Lehre

- Kultur + Kunst
- Technik
- Pädagogik
- Interkulturelles Engagement
- Gesundheit
- Politik
- Wirtschaft
- Handwerk
- Sonstiges:

Du kannst Dir sicher vorstellen, dass das Wissen um Deinen Lebensauftrag Dir auf Deinem Lebensweg *Orientierung und Sicherheit* für anstehende Berufs-Entscheidungen gibt.

Deine Werte erkennen

Werte sind tief in uns verwurzelte *Ansichten* über das, was uns wertvoll ist. Meist unbeachtet und unbewusst steuern sie unsere Alltagsentscheidungen. Wofür Du Deine Zeit und Energie aufwendest, ist eine Wertentscheidung. Vielleicht sind Dir Freundschaften wichtig, vielleicht das Weiterentwickeln einer Begabung, oder Du liest gerne, eignest Dir Hintergrundwissen zu den Themen in der Schule an, weil Dich die größeren Zusammenhänge interessieren.

Es hilft einfach, wenn Du Deine wesentlichen Werte kennst. Du findest dann leichter den richtigen Ausbildungs- oder Arbeitsplatz und auch die Menschen, die zu Dir passen.

Arbeitsverhältnisse scheitern oft daran, dass die Vertragspartner/innen zu unterschiedliche Werte haben. Beziehungen übrigens auch.

Welche Werte möchte ich im Beruf leben?

✍ **Anleitung**

Finde jetzt Deine Werte, die Dir *beruflich* wichtig sind. Maximal 10. Beispiele: Interesse, Respekt, Erfolg, Eigenständigkeit, Vertrauen, Zusammenarbeit, Qualität, Kommunikation, Freude, Offenheit, Führung, Klarheit, Abwechslung …

Glaubenssätze zu Arbeit und Erfolg bewusst machen

Glaubenssätze sind, wie auch Werte, innere Programme nach denen wir leben. Meistens sind sie uns nicht bewusst. Es sind frühe Prägungen, die wir als Kinder und Heranwachsende fraglos von den Menschen in unserer Umgebung übernommen haben.

Eltern, ältere Geschwister, Verwandte, leben uns ihre Einstellungen zum Leben vor. Positive wie negative.

Sprichwörter und Redensarten sind Glaubenssätze. Zum Beispiel: *Reden ist Silber, Schweigen ist Gold!* Stimmt ja für manche Situationen, für andere ist dieses Programm kontraproduktiv.

Wer morgens schon singt, den holt abends die Katz! ist wie eine Anleitung zum Leben mit *gebremster Energie. Ich muss alles alleine machen!* ein *negatives Programm*, das Menschen in Einsamkeit und Überforderung bringt.

Erfolgreiche und zufriedene Menschen haben *positive* Glaubenssätze: *Alles, was ich mir vornehme, gelingt mir.* Oder: *Probleme sind zum Lösen da!* sind Beispiele für *positive Glaubenssätze.* Daher ist es an der Schwelle zum Erwachsenwerden sinnvoll, Werte und Glaubenssätze, die Du übernommen hast, zu überprüfen. Dich zu fragen: machen sie Sinn für *mein* Leben? Führen sie zu gewünschten Ergebnissen auf *meinem* Lebensweg?

✍ **Anleitung**

Für Deine Berufswahl ist es hilfreich, Dir Deine Glaubenssätze zu *Erfolg* und *Arbeit* bewusst zu machen. Du findest sie ganz einfach, indem Du diese Sätze ergänzt:

Erfolg ist für mich … bedeutet für mich …
Arbeit ist für mich … bedeutet für mich …

Speziell für Neugierige:

Bitte Deine Eltern, Großeltern, Geschwister, Dir *spontan* ihre Glaubenssätze zu *Arbeit* und *Erfolg* zu nennen. Interessant ist es, auf diese Weise zu erkennen, inwieweit Du noch den inneren Programmen Deiner Eltern folgst – was durchaus (noch) stimmig sein kann – und was inzwischen Deine ganz eigenen positiven Überzeugungen sind.

☝ **Wichtiger Hinweis**

Werte und Glaubenssätze wirken nach dem Gesetz der »sich-selbst-erfüllenden-Prophezeiung.«
Wenn Du *glaubst*, dass Arbeit einfach spannend ist und Dir gute Entwicklungsmöglichkeiten gibt, wird sich *dieses* Programm verwirklichen.
Falls Du *glaubst*, dass Arbeit einem den ganzen Tag verdirbt – wie das öfter in Behördenzimmern zu lesen ist – wirst Du unbewusst alles tun, um *diese* Vorannahme Wirklichkeit werden zu lassen.

Vision 3D – ein Szenario Deiner idealen Arbeitsplatzumgebung

Herzlichen Glückwunsch! Du bist jetzt auf der Zielgeraden.

Mach Dir jetzt bewusst: alles, was Menschen je erfunden haben, fing mit einer *Vision* an. Edison, der Erfinder der Glühbirne, hatte zuerst *eine Vision* von einer neuen Lichtquelle. Dazu musste er sich aus der Realität lösen, seiner Fantasie freien Lauf lassen. Das war die Voraussetzung für seine Erfindung. Die konkrete Umsetzung seiner Idee hat ihn erst in einem zweiten Schritt beschäftigt.

Also trau Dich, *Deiner Vision* von einem Beruf, der Dich erfüllt, auf die Spur zu kommen. Dazu drehen wir jetzt die Zeit ein paar Jahre vor – *in Deine nahe Zukunft*. Dich erwarten jetzt weitere Fragen, die Dir Deine inneren Vorstellungen noch deutlicher bewusst machen.

✍ Anleitung: gestalte jetzt Deine ideale Arbeitsplatzumgebung …

Stell Dir vor, Du bist ungefähr zehn Jahre älter, als Du im Moment bist, hast eine Ausbildung, vielleicht ein Studium absolviert und schon einige Jahre Berufserfahrung gesammelt …
Die Fee ist wieder an Deiner Seite, *Träumen ist gefragt* … und sie erinnert Dich beharrlich an die Gesetzmäßigkeit:

So viel, wie Du Dir vorstellst, so viel kannst Du erreichen!

Es ist sinnvoll, Dich zu den Fragen genau zu erforschen. Sag nicht, es ist mir egal, in was für einem Gebäude ich arbeite – bevor Du nicht intensiv nach verborgenen Vorstellungen in Dir gesucht hast.

Wenn alles möglich ist …: auf welchem Kontinent lebst und arbeitest Du? Reizt Dich eine Millionenstadt, eine Großstadt, eine Kleinstadt oder bevorzugst Du den ländlichen Raum? Gibt es bereits einen bestimmten Ort auf der Welt, der eine Faszination auf Dich ausübt?

Beschreibe das Haus, in dem Du arbeitest, in dem Du vielleicht Dein Büro, Deine Praxis hast …
Ein Hochhaus, ein modernes Bürogebäude, eine Gründerzeitvilla, ein Einfamilienhaus, ein Bauernhof oder etwas ganz anderes?

Äußerer Rahmen: Arbeitest Du in einem multinationalen Konzern, einem mittelständischen Unternehmen, einem Familienbetrieb? Hast Du eine eigene Firma – allein oder mit Partner/innen?
Alles hat Vor- und Nachteile. Begründe Deine Wahl?

Gibt es ein Firmen- oder Praxisschild an diesem Gebäude, das vielleicht (auch) Deinen Namen trägt?
Wenn ja, wie wäre es, wenn Du einen Entwurf davon in Originalgröße zu Papier bringst?

Der Raum, in dem Dein Arbeitsplatz ist, ist noch leer. Richte ihn jetzt so ein, wie er ideal für Dich und Deine Tätigkeit ist …
Technik, Möbel, Bilder, Pflanzen, Farben, Größe des Raumes.

In Deiner Idealvorstellung: arbeitest Du dort alleine, mit … Kolleg/innen?
Gibt es mehrere Büros auf der Etage, im ganzen Gebäude, wo Du tätig bist?
Zeichne eine Skizze davon.

Gibt es noch andere Arbeitsorte für Dich, außerhalb dieses Büros?
Bei Kunden vor Ort? Zu Hause, in der Natur, im Zug, im Flugzeug?

Arbeitest Du an einem Produkt? Ist es eher eine Dienstleistung? Oder ist Dein Arbeitsgebiet sowohl Dienstleistung als auch Entwicklung / Herstellung von Produkten?

Beschreibe Deine Aufgabe, Deine Tätigkeiten im Detail …

Was sind die Qualitäten und Möglichkeiten, die Dich an Deiner Aufgabe reizen:
fremde Kulturen, international, reisen, home-office, direkter Kontakt zu Menschen, freie Zeiteinteilung, überdurchschnittliche Bezahlung, ökologischer Aspekt …

Wie bist Du an Deinem Arbeitsplatz gekleidet / gestylt?
Finde ein Bild in einer Zeitschrift oder mach eine Skizze davon …

☝ **Erinnerung**

Die Fee begleitet Dich, alles ist möglich! Du bist ungefähr zehn Jahre älter, als Du jetzt bist, hast bereits Ausbildung und Studium hinter Dir und auch schon einige Berufserfahrungen sammeln können …

Deine Lieblingszielgruppe: wer sind die Kunden, Klienten oder Mandanten, die dieses Produkt / Dienstleistung in Anspruch nehmen?

Internationale Konzerne, mittelständische Betriebe, Geschäftsleute, Handwerksbetriebe, Einzelpersonen (Erwachsene, Kinder, Behinderte, intelligente Menschen, Reiche, Künstler, Kranke, Männer, Frauen, Ältere) …

Welche Rolle hast Du in der Hierarchie?

Hast Du eine oder mehr Ebenen über Dir?

Oder arbeitest Du bereits als Partner / in auf gleicher Ebene?

Hast Du schon Führungsverantwortung? Strebst Du sie überhaupt an?

Stell Dir die Frage, welchen Lebensstandard Du anstrebst. Wie viel Du dafür als Jahresgehalt brutto verdienen möchtest? Wie viele Wochenstunden bist Du bereit, dafür tätig zu sein?

Work-life-balance: Wie viel Deiner Lebensenergie möchtest Du z.B. im Alter zwischen 25 und 28 Jahren beruflich einsetzen, bezogen auf 100%? Und wie viel für Dein persönliches Leben?
z. B. 70% beruflich / 30% für mein persönliches Leben? Oder 60% / 40%.

Dein Privatleben als Bestandteil der Vision 3D

Bei den folgenden Fragen geht es jetzt um *Deinen ganzheitlichen Lebensentwurf*, über die berufliche Seite hinaus. Wie versprochen, holen wir jetzt all die Menschen, die Dir wichtig sind, wieder dazu.

Träumen ist wieder gefragt und die *Fee* ist an Deiner Seite, also nur Mut!

Mein privates Leben mit ca. 25 bis 28 … Lebst Du in diesem Alter allein, hast Du eine Beziehung, bist Du verheiratet, hast Du Kinder, oder wünschst Du Dir welche? Sind Dir Deine aktuellen Freundschaften wichtig? Wie intensiv willst Du den Kontakt zu Deiner Herkunftsfamilie gestalten? Was genau sind Deine inneren Bilder und Gefühle dazu?

✍ Anleitung

Mach es Dir jetzt an einem schönen Ort bequem. Erinnere Dich an mindestens drei wunderschöne Erlebnisse in Deinem Leben, und genieße die angenehmen Gefühle und reizvollen Bilder ganz intensiv – so kommst Du leicht in das *Flow*-Gefühl.

Dann stell Dir die Frage:
Wenn alles möglich ist: was erträume ich mir für mein Leben als Frau, als Mann?

Schreib alles auf, was Dir dazu *einfällt.*

Zeichne ein *Zielbild* von Deinen inneren Berufswunsch, ergänzt um die Vorstellungen von Deinem persönlichen Leben. Gestalte es kreativ, am besten auch auf einem richtig großen Blatt. Es kann auch eine Collage sein, wenn Du denkst, Du kannst nicht ausreichend gut zeichnen. Deiner Fantasie sind keine Grenzen gesetzt!
Nach der Anleitung auf Seite 104 kannst Du noch einen *wirkungsvollen Zielsatz* dazu entwickeln z. B.:

Mit 28 bin ich in meinem Beruf angekommen und lebe in einer glücklichen Beziehung mit einem Mann / einer Frau.

Wenn Du auf das Blatt mit Deinem *Zielbild* noch den *Zielsatz* einfügst, und es sichtbar in Deinem Reich aufhängst, wirst Du bei jedem Vorbeigehen an Dein Ziel erinnert. Das wird Dich stärken, Dich selbstsicherer machen, und Dich motivieren, dafür den notwendigen Einsatz zu bringen.

Schritt 4: Ein paar Wochen später … Deine Ergebnisse auswerten

Du hast Dich ein paar Wochen lang immer wieder mal intensiv mit diesen Fragen und den Anleitungen beschäftigt. Alles, was Dir dazu bewusst geworden ist, steht auf mehreren großen Blättern.
Die Wirkungen einer solchen Auseinandersetzung mit sich selbst, können sehr

verschieden sein, je nach individueller Ausgangslage und dem Einsatz, den man dafür erbracht hat.

Vielleicht trittst Du selbstbewusster auf, nachdem Du Dein Potenzial klar erkannt hast und von mehreren Menschen darin bestärkt worden bist.

Es ist auch möglich, dass Du *vor lauter Bäumen den Wald nicht mehr siehst*, dass Du alleine bei Suche nach dem richtigen Beruf für Dich nicht sehr weit gekommen bist. *Gib nicht auf, sondern hol Dir Unterstützung* für die folgenden, ganz entscheidenden vier Schritte zur Ergebnisauswertung.

1. Deine Vision in ein erreichbares Ziel übersetzen

Jetzt geht es darum, *das Wesentliche* aus Deinen Aufzeichnungen zu erfassen, d.h. Deine gesammelten Einfälle *auf den Punkt* zu bringen, um Dein Berufsziel bzw. Deine Berufsrichtung zu ent-decken.

Markiere zunächst *farbig* auf jedem Deiner großen Blätter je drei Worte / Zusammenhänge, die für Dich besonderen Stellenwert haben. Langes *Hirnen* ist eher kontraproduktiv – folge dabei einfach Deinen *spontanen Impulsen*.

Es ist *in jedem Fall* ratsam, Dich bei diesem Prozess von einem Menschen, dem Du vertraust, unterstützen zu lassen. Das kann ein Freund, eine Freundin oder eine Person aus dem Freundeskreis Deiner Eltern sein. Ein Onkel oder ein Tante, denen Du zutraust, dass sie mit Dir gemeinsam das *Wesentliche* aus Deinen Aufzeichnungen erfassen können. Super ist es, wenn er oder sie auch *zwischen den Zeilen* wahrnehmen kann, was bedeutsam für Dich ist und sich traut, Dich auch auf Widersprüche und allzu unrealistische Ideen aufmerksam zu machen.

Die Ergebnisse dieser gemeinsamen Zuspitzung Deines Berufswunsches machst Du jetzt Schritt für Schritt auf *einem neuen ausreichend großen Blatt*, dem *Ergebnisplakat*, sichtbar. Was alles auf dieses Ergebnisplakat kommt, findest Du auf der nächsten Seite .

Als erstes hat Dein / Deine Begleiter / in die Aufgabe, Dich in *einen perfekten Tag Deines künftigen Lebens* im Alter zwischen 25 und 28 zu führen. Durch ein solches *Szenario* wird meist schon der Berufswunsch, zumindest die berufliche

Richtung, deutlich und kann schon der erste Eintrag an *prominenter* Stelle auf Deinem Ergebnisplakat sein.

Stell Dir jetzt vor, wie *ein perfekter Tag für Dich* gestaltet ist, wenn die Fee wieder an Deiner Seite ist; träumen ist gefragt … diesmal mit konkreten Details.

✍ **Anleitung**

Die *Fee* führt Dich erst mal in drei rundum glückliche Momente Deines Lebens, die Du ausgiebig genießt. Du bist dann wieder im *Flow, Bilder und Gefühle* von *einem perfekter Tag in Deinem Leben* fließen Dir leicht zu.

Wenn Du Dir das wünschen kannst

- Wie, wo, wann stehst Du morgens auf?
- Wer sitzt mit Dir am Frühstückstisch?
- In welcher Stimmung bist Du?
- Wo ist Dein Arbeitsplatz? Wie kommst Du dorthin?
- Was erwartet Dich dort? Wer sind Deine Kolleg / innen?
- Was tust Du *genau*? Wie sind Deine Arbeitsabläufe?
- Wie bist Du gestylt?
- Wie lange ist Dein idealer Arbeitstag?
- Was tust Du im Anschluss an Deine Arbeit?
- Wie klingt Dein Tag aus? Mit welchen Gefühlen?

Ich empfehle Dir, mit dem Menschen Deines Vertrauens alles nach und nach anzuschauen, was Du auf den zahlreichen Blättern aufgeschrieben hast.

Eine gute Strategie ist es, zunächst *auf jedem Blatt die 3 – 5 wesentlichen Dinge zu markieren*. Im gemeinsamen Gespräch darüber gelingt es dann, Deine Aussagen *auf den Punkt* bringen.

2. Dein Ergebnisplakat gestalten

Dein *Ergebnisplakat* dient dazu, wie bereits gesagt, wesentliche Kriterien für Deine Berufswahl auf nur *einem* großen Blatt übersichtlicher darzustellen.

✍ Anleitung: Dein Ergebnisplakat dokumentiert

- Dein Berufsziel: als Beschreibung der Tätigkeiten, die Du am liebsten an Deinem Arbeitsplatz tun möchtest. Daraus kann sich dann eine Berufsbezeichnung ergeben.
- Deine sieben wesentlichen Fähigkeiten
- Deine sieben wesentlichen Charaktereigenschaften
- Deinen Entwicklungsbedarf: das, was Du noch verbessern, lernen möchtest.
- Sieben berufliche Werte
- Deine Glaubenssätze zu Arbeit und Erfolg
- Drei wesentliche Interessen und Begabungen, die Du schon als Kind gezeigt hast.
- Fünf Kriterien, was Dir wichtig ist an einem Arbeitsplatz.
- Was Du bereit bist, einzubringen, um Deinen Berufswunsch in die Tat umzusetzen.
- Erste konkrete Schritte zur Umsetzung Deines Zieles mit verbindlichem Zeitplan, wann Du sie realisierst.
- Ein wohlgeformter Zielsatz mit verbindlicher Zeitangabe (siehe Anleitung S. 104).
- Vielleicht noch ein hoffnungsvolles Credo, das Dich begleitet, wie »Jedes große Ziel beginnt mit einem ersten Schritt.« Oder: »Wenn ich etwas wirklich will, habe ich es bisher immer geschafft.«
- Diese Aufzählung kannst Du natürlich individuell erweitern / ändern.

3. Formuliere jetzt einen wirkungsvollen Zielsatz

Wenn Dein Ergebnisplakat vorliegt, ist es gut, Dein Berufsziel als *Zielsatz* zu formulieren. Indem Du Dir diesen Zielsatz täglich bewusst machst, näherst Du Dich Schritt für Schritt Deinem Ziel. Gib Deinem Zielsatz einen besonderen Platz auf Deinem Ergebnisplakat.

Dein Zielsatz hat nur dann die erwünschte Wirkung, wenn Du das folgende Format beachtest:

✍ Sechs Merkmale eines wohlgeformten Zielsatzes

- Er ist *positiv* formuliert, d.h. er beschreibt, was Du möchtest und nicht, was Du nicht möchtest.
- Dein Zielsatz sollte im *Präsens* formuliert sein, so, als ob Du Dein Ziel schon erreicht hast.
- Er ist *mit allen Sinnen erlebbar*, d.h. in Bildern, Gefühlen, Worten und Handlungen.
- Es steht nur das drin, was Du *in eigener Verantwortung* erreichen kannst – nicht, »Lieber Himmel, lass alle etwas für mich tun, damit ich den richtigen Ausbildungsplatz finde.«
- Dein Zielsatz hat *verbindliche Zeitangaben*. Dein Unbewusstes wird Dich dann rechtzeitig erinnern, welche Schritte Du wann tun willst. Diese Zeitangaben kannst Du ändern, wenn Du merkst, Du hast Dir zu viel vorgenommen.
- Dein Ziel sollte *nicht zu groß* sein: lieber erst mal ein Teilziel, d.h. ein kleineres, erreichbares Ziel formulieren, das Du erfolgreich umsetzen kannst. Denn Erfolg erhält Deine Motivation.

Ein paar Beispiele gut formulierter, wirkungsvoller Zielsätze:

Im April 2011 beginne ich die Ausbildung zum Zierpflanzengärtner bei Firma XY und es geht mir gut mit dieser Entscheidung.
Ab Juli 2011 arbeite ich als Au-Pair in Australien, lebe in einer freundlichen Familie, habe Spaß am Englischlernen und genieße die neuen Eindrücke in diesem Land.
Im Oktober 2011 studiere ich mit Freude und Erfolg an der Universität München Volkswirtschaft und Politik.
Bis Ende Juli 2011 habe ich sorgfältig recherchiert, welche Studienangebote es für Sozialpädagogik an den Fachhochschulen in Hessen und Rheinland-Pfalz gibt.

Vielleicht liegt Dein Ergebnisplakat mit allen wichtigen Erkenntnissen jetzt vor Dir. Der *Einsatz* von Zeit und Energie für Deine Auseinandersetzung mit Dir selbst, haben sich hoffentlich gelohnt.

☝ Dein Gewinn

- Dein berufliches Ziel ist klar(er) geworden.
- Vielleicht fühlst Du Dich bestätigt auf Deinem bisherigen Weg.
- Dein Stärkenprofil genau zu kennen, macht Dich selbstbewusster.
- Du beteiligst Dich öfter im Unterricht, weil Du ein Ziel hast, wofür es sich lohnt, sich anzustrengen.
- Du traust Dir eine herausfordernde Präsentation / erfolgreiche Bewerbung zu.
- Die Frage: Was willst Du mal werden? Kannst Du jetzt souverän beantworten und Reaktionen *einsammeln.*
- Du fühlst Dich leistungsfähiger, ergreifst selbst bestimmt die Initiative für die Umsetzung Deines Berufsziels.

Meistens besteht ein *erster Schritt* zur Umsetzung Deines Berufsziels darin, Dich konkret über den gewünschten Beruf zu informieren. Kontakte herzustellen, um einen Platz für eine Hospitation oder ein Praktikum zu erhalten.

Es ist ziemlich normal, dass in dieser Phase Deiner Berufsfindung die Frage auf- taucht:

Habe ich das Richtige für mich gefunden, oder ist das alles nur Wunschdenken?

Wenn Dich ein pulsierendes, anhaltendes Gefühl von Lebendigkeit, Zuversicht und Freude überkommt und Du unermüdliche Aktivität im Hinblick auf Dein Ziel entfaltest, dann kannst Du dem Ergebnis trauen: Du hast das Richtige für Dich gefunden. Der Schriftsteller Peter Härtling formuliert das im Interview so:

»Man erkennt sein Potenzial daran, auch ob es reicht: wenn man mit Zweifeln umgehen muss und es schafft, sich selbst wieder zum Weitermachen zu motivieren.«

Zweifel ist angesagt, wenn Du nichts unternimmst, um die jetzt notwendigen Informationen zu erhalten. Dann hast Du Deinen Berufswunsch noch nicht entdeckt. Die Gründe dafür können vielfältig sein.

Vielleicht stellst Du Dir nach ein paar Wochen die Fragen erneut. Oder Du vertraust Dich einer professionellen Beratung an.

4. Berufsentwicklungsbuch

Sehr sinnvoll ist es, jetzt noch ein *Berufsentwicklungsbuch* anzulegen, dem Du all Deine (auch *schrägen*) Ideen und Aktivitäten in Richtung auf Dein Ziel anvertraust. Auch Deine Fähigkeiten, Werte, Deinen Zielsatz und erste Schritte, die Du jetzt tun willst. Adressen sind in ihm ebenfalls gut aufgehoben. Oder Informationen über eine interessante Praktikumsstelle. Deine Erfahrungen bei einer Hospitation. Gedanken nach einer Studienberatung oder die Vorbereitung für ein Bewerbungsgespräch sowie die Auswertung danach, was gut gelaufen ist und was Du das nächste Mal besser machst … alles findet dort seinen sicheren Platz.

Bei allem, was Du zur Umsetzung Deines Berufswunsches jetzt beginnst, ist es wichtig, immer mit Deinem *Zielbild vor Augen* zu starten: einer positiven Vorstellung von dem, was Du erreichen willst. Dieses Bild macht Dich zum Aktiven und gibt Dir Sicherheit bei allem, was Du tust.

Weitere *wirkungsvolle Strategien* findest Du im folgenden Kapitel.

Mit wirkungsvollen Strategien vom Wunsch zur Wirklichkeit

»Das Ziel unterscheidet sich vom Traum durch die Tat.«
Unbekannt

»Dem Gehenden schiebt sich der Weg unter die Füße.«
Martin Walser

Strategien sind die Art und Weise, wie man seine Gedanken und sein Verhalten organisiert, um gewünschte Ergebnisse zu erreichen. Strategien sind immer auf ein *Ziel* gerichtet.

Man könnte auch sagen: eine Strategie ist ein *Rezept*, eine Abfolge von Schritten, eine *Gebrauchsanweisung*, die Dir ganz genau sagt, *wann* und *wie* und *in welcher Reihenfolge* Du etwas tun kannst, um ein Ziel zu erreichen. Wenn Du zum Beispiel bei einem Vorstellungsgespräch oder einer Prüfung Deine Fähigkeiten optimal zur Geltung bringen willst, brauchst Du gute Strategien.

Erfolgreiche Menschen sind nicht unbedingt intelligenter als andere – sie zeichnen sich vor allem dadurch aus, dass sie genau wissen, was sie wollen und *wirkungsvollere Strategien* anwenden als andere.

Aber auch die beste Strategie bringt Dich nicht weiter, wenn das Ziel nicht stimmt oder noch zu unklar ist. Überprüfe an dieser Stelle noch einmal Dein Ziel mit folgender Strategie:

✍ Zielüberprüfung

Nimm Dir einen Moment Zeit. Erinnere Dich wieder an eine bestimmte, wunderschöne Situation in Deinem Leben und koste das Gefühl, die Stimmung, die Farben, das, was Du hörst, so richtig aus … und stell Dir dann die Frage:

Wenn sich mein Berufsziel, das ich für mich jetzt gefunden habe, auf der Stelle erfüllen würde, würde ich es nehmen?

Schreib auf, welche Gefühle, Bilder und Gedanken diese Frage in Dir auslöst. Auch die Einwände, die Zweifel, die sich bemerkbar machen. Sind sie gewichtig, rate ich Dir, Dich erneut mit den Fragen im Kapitel: *So findest Du Deine Berufung*, zu beschäftigen.

Nehmen wir an, Dein Ziel stimmt – was Du daran erkennst, dass Du bei der Vorstellung, in diesem Beruf tätig zu sein, *große Freude* empfindest – dann wartet auf Dich jetzt eine Auswahl effizienter Strategien, die Dich unterstützen, um aus Deinem Wunsch Wirklichkeit werden zu lassen.

Die Macht der Vorstellung

Die wichtigste Strategie, die ich Dir vorstellen möchte, besteht darin, die Macht der Gedanken zu nutzen. Dazu eine Geschichte aus dem Buch *Alice hinter den Spiegeln* von Lewis Carroll:

»Das kann ich nicht glauben« sagte Alice.
»Nein«, sagte die Königin mitleidig. »Versuch es
Noch einmal: tief Luft holen, Augen zu …«
Alice lachte »Ich brauche es gar nicht zu versuchen«,
sagte sie »Etwas Unmögliches kann man nicht glauben.«
»Du wirst darin eben noch nicht die rechte Übung haben«,
sagte die Königin. »In deinem Alter habe ich täglich
eine halbe Stunde darauf verwendet.
Zuzeiten habe ich vor dem Frühstück

bereits bis zu sechs unmögliche Dinge geglaubt.«

Die Königin wendet in dieser Geschichte eine *Erfolgsstrategie* an, das positive Denken, von dem heute so viel die Rede ist. Es handelt sich dabei keineswegs um Zauberei, sondern um die Gesetzmäßigkeit:

Wahr wird das, worauf wir unsere Aufmerksamkeit lenken.

Du kannst Dir das so vorstellen: jeder unserer Gedanken setzt *Energie* frei. Wenn wir denken, schaffen wir eine *Gedankenform*. Es ist eine subtile Figur, wie aus einem Traum. Je mehr wir uns darauf konzentrieren, desto eher *manifestiert* sich diese Form. Man könnte sagen, sie wird immer dichter, bis sie sich irgendwann materialisiert. Auch negative Gedanken wirken auf diese Weise.

Bist Du neugierig geworden? Um Dein berufliches Ziel mit positiver Energie zu nähren, empfehle ich Dir, das *Drehbuch* zu Deinem Film: *mein Wunschberuf* zu schreiben:

✍ **Anleitung**

Stell Dir jetzt eine Breitleinwand vor, auf der Dein Film groß und in Farbe zu sehen ist. Du siehst Dich an Deinem Arbeitsplatz, wie Du mit Kolleg / innen arbeitest. Du spürst das gute Klima zwischen Euch und Deine Freude, dort zu sein. Siehst, wie Du angezogen bist, hörst Dich telefonieren, vielleicht mit einem Kunden reden ... Mal Dir alles, was Du im Beruf erleben möchtest, ganz genau aus und geniesse Dein Glück, das zu tun, was Du von Herzen gerne tust!

Dann schreibe alles auf, Dein Entwicklungsbuch bietet sich dafür an, und achte zum Schluss darauf, welcher originelle oder witzige *Titel* Dir zu Deinem Drehbuch einfällt.

Nimm Dir einmal pro Tag ein paar Minuten Zeit und lass diesen Film auf der Leinwand entstehen. Mit dieser Konzentration auf Dein Ziel, ziehst Du Energien an, die Dich sicher machen und stärken. Prentice Mulford beschreibt diesen Prozess in seinem Buch *Der Unfug des Lebens und Sterbens:*

»Bist du imstande, fest, klar und ernsthaften Geistes ein bestimmtes Ziel zu verfolgen, das auf Recht basiert, so hast du damit die stärkste schweigende Kraft in Bewegung gesetzt, die es überhaupt gibt, um dich mit jenen Gelegenheiten, Menschen und Verhältnissen in Verbindung zu bringen, deren dein Ziel zur Verwirklichung bedarf.«

Was die Königin nicht verraten hat: die *Erfolgsstrategie* hat noch einen zweiten Teil, der ganz entscheidend ist. Nach der *aktiven Phase*, in der Du *den Film für Deinen Wunschberuf* groß auf eine Leinwand projizierst, gibt es noch eine wichtige *passive Phase*. Sie besteht darin, Deinen Berufswunsch wieder ganz los zu lassen und darauf zu vertrauen, dass er sich erfüllt, wenn er zu Deinem Lebensweg passt.

☝ **Erfolgsstrategie: wie Wünsche sich verwirklichen**

Die *aktive* Phase: Stell Dir Dein Ziel, Deinen Wunsch mit allen Deinen Sinnen genau vor, so, als ob Du es schon erreicht hast und genieße diese Vorstellung eine Zeitlang. Deine innere Entschiedenheit, dieses Ziel in die Tat umzusetzen, ruft fördernde Kräfte auf den Plan.

Die *passive* Phase: jetzt lass Deinen Wunsch *ganz* los – im Vertrauen in Dein Schicksal, das Dir dieser Wunsch erfüllt wird, wenn er gut für Dich ist oder verwehrt wird, weil etwas anderes auf Dich wartet. Spüre jetzt bewusst Deine vertrauensvolle Haltung.

Realistische Vorstellungen Deines Wunschberufes gewinnen

Das Wünschen hilft nur dann, wenn Du *gleichzeitig* konkret handelst.

Du könntest z.B. Deinen Wunschberuf auf seine *alltägliche Wirklichkeit* hin überprüfen, damit Dir klar wird, worauf Du Dich einlässt. Dazu bieten sich mehrere Möglichkeiten an.

Praktika und Hospitationen

Schulpraktika reichen meistens nicht aus als Grundlage für eine tragfähige Berufsentscheidung. Du bist gut beraten, freiwillig mehrere längere (mehr als zwei Wochen) Praktika zu machen. Nutze die Ferien, um für einige Wochen in den Alltag Deines Wunschberufes hinein zu schnuppern. Hinterher bist Du auf jeden Fall schlauer und um wichtige Erfahrungen und Kontakte reicher.

Wenn Dein Traumberuf z. B. *Webdesigner/in* ist, rate ich Dir, an verschiedenen Stellen ein Praktikum zu machen: in einem Konzern, bei einem Freiberufler und in einem mittelständischen Unternehmen. Nur so bekommst Du einen umfassenden Eindruck, welche Arbeitsbereiche es überhaupt als Webdesigner/in gibt. So findest Du heraus, was Dir besonders liegt und kannst Dein weiteres Vorgehen danach ausrichten, u.a. die Wahl der Universität oder FH. Indem Du unterschiedliche Strukturen kennen lernst, entdeckst Du auch, was für Dich an einem Arbeitsplatz wichtig ist, um Dich wohl zu fühlen – eine Voraussetzung für Deine Leistungsfähigkeit.

Bei einer Bewerbung für eine Praktikumsstelle oder Hospitation ist es absolut notwendig, dass Du Dich *gut vorbereitet* präsentierst. Dazu einige Hinweise:

✍ Bewerbung für eine Praktikumsstelle

- Nutze als erstes alle Kontakte, die Du hast – über Eltern, Freunde, Bekannte, um eine attraktive Praktikumsstelle zu finden.

- Entscheide Dich dann für den interessantesten Praktikumsplatz.
- Informiere Dich umfassend über dieses Unternehmen. Mit diesen Informationen kannst Du Dein Interesse an diesem Betrieb überzeugend darzustellen, erhöhst damit Deine Chancen.
- Überprüfe, ob Du dort die Erfahrungen machen kannst, die Du Dir von dem Einsatz erhoffst. Achte dabei auch auf Deine Gefühle
- Es erhöht Deine Chancen auf einen attraktiven Praktikumsplatz, wenn Du etwas anbietest, womit Du der Firma *Nutzen* bringst. Ein Arbeitgeber kann sich dann leichter für Dich entscheiden.
- Auf die Frage, warum Dich gerade dieser Beruf interessiert, solltest Du eine überzeugende Antwort parat haben.
- Dann erarbeite sorgfältig eine schriftliche Kurzbewerbung. Kauf Dir auf jeden Fall dafür ein aktuelles Bewerbungsbuch. Aktuell bedeutet: nicht älter als ein Jahr.

Geschätzt wird, wenn Du Dich als Praktikantin engagierst, Dich eigenständig um interessante Aufgaben bemühst und nachfragst, wenn Du etwas wissen möchtest – Mitarbeiter/innen haben auch bei bestem Willen oft nicht genug Zeit, um von sich aus auf die Praktikant/innen zuzugehen

Falls Du merkst, dass das Praktikum wenig effektiv ist oder Du Dich dort unwohl fühlst, ist es besser, rechtzeitig nach einer anderen Stelle zu suchen, die Deine Bedürfnisse eher erfüllt.

Interviews

Während einer Hospitation oder einem Praktikum findest Du auch leicht Interviewpartner/innen, die Dir wertvolle Informationen aus der Praxis geben können.

Da Menschen gerne über ihre Erfahrungen sprechen, ist es leicht, geeignete Personen für Interviews zu gewinnen! Einen repräsentativen Querschnitt hast

Du, wenn Du mindestens drei Personen Deine Fragen stellst, die diesen Beruf schon länger ausüben.

☝ **Mögliche Interviewfragen sind:**

- Wie kamen Sie auf die Idee, das zu tun, was Sie machen?
- Welche Qualifikationen haben Sie erworben?
- Welche Wege sind Sie gegangen? Kennen Sie andere?
- Was gefällt Ihnen an Ihrem Beruf?
- Würden Sie diesen Beruf wieder wählen? Gründe?
- Was gefällt Ihnen nicht? Gründe?
- Was war überraschend für Sie, konnten Sie nicht vorhersehen?
- Wie bewerten Sie die Zukunftschancen in Ihrem Beruf?
- Wie sind die Verdienstmöglichkeiten?
- Was raten Sie mir?

Informationen über Fachzeitschriften

Fast jeder Beruf hat einen *Berufsverband*, der Wissenswertes in einer Verbandszeitschrift herausgibt. Dort findest Du Hinweise auf offene Stellen, Praktikumsplätze, Fortbildungsangebote und andere berufsspezifische Informationen. Kontakt zu *Deinem* Berufsverband findest Du leicht über das Internet.

Arbeitsagentur

Die Bundesagentur für Arbeit hat rund 14 000 Arbeitsvermittler / innen und verfügt laut eigenen Angaben deutschlandweit über die größte Jobbörse im Internet.

Von Ausnahmen abgesehen, werden Dich Arbeitsberater / innen *nicht* darin unterstützen können, herauszufinden, was Deinen individuellen Interessen und

Fähigkeiten entspricht. Ihre Aufgabe ist es, die Beratung an Statistiken zu orientieren, die Vorhersagen treffen, was *vielleicht* in fünf bis zehn Jahren auf dem Arbeitsmarkt gebraucht wird; wobei es sich in den vergangenen zwanzig Jahren erwiesen hat, dass die Prognosen mehrfach nicht eingetroffen sind.

Kennst Du mindestens Deine *Berufsrichtung*, ist ein Termin bei einer Arbeitsberater/in und der Besuch des Berufsinformationscenters der Arbeitsagentur eine gute Möglichkeit, Einzelheiten über Deinen geplanten Ausbildungsweg zu erfahren.

Für *Hochschulabsolventen* bieten die hauseigenen Hochschulteams, die in allen größeren Universitätsstädten vertreten sind, professionelle Unterstützung in Form von Bewerbungsseminaren, Beratungsgesprächen oder Unterlagen-Checks sowie Informationen über finanzielle Hilfen für Arbeitssuchende an.

Auch die *Internetseiten der Arbeitsagentur* sind einen Blick wert: neben Stellenanzeigen und Arbeitsmarktberichten für verschiedene Studiengänge, kannst Du auf Unternehmen aufmerksam werden, die für Dich im Hinblick auf ein Praktikum, ein Trainee-Programm oder eine Arbeitsstelle von Interesse sein können.

Aktiv werden – es geht mehr als Du denkst

Als Beraterin mache ich sehr oft die Erfahrung, dass Menschen ihre Möglichkeiten nicht voll ausschöpfen, viel zu früh aufgeben, zurückstecken, ihren *Rahmen für Eigenverantwortung* nicht annähernd nutzen. Aus sehr unterschiedlichen Gründen.

Mehrere Beispiele verdeutlichen Dir, was ich darunter verstehe, den *Rahmen für Eigenverantwortung* zu nutzen:

Stell Dir vor: Ausgerechnet an dem Tag, an dem Du ein Bewerbungsgespräch hast, regnet es *Hunde und Katzen*. Das Wetter kannst Du nicht beeinflussen. Doch es bleibt Dir ein großer Einflussbereich, um mit der Situation *kreativ* umzugehen: indem Du, statt über das Mistwetter zu schimpfen, Deine positive Stimmung beibehältst und Dich traust, andere Menschen um Hilfe zu bitten. Oder einfach versuchst, die Sache *anders* zu bewerten: Du kannst Deine Einstellung zu dem aktuellen Wetter ändern, kannst Dir sagen: *es ist gut so, weil es lange nicht mehr geregnet hat*. Du hast die Möglichkeit, ein anderes Verkehrsmittel als geplant zu wählen. Vielleicht bittest Du Deinen Vater, ausnahmsweise einen Umweg zu machen, um Dich hinzufahren. Und Du kannst eine passende Kleidung wählen.

Auch bei Deiner Suche nach einem Ausbildungs- oder Studienplatz, ist der Rahmen, kreativ zu handeln, größer, als Du Dir vielleicht vorstellst. Wie wäre es sonst zu erklären, dass es – trotz knapper Ausbildungsplätze – immer wieder Jugendlichen gelingt, genau den Ausbildungsplatz zu bekommen, den sie sich wünschen?

Die Frage ist: was machen sie anders als jene, denen vielleicht – bei gleichen Fähigkeiten und Zeugnisnoten – der Erfolg versagt bleibt? Worin besteht der Unterschied?

Die erste Gruppe nutzt *wirkungsvollere Strategien*. Statt abzuwarten, bis etwas Passendes auf sie zukommt, nehmen sie ihre Sache *aktiv* in die Hand, gehen *ungewöhnliche Wege*, um auf sich aufmerksam zu machen. Das fällt leicht, wenn Du Dein Ziel gefunden hast. Ein *fiktives* Beispiel dazu:

PASCAL sucht eine Lehrstelle als SCHREINER. Nehmen wir an, er hat mittlere Reife oder einen guten Hauptschulabschluss vorzuweisen.
Sein Berufswunsch ist klar: er liebt den Werkstoff Holz; seit er laufen kann, bastelt er aus Holz kleine Geschenke Er hat sich intensiv mit seinen Fähigkeiten und Charaktereigenschaften auseinander gesetzt. Ein dreiwöchiges Praktikum bei einem Schreiner im Ort hat ihn in seinem Berufswunsch bestätigt. Schon oft hat er anderen Menschen von seinem beruflichen Traum erzählt. Das kam gut an: weil er selbst von seinem Berufswunsch überzeugt ist, überzeugt er andere.
Jetzt hat er vor, während der Sommerferien eine Zeitlang in einem größeren Schreinereibetrieb in seinem weiteren Umfeld Erfahrungen zu sammeln. Er informiert sich

erst mal in seinem Bekanntenkreis, ob jemand eine interessante Firma kennt. Außerdem hat er selbst schon einen Betrieb im Auge. Auf der Homepage dieser Firmen findet Pascal Angaben, was genau sie herstellen: Restauration von Möbeln, Fertigung und Einbau von Fenstern und Türen in Neubauten, Altbausanierung, Aufarbeitung antiker Möbel. Manche Schreinereien bedienen alle diese Bereiche, andere haben sich spezialisiert. Dabei wird Pascal sich selbst klarer, welche Aufgaben aus dem Angebotsspektrum einer Schreinerei ihn *besonders* reizen. Jetzt nimmt er noch das Branchenverzeichnis zur Hand und sucht sich gezielt die Adressen, z. B. von *Möbelschreinereien* heraus, deren Arbeitsbereich ihm besonders interessant erscheint. Nehmen wir an, er hat drei Betriebe in der näheren Umgebung gefunden. Pascal ist mutig, er macht sich persönlich ein Bild vor Ort, spricht vielleicht kurz mit den Inhabern, schaut sich dort um. Dann entscheidet er sich für die Ausbildung bei dem Möbelschreiner X, dort hat es ihm am besten gefallen und setzt erst mal alles auf eine Karte.

Wie die Königin in der Geschichte von Lewis Caroll, nimmt Pascal sich immer mal wieder Zeit für die Vorstellung, wie viel Freude es ihm macht, in seinem Wunschbetrieb, bei Schreiner X, die Ausbildung zu absolvieren.

Dann kauft er sich ein aktuelles Bewerbungsbuch und fertigt eine sehr gute Bewerbungsmappe an. Er wundert sich, wie lange er dafür braucht. Und manchmal fällt ihm die eine oder andere Formulierung schwer. Aber er will unbedingt bei Schreinerei X einen Ausbildungsplatz haben. Also gibt er sein Bestes. Zwischendurch stellt er sich vor, wie die fertige Bewerbungsmappe auf seinem Schreibtisch liegt. Das beflügelt ihn, lässt ihn weiter machen.

Den Vater eines Freundes, der als Personalreferent in einem Unternehmen arbeitet, fragt er, ob er sich seine Unterlagen durchsehen und ihm vielleicht Verbesserungsvorschläge dazu machen könnte. Nach zwei Wochen ist die Mappe fertig. Pascal ist richtig stolz und optimistisch.

Mit der Bewerbung in der Tasche sucht er seinen Wunschbetrieb erneut auf. Fragt höflich, ob der Chef kurz Zeit für ihn hat. Nennt selbstbewusst die Gründe, warum es ihm *ganz wichtig* ist, bei ihm die Ausbildung zu machen. Händigt ihm schließlich seine Bewerbungsunterlagen aus. Natürlich kann es sein, dass im Moment einfach kein Ausbildungsplatz dort frei ist. Vielleicht bietet der Schreiner Pascal zunächst ein Prak-

tikum an, um ihn näher kennen zu lernen. Oder Pascal bietet an, in den Ferien einfach mitzuhelfen.
Durchaus denkbar, dass Schreinermeister X – überzeugt von Pascals Fähigkeiten und Engagement – ihm einen anderen interessanten Betrieb nennt, wo er sich bewerben kann.
Die Entschiedenheit, mit der Pascal vorgeht, ist überzeugend und wird dem Schreinermeister sicher in Erinnerung bleiben. Und eines Tages kommt ein Anruf, und Pascal erhält das Angebot für die Ausbildung. Sein Mut und sein Engagement werden früher oder später belohnt.

Auch die Geschichte von LAURA MATZ, 20, MEDIZINSTUDENTIN an der Universität Leipzig, veröffentlicht im Magazin *ZEITCampus 2008* zeigt: Entschiedenheit, Optimismus und Beharrlichkeit führen zum Erfolg.

»Mein Abitur habe ich 2006 mit einer Note von 2,3 gemacht. Wer damit einen Medizinstudienplatz bekommen will, wartet meist Jahre – oder gibt irgendwann auf. Doch ich war mir nach dem Abschluss sicher: für mich kommt kein anderes Fach infrage. Bei der ZVS, die bundesweit die Zulassung für das Fach Humanmedizin organisiert, habe ich mich für Unis beworben, die nicht so begehrt sind. Rostock, Jena, Kiel – das wäre mir alles recht gewesen. Aber ich bekam nur Absagen, mir wurden acht Wartesemester prophezeit.
Eine Studienberaterin an der Uni Frankfurt riet mir, den Berufswunsch Ärztin doch besser gleich aufzugeben. Auch die Teilnahme am Losverfahren sei aussichtslos, warnte sie. Trotzdem meldete ich mich für das Verfahren bei mehr als 20 Hochschulen an. Einen ganzen Stapel Postkarten und unzählige Formulare musste ich dafür verschicken. aber einfach aufgeben, das passt nicht zu mir. Die letzte Karte, die ich verschickte, ging an die Uni Leipzig. Sie lag ewig auf meinem Schreibtisch, ich hätte fast vergessen, sie einzusenden.
Als ich keine Zusage bekam, begann ich im Herbst dann eine Ausbildung zur Rettungsassistentin. Während der Ausbildung, hoffte ich, könnte ich weitere Erfahrungen im medizinischen Bereich sammeln. Als ich dann an einem Donnerstag im No-

vember aus der Berufsschule kam, sah ich, dass meine Mutter vierzehn Mal versucht hatte, auf meinem Handy anzurufen. Da wusste ich irgendwie sofort, dass es um meinen Studienplatz geht. Ich rief zurück – und tatsächlich: die Uni Leipzig schrieb, ich sei per Los für ein Medizinstudium ausgewählt worden. 815 Bewerber hatten teilgenommen …
Am nächsten Tag kündigte ich meine Berufsausbildung, am Wochenende suchte ich mir im Internet eine Wohnung – und am Montag kam ich in Leipzig an. Ein paar Tage später musste ich die erste Physikklausur schreiben. Mein Leben hat sich innerhalb einer Woche komplett geändert: eine neue Stadt, die erste eigene Wohnung und das ersehnte Medizinstudium. Mittlerweise bin ich im dritten Semester und habe die ersten Praktika im Krankenhaus hinter mir. Sie haben mir gezeigt, dass ich mit meinem Studienwunsch richtig lag: ich will Ärztin werden. Und dafür hätte ich auch noch an 50 weiteren Losverfahren teilgenommen.«

Vielleicht kannst Du einen Teil der Strategien von Pascal und Laura auf *Deine spezielle Situation* übertragen?

Du suchst das passende Studienfach, die richtige Hochschule? Auch bei dieser Suche kannst Du *richtig aktiv* werden, *sorgfältig recherchieren*, und auf dieser Grundlage eine tragfähige Entscheidung treffen.

Die richtige Wahl trifft auch hier nur, wer sich selbst und seine Ziele gut kennt.

Universitäten, Fachhochschulen, Berufsakademien – die diversen Institutionen bieten verschiedene Studienfächer und jede Menge Abschlüsse an. Soll es ein Diplom von einer Uni oder ein FH- Diplom sein, ein Abschluss als Bachelor oder Master?

Einfach das Studienfach zu wählen, für das sich Deine beste Freundin entschieden hat, und dabei zu denken: *Buchwissenschaft in Mainz hört sich ganz gut an. Ich weiß eh nicht, was ich will, schreib ich mich mal mit ein.* Das führt selten zum Erfolg. Eher zu Frustration, Versagensgefühlen und schließlich nach mehreren Semestern zum Wechsel des Studienfachs oder gar zum Abbruch des Studiums. Ein solches Vorgehen bei der Studienwahl kann auch gut gehen, vorausgesetzt, es macht *klick* bei Dir und Du spürst, das Fach der Freundin entspricht auch Deinen Interessen und Deinem Potenzial.

☝ **Um die passende Studienmöglichkeit zu finden, solltest Du vorher für Dich klären:**

Bist Du ein Mensch, der gerne wissenschaftlich arbeitet, also eher an Theorien interessiert ist? Hast Du langen Atem für ein ausgedehntes Studium? Oder ist es Dir wichtig, schnell finanziell unabhängig sein? Vielleicht möchtest oder *musst* Du neben dem Studium schon Geld verdienen? Hast Du Freude an der Praxis, an der schnellen Umsetzbarkeit des Gelernten?

Wenn die *Praxis* Dich mehr interessiert als theoretisches Wissen, sind Studiengänge an Fachhochschulen und Berufsakademien für Dich geeigneter als an Universitäten.

Ist es Dir wichtig, möglichst schnell finanziell unabhängig zu sein, bietet Dir das Studium an einer Berufsakademie die richtige Kombination: Du arbeitest in einem Unternehmen oder einer sozialen Einrichtung *und* absolvierst parallel dazu ein Studium. Zu bedenken ist dabei: das ziemlich straff organisierte Studium zwischen Hörsaal und Betrieb ermöglicht wenig Spielraum z. B. für ein Auslandssemester. Die Studiendauer beträgt in der Regel drei Jahre - Infos zu Berufsakademien, die es nur in einigen Bundesländern gibt, findest Du im Internet.

Papier und Bildschirm sind geduldig. Auch wenn Du Dich gut über das Studienfach und die Hochschule informiert hast, Dir ein ungefähres Bild machen kannst, was auf Dich zu kommt – gut ist auf jeden Fall, die Angebote Deiner drei favorisierten Hochschulen *genau* zu hinterfragen. Am besten nimmst Du für aktuelle Informationen vor Ort eine *Studienberatung* in Anspruch? Es macht Sinn, solche Beratungstermine schon ein Jahr vor dem Abitur wahrzunehmen. Vielleicht besuchst Du dort Vorlesungen, kommst ins Gespräch mit Studierenden? Schaust Dir in Ruhe die Stadt an. Achtest dabei auf Dein Bauchgefühl und was Dein Kopf Dir rät.

Vielleicht kannst Du Dich noch nicht für ein Studium entscheiden, willst erst mal *ein Jahr im Ausland* Lebenserfahrungen sammeln, reifer werden, Dein Berufsziel überprüfen oder einfach eine Sprache lernen, bevor Du studierst oder eine Ausbildung beginnst. Gut, wenn Du Dir vorher genau überlegst, was Du von diesem Jahr profitieren möchtest.

Auch ein *freiwilliges soziales oder ökologisches Jahr* kann für Dich ein Weg sein, zu mehr Klarheit für Deine Berufswahl zu finden. Oder Du gibst Dir eine bestimmte Zeit, um *Praktika in unterschiedlichen Bereichen zu absolvieren.* Auf diese Weise gewinnst Einblicke in diese Berufe und kannst damit sicherer entscheiden.

Du wirst schnell merken, wie viel Energie und innere Zufriedenheit es Dir gibt, wenn Du *aktiv* wirst: Jeder erfolgreiche Schritt stärkt und motiviert Dich, Du kommst immer mehr in Schwung – auch einen *Misserfolg* wirst Du leicht wegstecken. Zumal Du gerade über eine solche Erfahrung Wesentliches lernst: Dich zu fragen, warum das jetzt nicht geklappt hat? Was Du das nächste Mal anders machen kannst?

Konzentration: nur eines tun

Konzentration auf *eine* Sache bedeutet, andere Dinge (vorerst) links liegen zu lassen. Aus der Konzentration auf eine Sache entsteht eine *besondere Kraft* und *ungewöhnlich hohe Qualität*. Daher rate ich Dir, wenn Du Dich z. B. für einen Praktikumsplatz bewirbst, jeweils nur *eine* Bewerbung konzentriert bis zu Ende durchzuspielen und Dich erst dann beim nächsten möglichen Arbeitgeber zu bewerben, wenn Du alles ausgereizt hast. Das ist der Idealfall. Es gibt durchaus Situationen, die erfordern, dass man Projekte parallel bearbeitet.

Gesetzt den Fall, Du hast zwei ungefähr gleich starke Berufswünsche; dann ist es sinnvoll, erst mal den stärksten Wunsch, Plan A, bis zu Ende zu recherchieren, bevor Du Plan B auf seine Umsetzbarkeit hin überprüfst.

Angenommen, Du weißt genau, was Du erreichen möchtest. Wenn Du Deine Berufung bereits erkannt hast, rate ich Dir, auf *100 %* Umsetzung zu zielen. Und Dich richtig dafür anzustrengen. Wie gesagt: nur wenn Du selbst überzeugt bist, dass Du dieses Ziel erreichen kannst, gelingt es Dir, andere Menschen auch davon überzeugen.

Vielleicht ist eine gewisse Wartezeit zu überbrücken. Dann ist es besser, vorläufig *kleine Brötchen zu backen*, als müßig zu Hause rumzuhängen. Entscheidend ist: der Zwischenschritt bringt Dich Deinem Ziel näher – wie bei Laura Matz, die sich als künftige Medizinstudentin zur Rettungssanitäterin ausbilden wollte. Behalte während einer solchen Überbrückungszeit Deinen Berufswunsch fest im Auge.

Losgehen mit 80 %

Wenn Du noch unsicher bist, was Du wählen sollst, kann ein *Losgehen* mit einem 80 % - Gefühl= Plan B besser sein, als auf die 100 % ideale Berufsidee zu warten. *Warten lähmt.* Wertvolle Zeit wird vertan, Du trittst unruhig auf der Stelle, kannst Deine Energie nicht einsetzen, Ärger mit den Eltern ist vorprogrammiert. Während Deine Freunde und Freundinnen schon längst in Ausbildung oder Studium starten, wartest Du immer noch auf den optimalen Einfall, die zündende Idee, mit der Folge: Dein Selbstbewusstsein wird von Tag zu Tag geringer und Du traust Dir immer weniger zu. Ein Teufelskreis beginnt.

Frag Dich nach Deinen Beweggründen für Dein Zögern: vielleicht willst Du Dich nicht auf eine Sache festlegen, oder die Freiheit haben, weiterhin aus vielen Möglichkeiten wählen zu können. Eine Freiheit mit *Haken*. Der Unternehmensberater Hubert Weber schreibt dazu in seinem Artikel *Wie geht Entwicklung?* in der Zeitschrift *brandeins 11/05:*

»Doch wenn man sich festlegt, erhält man eine andere Form von Freiheit. Man ist frei, etwas anzufangen, zu handeln. Die Begrenzung ist damit eine Voraussetzung für das Entstehen des Neuen, von der Theorie in die Praxis. Das Problem dabei ist: Wenn das Gefühl Ja sagt, sagt der Verstand oft Nein – und wir sind daran gewöhnt, immer auf den Verstand zu hören. Dann kommen Zweifel auf, die alles kaputtmachen können, weil man denkt: Das kann nicht funktionieren – und dann funktioniert es auch nicht!«

Wenn Du noch unentschieden bist oder auch Wartezeiten überbrücken musst, ist es sinnvoll, Praktika im Hinblick auf Deine Berufsrichtung zu absolvieren. So hast Du die Chance, Erfahrungen zu sammeln und wertvolle Kontakte herzustellen. Aus einer 80 %-Entscheidung kann sich später durchaus Dein Wunschberuf entwickeln.

Eine Alternative zum Traumberuf zu finden, ist manchmal gar nicht so einfach. Du findest diese 80 %-Alternative, indem Du Dir klar machst, was Dich an Deinem Wunschberuf fasziniert. Diese Qualitäten legst Du dann bei Deiner *Suche nach Plan B* zu Grunde. Dazu ein *fiktives* Beispiel:

CLARA will PHYSIOTHERAPEUTIN werden. Es ist ihr lang gehegter Berufswunsch. Die Ausbildungsinstitute haben lange Wartezeiten. Davon lässt Clara sich nicht abschrecken, versucht zunächst alles Mögliche, doch noch einen Platz dort oder an einem anderen Ausbildungsinstitut zu bekommen.

Erst als das nicht klappt, setzt sie sich damit auseinander, etwas zu finden, was mit ihrem Wunschberuf zu tun hat. Dazu schreibt sie alles auf, was für sie an ihrem **Plan A,** dem Beruf der Physiotherapeutin, reizvoll und erstrebenswert ist. Auf ihrem Zettel steht:

Dieser Beruf ist für mich interessant, weil er mir direkten Kontakt mit Menschen, viel Bewegung, interessante Weiterbildungsangebote und zeitnah die Möglichkeit für eine eigene Praxis bietet.

Dann sucht sie nach Berufen, die ihr ebenfalls viele dieser Qualitäten bieten. Das ist **Plan B.**

Clara entscheidet sich für die Ausbildung zur medizinischen Bademeisterin und Masseurin. Sie nimmt das Angebot einer Klinik an und arbeitet in einem für sie interessanten Umfeld. Sie lernt vieles, knüpft Kontakte und kann die Richtigkeit ihrer Wahl überprüfen. Gut genutzte Zeit bis ein Platz in der Ausbildungsschule frei ist. Möglicherweise hat sie später als Physiotherapeutin die Möglichkeit, in dieser Klinik eine Stelle zu bekommen.

Die folgende Berufsbiografie zeigt, dass Plan B ein Weg sein kann, der zu Erfolg und Zufriedenheit führt:

Bei DR. MED. ANDREA CLAUSSEN hat Plan B zu Zufriedenheit und Erfolg geführt
Als Jugendliche hatte sie den starken Wunsch, Schauspielerin zu werden.
Gleichzeitig ist schon die Achtjährige fasziniert vom Beruf ihres Onkels Fritz.
Der Internist machte oft Hausbesuche, Andrea begleitet ihn. Er ist ein Vorbild für sie.
Weil sie beide Berufe für sich als Möglichkeit sieht, jobbt sie neben der Schule im Krankenhaus und ist sehr aktiv in der Theatergruppe der Schule. Schauspielerin oder Ärztin? Das ist lange Zeit die Frage.
Klug versucht sie über konkrete Erfahrung in sich Klarheit zu finden.
Nach dem Abitur nimmt sie eine Au-pair-Stelle in Venezuela an. Sie macht dort ziemlich dramatische Erfahrungen: die Mutter der Kinder, die sie betreut, stirbt nach einigen Monaten Chemotherapie an einem unheilbaren Krebs. Sie bewältigt die große Herausforderung erstaunlich gut. Gewinnt Selbstvertrauen und Stärke.
Später hat sie innere Bilder: sie sieht sich im weißen Arztkittel in der Klinik.
Sie traut dem Inneren Ruf, beginnt das Medizinstudium.
Das Erleben ungewöhnlicher Heilmethoden in Nepal, Nord- und Mittelamerika begeistert sie, öffnet neue Türen. Das Studium der Medizin gewinnt an Attraktivität.
Insbesondere die Chinesische Medizin überzeugt sie. Anwendung und Wirkung von Akupunktur lösen ein »Das will ich auch lernen« in ihr aus. Und sie ist überzeugend in der Anwendung der Akupunktur an Patienten - schon während ihrer Facharztausbildung in einer Klinik. Erstaunlich für mich: der schulmedizinisch orientierte Chefarzt lässt ihr freie Hand. Offensichtlich löst schon damals ihre fachliche

Kompetenz in Verbindung mit ihrer sympathischen, in sich ruhenden, Persönlichkeit einfach Vertrauen aus.
Seit 1998 arbeitet sie in ihrer Privatpraxis in der Nähe von Frankfurt. Tanz und Theater genießt sie in ihrer Freizeit.
Den Sinn des Lebens sieht Frau Dr. Claussen darin, Liebe zu geben in all ihren Facetten, Grenzen zu suchen, zu spüren und daran zu wachsen.
Erstmals hat sie dieses Jahr einen sechswöchigen humanitären Einsatz in Manila / Philippinen geleistet.
»Um etwas zurück zu geben und mich weiter zu entwickeln.« Jedes zweite Jahr sind sechs Wochen fest eingeplant, in denen sie ihre Fähigkeiten für Menschen in der Dritten Welt einsetzt - aus Dankbarkeit für ihr gutes Leben.

Dr. Andrea Claussen rät Jugendlichen:

- Sie sollen rechts und links schauen, richtig begeistert sein von ihrem gewählten Beruf und verschiedene Eisen im Feuer haben.
- Um zufrieden mit ihrem Leben zu sein, sollen sie in die eigenen Fähigkeiten vertrauen, Disziplin einbringen und die Bereitschaft, auch mal Durststrecken durch zu stehen.
- Wenn man die 43-jährige Fachärztin heute in ihrer liebevoll gestalteten Praxis für Traditionelle Chinesische Medizin erlebt, kommt sofort das Gefühl auf: sie lebt erfolgreich ihre Berufung. Gut dass sie sich damals für Plan B entschieden hat - auch zum Wohl ihrer Patientinnen und Patienten!

Motivations-Strategie

Diese Strategie ist besonders heilsam für Menschen, die notwendige Arbeiten gerne aufschieben, bis der Druck unerträglich und die Zeit richtig knapp wird.

Selbst wenn Du Freude an einer Sache hast, kann es sein, dass Du sie aus Gewohnheit *auf die lange Bank schiebst*. Vielleicht auch, weil Dir ein bestimmter Teil an dieser Aufgabe schwer fällt.

Für manche Menschen ist Druck gut, sie kommen dadurch zu Höchstleistungen. Andere bleiben bei zu großem Druck unter ihrer Leistungsfähigkeit, was ärgerlich ist. Vielleicht erkennst Du Dich in dem folgenden *fiktiven* Beispiel von Roberto wieder:

ROBERTO will sich um einen AUSBILDUNGSPLATZ ALS BÄCKER bewerben. Er hat sich bereits in einem Betrieb, der ihm zusagt, vorgestellt. Jetzt braucht er richtig gute Bewerbungsunterlagen. Er kann sich sehr gut persönlich präsentieren, findet schnell Kontakt. Allerdings fällt ihm das Schreiben schwer. Also schiebt er die Bewerbung lustlos von einer Seite des Schreibtischs auf die andere. Wenn er sich nur schon vorstellt, schreiben zu müssen, sitzt er kraft- und mutlos an seinem Arbeitsplatz. Ist unzufrieden mit sich und der Welt …
Roberto probiert die folgende Motivations-Strategie aus. Er nimmt sich erst mal ein paar Minuten Zeit, legt sich entspannt zurück in seinem Stuhl, schaut aus dem Fenster und stellt sich genüsslich vor, wie die Bewerbungsmappe formvollendet auf seinem Schreibtisch liegt. Er spürt das gute Gefühl: es ist geschafft! Er erlebt, wie stolz er auf sein Werk ist und hört, wie die Eltern ihre Anerkennung und Freude ausdrücken. Ganz deutlich sieht er auch die Szene, wie er dem künftigen Ausbildungsleiter seine Mappe gibt und dieser sich sehr beeindruckt zeigt. Roberto genießt eine Zeitlang all die positiven Gefühle. … Zum Schluss malt er sich noch aus, was er im Anschluss an die Fertigstellung seiner Bewerbung mit seinen Kumpels unternimmt, als Belohnung für seine Disziplin und seinen Fleiß. Und genießt ganz intensiv die Vorfreude darauf …
Jetzt ist Roberto positiv und hoffnungsvoll gestimmt. Gestärkt durch diese angenehmen Bilder und Gefühle macht er sich sofort an die Arbeit. Fängt an mit dem, was ihm leicht fällt, und sagt sich dabei: *Ich schaffe es, eine gute Bewerbung zu schreiben.*

Was hat sich für Roberto durch das Anwenden der Motivationsstrategie verändert? Statt sich weiter in negative Gedanken hineinzusteigern, stellt sich

Roberto Bilder und Gefühle der *erfolgreich vollendeten Handlung* vor. Damit bringt er sich in einen *positiven inneren Zustand*, seine Fähigkeiten sind abrufbar und geben ihm den nötigen *Kick*, loszulegen.

Vielleicht gibt es auch für Dich etwas, vor dem Du Dich gerne drückst. Du könntest diese Strategie bei nächster Gelegenheit ausprobieren.

Initiativ bewerben

Eine *Standardbewerbung* an dreißig beliebige Firmen zu schicken, um einen Ausbildungsplatz zu bekommen, kann nur scheitern. In Be-werbung steckt das Wort *werben* – das ist die Spielansage. Mit Deiner Bewerbung *wirbst* Du um einen Arbeitgeber. Mit dem, was Du schreibst oder im Bewerbungsgespräch sagst, musst Du erreichen, dass er sich *individuell* angesprochen und wertgeschätzt fühlt. Erst dann öffnen sich Türen für Dich.

Die Anforderungen an eine effiziente Bewerbung ändern sich ständig. Vieles von dem, was Du vor zwei Jahren dazu in der Schule gelernt hast, ist heute schon überholt. Ein *aktueller* Bewerbungsratgeber ist daher unverzichtbar. *Aktuell* heißt: nicht älter als ein Jahr.

Eine erfolgreiche Bewerbung setzt gründliche Vorüberlegungen voraus. Nehmen wir an, Du suchst einen Ausbildungsplatz in einer mittelgroßen Firma. Ich empfehle Dir folgendes Vorgehen:

✍ **Anleitung**

- Finde genau heraus, was Du kannst und was Du willst.
- Dann geh auf die Suche nach Firmen, die es in dem Bereich, der Dich interessiert, in Deiner *weiteren Umgebung* gibt. Dabei sollte die Qualität Deiner

Ausbildung Vorrang haben vor Bequemlichkeit: gute Ausbildungsbetriebe liegen selten vor der Haustür, längere Anfahrten oder ein Umzug kann notwendig sein.

- Schau Dir dann im Internet einige Firmen genau an. Informiere Dich über das Kerngeschäft des Betriebs, wie lange es den Betrieb schon gibt und wer ihn gegründet hat.
- Dann triffst Du eine *Auswahl,* machst eine Rangliste von maximal sieben bis zehn Firmen, die Dich *wirklich* interessieren. Die erste Bewerbung schreibst Du an Deine vierte Wahl – zum Üben. Deine Bewerbungsunterlagen passt Du genau an das Profil *dieser Firma* an. Wesentlich ist, dass es Dir gelingt, darzustellen, warum Du die *richtige Frau, der richtige Mann* bist, um dort – und nur dort – gut ausgebildet zu werden.

Es macht Arbeit, an fünf verschiedene Unternehmen / Personalentscheider fünf verschiedene, genau angepasste Anschreiben zu entwickeln. Vierzehn Tage solltest Du realistisch einkalkulieren. Die Mühe zahlt sich aus: mit Bewerbungsunterlagen, die deutlich zum Ausdruck bringen, dass genau *dieser* Arbeitgeber von Dir gewollt und mit Freude ins Visier genommen wird, hast Du die besten Chancen, erfolgreich zu sein.

Mutige geben ihre Bewerbungsmappe *persönlich* an dem Ort ihrer Wahl ab. Das hat den Vorteil: man bekommt schon mal einen ersten Eindruck von Arbeitsklima, Kolleg / innen und den Räumlichkeiten.

Nach ein bis drei Bewerbungsversuchen bei Firmen, die infrage kommen, hast Du kostbare Erfahrungen gewonnen, bist sicherer geworden. Jetzt setzt Du bei dem Betrieb, wo Du *am liebsten* Deine Ausbildung machen würdest, alles auf eine Karte. Das bedeutet: dran zu bleiben, immer wieder neu Dein besonderes Interesse zu zeigen – auch wenn trotz optimaler Bewerbungsunterlagen im Moment keine Stelle für Dich frei ist.

☝ **Empfehlung**

Ich empfehle die Bewerbungsratgeber von Hesse / Schrader, Eichborn Verlag

Das Positive erwarten

Jeder Mensch verfügt über positive und negative Eigenschaften. Das ist völlig normal. Es liegt in Deiner Macht, mit Deiner Erwartungshaltung entweder mehr die positiven oder die negativen Seiten einer Person anzusprechen. Wie funktioniert das?

Nach dem Gesetz der *Sich-selbst-erfüllenden-Prophezeiung* zeigen Menschen Dir genau die Eigenschaften, die Du von ihnen erwartest. Meistens! Auch dazu gibt es Gegenbeispiele, die diese Gesetzmäßigkeit allerdings nicht außer Kraft setzen können – denn *Ausnahmen bestätigen die Regel.*

Wenn Du von einem Gegenüber eine positive Reaktion erwartest, strahlst Du Vertrauen, Offenheit und Interesse an ihm aus. Aus eigenem Erleben weißt Du: darüber freut man sich und zeigt auch eine ebenso positive Reaktion.

Ist Deine innere Haltung dagegen ängstlich, unsicher oder gar feindselig, rufst Du mit Deiner *negativen* Voreingenommenheit geradezu die befürchtete Reaktion in dem anderen hervor. Dein Gegenüber zieht sich zurück, reagiert seinerseits mit Misstrauen. Die weitere Kommunikation ist erschwert oder findet gar nicht mehr statt.

Auf diese Weise bestätigen sich Menschen ihr negatives Vorurteil gegenüber ihren Mitmenschen – eine Anleitung zum Unglücklichsein.

Wenn Du erfreulichen Kontakt zu anderen haben möchtest, ob zu Deinen Eltern, Deinen Lehrern, Freund / innen oder zu Fremden: erwarte das Positive! Damit schaffst Du Dir Verbündete, Menschen, die Dir mit Rat und Tat zur Seite stehen. Auf dem Weg zu Deiner Berufung sind solche Kontakte sehr wichtig

Damit will ich Dich keineswegs ermutigen, *wahllos* offen und damit unvorsichtig zu sein. Eine gewisse freundliche Distanz manchen Kolleg/innen oder einer fremden Person gegenüber, ist oft (erst mal) angebracht – bis Du spürst, Du kannst vertrauen.

Wenn man Menschen nach ihren Erfahrungen befragt, wird deutlich: negative Reaktionen auf positive Erwartungen sind die *Ausnahme*. Natürlich gibt es auch Situationen, wo Du freundlich und wertschätzend auf einen andern zu gehst und die kalte Schulter gezeigt bekommst. Diese negative Erfahrung sitzt dann tief. Sie *überlagert leider die vielen guten Erfahrungen*, die Du bisher machen konntest, indem Du das Positive erwartet und auch als Resonanz erhalten hast.

Selbst nach einer Enttäuschung wieder *neu* das Gute von einem Menschen zu erwarten, kann Wunder bewirken. Das ist nicht einfach – aber sehr befriedigend.

Be positiv! Erwarte das Beste von Deinen Mitmenschen und sie werden Dir auch ihre besten Seiten zuwenden.

Die Kunst des Scheiterns

Zum Erfolg gehört der *Versuch* – und dieser birgt auch das Risiko des Scheiterns in sich. Das Gute daran: ein Scheitern enthält *wertvolle Lernimpulse* für Dich.

Angenommen, Du hast Deine Bewerbungsunterlagen an einen Betrieb geschickt, wo Du gerne eine Ausbildung machen möchtest. Du bist zum Bewerbungsgespräch eingeladen. Auch dafür hast Du Dich sorgfältig vorbereitet, kannst normalerweise auf Deine verbalen Fähigkeiten und Deine Überzeugungskraft vertrauen. Doch dann kommt eine Situation, Du bist irgendwie festgefahren, blockiert, verlierst immer mehr Deine innere Sicherheit ... ein sehr unangenehmes Gefühl. Fast jeder kennt das! Besonders ärgerlich ist, dass man hinter seiner *möglichen* Leistung zurückbleibt, zumal, wenn es nur diese *eine* Chance gibt, sie unter Beweis zu stellen.

Und doch kannst Du von einem solchen Misserfolgserleben viel für Deine Entwicklung profitieren. Es kann daraus ein Lernen für die Zukunft werden: die *Kunst des Scheiterns.*

Dein Scheitern zeigt Dir das Versäumte, das nicht Vorbereitete, das Unterschätzte, Ignorierte, Vergessene und Unberechenbare auf. Ignorieren nützt nichts, schönreden auch nicht. Es gilt, Dich *selbstkritisch* der missglückten Situation zu stellen. Dabei gewinnst Du Abstand von den unangenehmen Gefühlen des Versagens. Und das nächste Mal wirst Du bestimmt manchen dieser Fehler nicht mehr machen.

☝ Voraussetzungen für eine *Kunst des Scheiterns*

- Anerkennen der Situation: sie ist Dir tatsächlich passiert, das Verleugnen aufgeben. Annehmen dieses unsäglichen Gefühls, ihm bewusst Raum geben – den es sich ohnehin nimmt. Eine Zeitlang fühlen, ohne zu erklären.
- Annehmen der Tatsache, dass *auch Dir* so etwas passiert – Du wirst im Kontakt gegenüber Schwächeren in Zukunft wertschätzender sein.
- Mutig dazu stehen und anderen erzählen, dass es Dir passiert ist. Darüber reden, eine Zeitlang.
- Mach Dir bewusst, was die *eigentliche Absicht* ist, was Du lernen sollst.
- Eine Gelegenheit, Deine Maßstäbe, vielleicht zu hohe Ansprüche an Dich zu überprüfen und gegebenenfalls von überhöhten Vorstellungen Abschied zu nehmen. Vielleicht auch zu erkennen, dass Du Dich in Zukunft engagierter vorzubereiten musst.
- Wenn Du diese Strategie des *Herauskommens durch ein entschiedenes Hineingehen* anwendest, wirst Du spüren, dass Deine Würde wieder hergestellt ist. Du weißt zwar noch von diesem Ereignis, aber es zieht Dich nicht mehr runter, weil Du daraus das Gute für Dich ziehen kannst. Scheitern ist so gesehen ein *Akt der Reifung.*

- Da Scheitern notwendig zum Leben gehört, bist Du gut beraten, bei Deinen Initiativen auch ein *Nicht-Gelingen* einzukalkulieren. Das ist realistisch und bietet Dir Schutz und lässt Dich leichter einen Versuch starten.

Ein Scheitern kann der Schlüssel für eine besondere Berufskarriere sein. Das stellen diese beiden Erfolgsgeschichten anschaulich dar. In der ersten Fallstudie löst ein Scheitern die Motivation aus, etwas Besonderes zu leisten.

Die LEITERIN DES AMTES FÜR KINDER UND JUGENDLICHE HAIDI SCHILLING ist als junges Mädchen sehr schüchtern. Als 9-Jährige meldet sie sich, um bei einer Schulfeier – vor großem Auditorium – etwas vorzutragen. In ihrem Innern spürt sie, dass sie das gut kann. In der realen Situation versagt sie. Damals trifft sie die Entscheidung: *„Ich will das können! Ich trage die Fähigkeit in mir, will sie auch nach außen zeigen.*

Sie hat es sehr gut gelernt, kann überzeugend Sachverhalte darlegen, es macht Freude, ihr zuzuhören. Ihre Position als Führungskraft bietet ihr schon mehr als fünfzehn Jahre ein hervorragendes Übungsfeld - viele Gelegenheiten, die sie souverän nutzt, um ihre Ideen und Initiativen wirksam zu kommunizieren.

Ursprünglich ist Ihr Traum, als Journalistin in einer europäischen Großstadt tätig zu sein, interessanten Menschen zu begegnen, sich austauschen, lesen - gerne in Paris..

Die Beziehung zu ihrem späteren Mann führt sie auf einen anderen Berufsweg: sie studiert Deutsch und Französisch auf Lehramt an Gymnasien. Nach dem 2. Staatsexamen ist sie erst mal arbeitslos. Und glückliche Mutter einer Tochter. Mit einigen Jahren Abstand wird die zweite Tochter geboren. Der Vater, Künstler und Hausmann, hält ihr seit dem Berufsstart den Rücken frei. Ein ungewöhnliches Modell – und es klappt.

Eine ABM- Stelle in einer Stadtverwaltung eröffnet Haidi Schilling eine überraschende Perspektive. Sie entwickelt Konzepte und merkt, was in diesem Arbeitsumfeld mit ihrem Potenzial und ihren Interessen möglich ist. Sie wird übernommen, ist fest

angestellt. Einige Zeit später bewirbt sie sich erfolgreich bei der Stadt Flörsheim. Zunächst arbeitet sie im Kulturamt. Seit 1996 leitet sie das Amt für Kinder und Jugendliche. Inzwischen sind auch das Kulturamt und das Referat Frauenbeauftragte in ihrer Zuständigkeit.
Ihr Erfolgsmotto: *„Ich kann aus allem was machen"*, ihre Dankbarkeit, für alles, was sie erreicht hat, ihr Humor und ihr Sinn für Qualität – *es kann alles immer noch ein bisschen besser werden* – sind sicher wesentliche Bausteine für ihre Karriere-Entwicklung.
Haidi Schilling lebt ihre Berufung bisher zu 80 %. Das kann noch mehr werden: die sympathische, umtriebige 55-Jährige kann sich durchaus vorstellen, eine höhere Position auszufüllen – schließlich ist einer ihrer Werte Abenteuerlust.

Haidi Schilling rät jungen Menschen:

- Achte auf das, was Dir Spaß macht. Wähle Tätigkeiten, wo Du wie ein Kind versunken bist, das gibt ein tiefes Gefühl der inneren Zufriedenheit. Frag andere Menschen, was sie an Fähigkeiten und Charaktereigenschaften bei Dir wahrnehmen. Lass Dich beraten.
- Einbringen solltest Du Neugier auf Arbeitszusammenhänge, Verantwortung für Dein Arbeitsprodukt - auch wenn es mal nicht so gut ausfällt - Aktivität, Zuverlässigkeit, Selbstdisziplin.

In der folgenden Berufsbiografie kann ein anfängliches Scheitern im Rückblick als glückliche Fügung bewertet werden:

Intuition, Machtbewusstsein und Sinn für Ästhetik nennt der UNTERNEHMER DR.-ING. GERD ECKELMANN auf die Frage nach seinen drei wesentlichen Stärken. Bereits der Zwanzigjährige fasst den Entschluss, selbständig zu arbeiten. Seine Interessen liegen im Bereich Medizin und Maschinenbau.
Nach dem Abitur entscheidet er sich bewusst für das Studium der Elektrotechnik. Promoviert in diesem Fach. Gründet sein Einmann-Ingenieurbüro – ohne die Ge-

setzmäßigkeiten des Marktes zu kennen. Nach einem knappen Jahr ist er ohne Aufträge. Sein Bruder macht ihn auf eine Stellenausschreibung bei Hoechst aufmerksam. Er bekommt die Stelle als Programmierer in freier Mitarbeit *weil ich der Billigste war.* Bald beschäftigt er fünf Mitarbeiter in diesem Projekt.
Während seiner Tätigkeit bei dem Chemiekonzern entdeckt er etwas Neues – eine Nische. Sein Bauchgefühl sagt: *Das wird auf dem Markt gebraucht. Hier bist Du richtig.* Konsequent entwickelt der innovative Ingenieur seine Ideen weiter. Vorbild sind ihm Unternehmen, die im Bereich Mikroprozessoren bereits erfolgreich sind. Mitte der Siebziger Jahre gründet er ein eigenes Unternehmen – Elektronische Steuerungen für Maschinen- und Anlagenbau.
Nur ein paar Jahre später sind schon 35 Mitarbeiter/innen mit im Boot. Im Vertrauen auf die Kompetenz der Mitarbeiter nutzt er die Ressourcen seiner Teams, entwickelt interaktiv mit ihnen zukunftsweisende Ideen. Ende 2008 beschäftigt das Unternehmen 365 Menschen in drei Tochterunternehmen. Der Jahresumsatz beträgt 55 Mio. Euro – ein Erfolg, der sich sehen lassen kann.
Diese Dimension war so von ihm nicht geplant, sie hat sich organisch entwickelt. Dr. Gerd Eckelmann nimmt auch gesellschaftliche Aufgaben wahr. Seit mehreren Jahren ist er Präsident der IHK Wiesbaden, die er in unternehmerischem Geist berät und repräsentiert. Als Kunstmäzen fördert er die bildende Kunst. Sein Kunstverständnis zeigt sich auch in der ungewöhnlich schönen Architektur seiner Firmengebäude.
Seit fünf Jahren erfüllt sich Gerd Eckelmann seinen Traum vom Fliegen. Nicht etwa in einem Sportflugzeug – wegen der größeren technischen Herausforderung muss es ein Helikopter sein.
Seine wesentlichen Werte: Nachhaltigkeit, Respekt, vernünftige Bescheidenheit, Beharrlichkeit und Gleichbehandlung strahlt der Gentleman-Unternehmer im Gespräch glaubwürdig aus.
Sein Credo: *Alles so gut wie möglich machen*. Misserfolge fordern ihn zu besonderem Engagement heraus.

Dr. Gerd Eckelmann rät Jugendlichen:

- Tu das, wozu Du Lust hast und das besonders gut.
- Orientiere Dich bodenständig und realistisch an der Nachfrage des Marktes.
- Mit Konsequenz, guten Manieren, Rücksichtnahme, Glaubwürdigkeit und kommunikativen Fähigkeiten bist Du erfolgreich.

Zielkriterien erkennen

Es lohnt sich, ab und zu Deinen Berufsweg anhand von Zielkriterien zu überprüfen. Unter Zielkriterien verstehe ich positive oder negative *Signale* in Deinem Alltag, die Dir zeigen können, ob Du (noch) auf dem richtigen Weg bist, oder eine Korrektur angesagt ist.

Ein Hinweis, dass Dein Weg nicht mehr so ganz stimmt sind Lebensgewohnheiten, die Dir schaden, Dich letztlich unglücklich machen.

Sicher kennst Du Situationen, in denen Du *nicht* zufrieden warst – vieles hat einfach nicht gestimmt. In solchen Zeiten hattest Du nach der Schule / der Arbeit keine Lust zu gar nichts, null Energie, abends noch was mit Deinen Freunden zu unternehmen, vielleicht bist Du vor dem Fernseher oder Computer *versackt*, hast mehr Süßigkeiten als sonst gegessen, zu viel Alkohol getrunken oder warst einfach schlecht gelaunt und unfreundlich zu anderen. Das alles können Signale sein, die Dir den Impuls geben wollen: *schau mal genau hin und ändere das, was Dich unglücklich macht.*

Und es gibt *positive Anzeichen*, die Dir bestätigen: Du bist auf dem *richtigen Weg.*

Dann bist Du einfach gut drauf, bekommst von anderen Freundlichkeit und Aufmerksamkeit entgegengebracht. Man ist gern mit Dir zusammen. Du brauchst keine Drogen, um in Stimmung zu kommen. Auch nach einem anstrengenden Arbeitstag hast Du noch Kraft, Deine Freizeit aktiv zu gestalten ... die Welt ist für Dich in Ordnung.

✍ **Anleitung**

Finde jetzt *Deine* Zielkriterien, Anzeichen, an denen Du erkennen kannst, ob Deine aktuelle Situation / Entscheidung für Dich stimmt. Oder ob Du etwas ändern solltest.

Schreib sie am besten in Dein Berufsentwicklungsbuch. Überprüfe ab und zu, ob Dein Weg noch stimmt.

Auf andere Menschen zugehen

Interesse an anderen Menschen entwickeln, auf andere zugehen können, sich mit ihnen austauschen, macht Freude und gehört zu den wesentlichen Erfolgsfaktoren im beruflichen wie im privaten Leben. Der Unternehmer Dale Carnegie nennt dazu die folgende Erkenntnis:

»Wenn man sich für andere interessiert, gewinnt man mehr Freunde in zwei Monaten als in zwei Jahren, in denen man versucht, die anderen für sich zu interessieren.«

Ich möchte Dich ermutigen, *immer öfter* auch den *ersten Schritt* zu tun. Meine Erfahrung ist: fast jeder Mensch erzählt gerne aus seinem Leben, weil wir alle es lieben, wenn eine andere Person Interesse an uns zeigt. Mit diesem Wissen kannst Du andere mutig ansprechen. Du bekommst auf diese Weise wichtige Hinweise, Adressen, erhältst wertvolle Unterstützung. Vielleicht erinnert sich einer Deiner Gesprächspartner später an Dich, Dein Telefon klingelt, Du bekommst Deine Chance..?

Auf der Suche nach Deiner Berufung, kann es sehr anregend sein, von anderen zu hören, wie sie es geschafft haben, in einer guten Position tätig zu sein und das zu tun, was ihnen Freude macht. Geh auf interessante Menschen zu, stell ihnen mutig Deine Fragen. Wie gesagt, jeder Mensch liebt es, wenn man Interesse an ihm signalisiert, ihm zuhört. Beim Zuhören kann es sogar sein, dass Dein Schicksal bei Dir *anklopft*, es macht *Klick* und Du spürst: *Das will ich auch!*

Keine Strategie taugt für jeden Menschen oder jede Situation. So gibt es Lebenssituationen, in denen (erst mal) eine gewisse Zurückhaltung durchaus angebracht ist. Wo eine direkte Kontaktaufnahme eher schadet. Manchmal ist es gut aus der *zweiten Reihe* differenziert und entspannt zu beobachten, was vorne *gespielt* wird und abzuwarten, bis man angesprochen wird.

Guter Kon*takt* gelingt Dir, wenn Du im Umgang mit anderen einfühlsam bist. Mit *Einfühlungsvermögen* gelingt es, eine Brücke zur Welt eines anderen zu bauen, zu seinem Denken und Fühlen. Auf diese Weise entsteht Vertrauen und Nähe – Voraussetzung für einen wirklichen Austausch, aus dem beide Seiten gleichermaßen Gewinn schöpfen.

Wesentliches von Unwesentlichem unterscheiden

In einer Zeit vieler Anregungen und Ablenkungen ist es eine Kunst, täglich zu erkennen, was besonders wichtig ist, welche Aufgabe heute für Dich Priorität hat.

Nutze die beiden Fragen, um täglich für Dich Übersicht und Klarheit zu gewinnen, welchen Dingen Du Vorrang einräumen willst:

- *Was, von dem, was ansteht, bringt mich meinen Zielen näher?*

- *Bei welcher Sache ist volle Perfektion notwendig und was kann ich auch mal weniger perfekt erledigen?*

Ein interessantes Forschungsergebnis zeigt ein Verhältnis auf zwischen dem Grad der Perfektion, den man erreichen möchte und dem Einsatz von Zeit und Energie, der dafür erforderlich ist:

☝ **Hinweis**

Für 80 % Qualität zum Erledigen einer Aufgabe braucht man nur einen Zeit-/Energieeinsatz von 20 %.

Will man aus 80 % Qualität noch 100 % machen, also noch 20 % mehr an Perfektion erreichen, braucht man für diese Verbesserung *weitere 80 %* an Energie und Zeit. Was sich für mich gerade beim Überarbeiten dieses Buches absolut bewahrheitet.

Stell Dir am besten bei jeder Aufgabe die Frage:

Ist bei dieser Tätigkeit 100 % Perfektion notwendig? Dann lohnen sich weitere 80 % Input für die höhere Qualität. Zum Beispiel bei einer Bewerbung. Oder bei einem Referat, das über Deine Zeugnisnote entscheidet.

Manchmal reichen einfach auch 80 % Qualität aus, die Du bereits mit nur *20 %* Einsatz erreichen kannst.

Konzentration auf Deine Ziele ist notwendig. Allerdings sollte immer auch Raum sein für zwischenmenschliche Begegnungen; manchmal ist die Unterstützung, der Trost eines nahen Menschen einfach wichtiger, als alle erfolgsorientierten Ziele.

Das Beste in der Welt dort suchen, wo es zu finden ist

Eine Geschichte zum Nachdenken nach einem Text von Werner Erhard:

Um Menschen auf die Spur zu kommen, machen Psychologen manchmal Rattenversuche. Und die gehen so: man lässt eine Ratte erst mal hungern. Dann steckt man sie in ein Labyrinth mit vielen Tunneln. In einem Tunnel, dem 11., liegt ein duftendes, leckeres Stück Käse. Das Versuchstier riecht den Käse und weil es hungrig ist, beginnt es, in die vielen verschiedenen Tunnel zu rennen, um satt zu werden. Nach vielen vergeblichen Versuchen findet die Ratte schließlich im 11. Tunnel den Käse und frisst ihn auf. Das wird wiederholt.
Dann muss die Ratte wieder hungern. Die Ratte wird wieder in das Labyrinth gelassen, wo es wieder nach Käse duftet. Aber diesmal hat der Versuchleiter den Käse in den *4. Tunnel gelegt!*
Die Ratte geht in den 11. Tunnel – kein Käse, geht zurück – geht wieder in den 11. Tunnel – kein Käse! Geht zurück in den 11. Tunnel, kein Käse, geht zurück ... plötzlich bleibt sie stehen. Ihr wird klar: *Im 11. Tunnel ist kein Käse!* Daraufhin ändert die Ratte ihre Strategie, fängt an zu suchen, und findet den Käse schließlich im 4. Tunnel.
Das ist der Unterschied zwischen Menschen und Ratten: Ratten hören nach einer Weile auf, in den gleichen Tunnel zu rennen und suchen den *Käse* an anderer Stelle, dort, wo er zu finden ist. Menschen rennen oft Zeitlebens in den gleichen Tunnel, weil sie *wissen,* dass der *Käse* dort sein muss.
Ratten kennen nur Käse, Menschen wollen in den *richtigen* Tunnel gehen. Wenn Menschen, die an ihren Tunnel *glauben*, erkennen, dass dort kein *Käse* ist, ist diese Erkenntnis schon ein großer Gewinn.

Nur Menschen nutzen immer wieder Strategien, die nicht das gewünschte Ergebnis bringen! Der Käse ist immer dort, wo er ist.

Suche das Beste in der Welt dort, wo es zu finden ist.

Türöffner - So kommst Du gut an

»Stell Dir vor: jeder Mensch auf der Welt ist weise – außer Dir. Sie sind allesamt Deine Lehrer und tun genau das Richtige, um Dir zu helfen, vollkommene Geduld, vollkommene Weisheit und vollkommenes Mitgefühl zu erlernen.«

Jack Kornfield

»Urteile erst dann über einen Menschen, wenn du acht Wochen in seinen Mokassins gelaufen bist.«

Indianisch

Wer zu spät zum Vorstellungsgespräch kommt, kann gleich wieder gehen. Wer unpassende oder unordentliche Kleidung trägt, hat schon verloren.

Es gibt bestimmte Regeln, die uns das Miteinander erleichtern und angenehm gestalten. So genannte *gute Umgangsformen oder Höflichkeitsrituale*. Wenn du sie beherrschst, hast Du große Vorteile im Leben, auch bei Deiner Berufsentwicklung. Denn gute Umgangsformen sind *Türöffner*.

Wenn ich Menschen frage: *Was fehlt Ihnen? Was brauchen Sie?* höre ich sehr oft die gleiche Antwort: *Wertschätzung und Anerkennung*.

Mit Freundlichkeit und respektvollem Verhalten, angemessener, gepflegter Klei-

„Na toll", © copyright Martin Zak

dung und einer höflichen Sprache, gibst Du anderen Menschen das Gefühl, *wertgeschätzt zu sein* – eine wesentliche Voraussetzung, dass z. B. ein Lehrer, eine Arbeitgeberin oder der Chef eines Ausbildungsbetriebes sich Dir überhaupt interessiert zuwendet.

✍ Übung

Stell Dir vor, Du bewirbst Dich für einen Ausbildungsplatz, den Du unbedingt haben möchtest.
Es geht darum, Dein Gegenüber von Dir zu überzeugen, sein Interesse an Dir zu wecken. Du hast den Betrieb sehr gut ausgespäht, weißt genau Bescheid über seine Produkte / Dienstleistungen, wie viele Angestellte und Arbeiter / innen dort aktuell beschäftigt sind, kennst die Geschichte der Firmengründung.
Jetzt kommt es darauf an, diese Situation optimal zu nutzen, indem Du mit einer *positiven Ausstrahlung* punktest. Das setzt eine gewisse *Anpassung* voraus, zum Beispiel an den *Dresscode* der Firma, der bei einer Werbeagentur und im Medienbereich anders ist als bei einer Bank / Versicherung oder im Handwerk. Dein Verhalten, Deine Kleidung soll *der Situation*, in die Du Dich begibst, *angemessen* sein. Drei Fragen, die Du Dir stellen kannst, um Dich kompetent auf eine Bewerbungssituation vorzubereiten.

- Wo bewerbe ich mich?
- Wem stehe ich gegenüber?
- Welche Rolle nehme ich ein?

Bedenke: Dein Gegenüber kennt Dich nicht. Daher wirst Du zunächst fast nur nach äußeren Dingen – nach Deiner Kleidung, Deiner Frisur, Deinem Geruch, Deinem Verhalten in dieser ersten Situation bewertet. Entweder

verknüpft sie oder er mit Deiner Person angenehme Gefühle – Sympathie, Interesse, Zustimmung – oder das Gegenteil.
Dieser erste Eindruck hält sich oft hartnäckig. Selten hast Du eine zweite Chance.

Kleidung

Deine geliebten Baggy-Pants bleiben am besten heute mal im Schrank. Der superkurze Rock, der Deine Beine so gut zur Geltung bringt und das Shirt mit dem tiefen V-Ausschnitt, das Dein neuestes Tatoo preisgibt, auch.

Zieh Dich so an, dass Du Dich *wohl fühlst in Deiner Haut*. Ordentlich und bequem. Das hat den Vorteil: während des Vorstellungsgesprächs kannst Du Deine volle Konzentration für die Inhalte einsetzen. Es macht Dich nervös und wirkt unsicher, wenn Du dauernd Deinen Rock oder Deinen Pulli in die richtige Lage ziehst.

Vielleicht kann in Bezug auf Dein Outfit sogar der Rat Deiner Eltern nützlich sein.

Frisur

Deine Frisur ist dann gut, wenn Du sie nicht andauernd neu ordnen musst. Während eines Bewerbungsgesprächs ständig mit den Haaren beschäftigt sein, lenkt Dich vom Wesentlichen ab. So machst Du keinen guten Eindruck. Eine Bewerbung wird als *Arbeitsprobe* verstanden. Ein Arbeitgeber bewertet Dein Verhalten entsprechend: Auszubildende oder Mitarbeiter/innen, die ständig mit ihrem Äußeren beschäftigt sind, sind für ihn nicht effizient, daher uninteressant. Vielleicht färbst Du Dir die Haare auch nicht gerade *vor* einer Bewerbung grell rot, blau, oder grün – es sei denn, in der Werbeagentur, für die Du Dich interessierst, ist das gerade der Trend.

Ein weniger auffallendes Äußeres ist meistens mehr – das gilt auch für Schmuck.

Bleibenden Eindruck hinterlässt Du durch freundliches Verhalten und eine gute Präsentation Deiner Fähigkeiten und Interessen.

Geruch

Der Geruch wird als Sympathiefaktor weit unterschätzt. Von einem Menschen, der uns sympathisch ist, sagen wir: *Ich kann sie oder ihn gut riechen.* Das gilt auch bei einer Bewerbung. Frisch geduscht, möglichst ohne Knoblauchgeruch vom Abend beim Griechen, in frischer Kleidung mit einem unaufdringlichen Deo *gesichert*, kommst Du gut an. Auch hier gilt: *Weniger* parfümiert ist besser – starke synthetische Düfte können von einem Gegenüber wie eine *Körperverletzung* empfunden werden! Zudem wird ein aufdringlicher Duft – auch wenn es sich um das teuerste Produkt handelt – von Deinem Gegenüber möglicherweise mit mangelndem Selbstbewusstsein verknüpft.

Einstellungen und Verhalten

Du hast mehr Einfluss in einer Bewerbungs- oder Prüfungssituation, als Du denkst.

Indem Du zu dem Menschen, dem Du vielleicht nächste Woche in einem Vorstellungsgespräch gegenüber sitzen wirst, im Vorfeld schon *respektvolle Gedanken* vorausschickst, beeinflusst Du automatisch Dein Verhalten in der Bewerbungssituation. Du brauchst Dich dann nicht *bemühen*, freundlich und höflich zu sein, aufgrund Deiner inneren Haltung *bist Du es einfach.* Und Dein Gesprächspartner reagiert auf Deine Wertschätzung nach dem bekannten Resonanzgesetz:

So wie Du in den Wald hinein rufst, schallt es zu Dir zurück.

Anders gesagt: mit Deinen wertschätzenden Gedanken setzt Du eine *positive Spirale* in Gang und kannst auf diese Weise jedes Gespräch und jede Situation positiv mitgestalten.

☝ **Anregung**

Wie Du diese positive Spirale in Gang setzen kannst:

Informiere Dich darüber, was dieser Mensch möglicherweise schon alles in seinem Berufsleben geleistet hat. Das löst eine wertschätzende Haltung in Dir aus, und damit eine *positive Voreingenommenheit,* die Du – ohne dass es Dir bewusst ist – mit Deiner Körpersprache und Deiner Stimme ausstrahlst.
Denn Deine *innere* Haltung zeigt sich eins zu eins in Deinem *äußeren* Verhalten.
Mit einer wertschätzenden inneren Einstellung bist Du dann in der wirklichen Begegnung automatisch respektvoll zu Deinem Gegenüber.

Mit einer positiven Einstellung auf Menschen zuzugehen, hat den großen Vorteil: Du bist *vom Herzen* her wertschätzend und *erreichst* den anderen Menschen auch über sein Herz. Damit öffnen sich Türen für einen tragfähigen Kontakt miteinander. Das Gespräch gewinnt eine gewisse Lockerheit. Du fühlst Dich wohl in einer aufregenden Gesprächssituation, z. B. einer Bewerbung.

Dein Wohlbefinden ist die Voraussetzung, Deine Fähigkeiten zur Geltung zu bringen – und damit erfolgreich für Dich zu werben.

☝ Einige beachtenswerte Verhaltensregeln

- Warte, bis man Dir einen Platz anbietet. Du bekommst einen Platz zugewiesen – zumindest wenn der Gastgeber seinerseits mit Höflichkeitsregeln vertraut ist.
- Dein Gesprächspartner eröffnet das Gespräch und beendet es.
- Augenkontakt: während des Gesprächs schaust Du dem Gegenüber in die Augen – ohne zu starren. Du kannst dann auch erkennen, ob das, was Du gerade erzählst, bei Deinem Gesprächspartner ankommt. Wenn auch er Augenkontakt zu Dir hält, ist alles in Ordnung. Schaut er in eine andere Richtung – oft ein Zeichen von Desinteresse, Langeweile oder genervt sein – fasst Du Dich am besten kurz, rundest Deinen Redebeitrag zügig ab.
- Auf keinen Fall Deinen Gesprächspartner unterbrechen, auch wenn dieser vom *Hölzchen aufs Stöckchen* kommt, und Du zwischendurch unbedingt etwas Wichtiges sagen möchtest.
- *Dazu ein Tipp:* Es gilt als *professionell*, sich während eines Gesprächs Notizen zu machen. Du kannst dann Deinem Gesprächspartner erst mal gelassen zuhören und Dich später auf das beziehen, was Dir wichtig ist und damit Deine Anliegen souverän ins Gespräch bringen.

Jenseits vom Mainstream

»Es geht darum, sich die Freiheit zu nehmen, das zu tun,
was man kann … nur so wirst Du wahrgenommen.
Der Versuch, Mainstream zu machen,
nur weil es Erfolg verspricht, geht immer schief.
Wenn man gegen sein eigenes Talent arbeitet,
wird es grausam.«

Sven Regener, Musiker

»Erfolgreich sein – heißt auch anders sein als die anderen«

Woody Allen

Fritjof Capra schreibt in seinem 1988 erschienen Bestseller *Wendezeit* über die psychische Gesundheit des modernen Menschen in der westlichen Welt:

»Der Mensch, der ausschließlich nach dem kartesianischen Modus* funktioniert, mag vielleicht frei von manifesten Symptomen sein, kann jedoch nicht als psychisch gesund gelten. Solche Individuen führen gewöhnlich ein egozentrisches, von Wettbewerbsdenken beherrschtes zielorientiertes Leben. Überbeschäftigt mit ihrer Vergangenheit und ihrer Zukunft, neigen sie dazu, die Gegenwart nur in einem beschränkten Rahmen wahrzunehmen, weshalb sie aus ihren Aktivitäten im Alltagsleben nur begrenzte Befriedigung gewinnen. Sie konzentrieren sich darauf, die äußere Welt zu manipulieren, und messen ihren Lebensstandard an der Menge materiellen Besitzes, während sie sich mehr und mehr ihrer inneren Welt entfremden und außerstande sind, den Vorgang des Lebens zu würdigen. Menschen, deren Existenz von dieser Art von Erfahrung be-

* nach Descartes, französischer Wissenschaftler, der den Geist und das Denken zum vorrangigen Weltmodell erhoben hat und alles, was unerklärbar ist, in den Bereich der Mystik verwiesen hat. »Ich denke, also bin ich.« ist ein berühmter Satz von ihm.

herrscht wird, kann keine Ebene des Wohlstandes, der Macht oder des Ruhmes echte Befriedigung bringen, weshalb sie von einem Gefühl der Sinnleere, der Wertlosigkeit und selbst der Absurdität erfüllt werden, das kein noch so großer äußerer Erfolg verdrängen kann.«

Als Lösung aus dem *kulturellen Wahnsinn*, der uns nur scheinbar Glück verheißt, bietet uns Capra folgende Perspektive an:

»... einen Lebensstil, bei dem die eigenen Identifizierung mit dem Ego mehr spielerisch und provisorisch als absolut und zwingend ist, während die Sorge um materiellen Besitz mehr pragmatisch als zwanghaft sein sollte. Ein solcher Lebensstil wäre gekennzeichnet durch Lebensbejahung, Hingabe an den Augenblick und tiefes Gewahrsein der spirituellen Dimension der Existenz.«

Dieses Kapitel bietet Dir zwei ausführliche Berufsbiografien von *Querdenkern* an, die diesem Weltbild folgen. Sie arbeiten als Selbständige in verschiedenen Berufswelten, die doch durch gemeinsame Grundlagen gekennzeichnet sind: ökologisches und soziales Denken, kreative, lustvolle Erweiterung der üblichen Rahmenbedingungen und hohes Qualitätsbewusstsein.

Die Portraits eines eigenwilligen Meisterkochs, der ganz bewusst auf seine Michelin-Sterne verzichtet hat, und eines hochbegabten jungen Wissenschaftlers, der mit zwei Mitstreitern ein Start-up Unternehmen gegründet hat, können Dich anregen, Deinen Blick zu erweitern, indem Du Dir erlaubst übliche Begrenzungen wie *Das geht nicht*! oder *Das schaffst Du nicht!* kritisch zu hinterfragen. Diese Beispiele sollen Dir Mut machen, über den Tellerrand hinaus zu sehen und zu erkennen:

Es ist viel mehr möglich, als Du denkst – und vielleicht wirst Du mit einem unkonventionellen Berufsweg glücklicher, als wenn Du dem zunächst bequemer scheinenden *Mainstream* folgst.

Die Grundlagen, auf denen Originelles jenseits vom Mainstream gedeiht sind: Freude an der Arbeit, die Du wählst, eine gute Portion Begabung, Unabhängigkeit von der Meinung anderer sowie die Fähigkeit, Rückschläge konstruktiv für die weitere Entwicklung zu nutzen.

Franz Keller ist einer von Deutschlands Spitzenköchen. Bekannt für seine Kunst wie Eckhart Witzigmann. Ein Abtrünniger, der sich vom *Stress für die Michelin-Sterne** – der verschleißt, zu kostenintensiv ist und entsprechend wenig einbringt – schon seit Jahren abgewendet hat.
Keller setzt auf *Small is beautiful*, hat sich mit Vierzig – nach Jahren mit eigenen Sterne-Restaurants, über dreißig Angestellten und nah am burnout – klein und fein im Rheingau eingerichtet. Dem Trend: *immer gestylter, immer größer, immer mehr* widersetzt er sich bewusst, beweist eindrucksvoll, dass verlässliche Qualität und finanzieller Erfolg auch im kleineren Rahmen machbar sind.
Franz Keller geht den Dingen auf den Grund, stellt alles immer wieder in Frage. Das ist Teil seines Erfolgskonzepts. Wenn andere sagen: »Das geht nicht!« fordert es ihn heraus, das Gegenteil zu beweisen. Scheitern bedeutet für ihn »nachzudenken – und noch mal neu dran zu gehen.«
Sein Credo ist: *Vom Einfachen das Beste*. Kompromisslos setzt er diese Philosophie in die Tat um.
Sein eigenwilliges Profil ist schnell erfolgreich. Es ermöglicht ihm *nun endlich meinen Traum vom Kochen als Genuss-Handwerk, wo der Inhalt mehr zählt als die Form* zu verwirklichen. Manierierten Firlefanz in Form aufwendiger Tisch- und Tellerdekorationen lehnt er genauso konsequent ab, wie ein Zuviel an teuren Bediensten. »Wir bieten eine Küche mit hohem Aufwand, ohne vorverarbeitete Produkte und Zutaten. Möchten aber von Atmosphäre und Preisen der Luxusgastronomie weit entfernt sein.«
Es ist ihm ein Herzensanliegen, Gutes zu bewahren. Es nicht leichtfertig den Verheißungen neuer Moden zu opfern. Gleichzeitig ist er offen für Neues. Nimmt manches nach sorgfältiger Prüfung in sein Konzept auf.
Er kocht für seine Gäste wie für sich selbst. Als Genießer ist er ständig auf der Suche

* Der Gastronomie-Führer *Guide Michelin* bewertet Restaurants und vergibt als Anerkennung bis zu drei Sterne.

nach wertvollen Produkten, wirklichen Lebens-Mitteln, die immer mehr Mangelware geworden sind. Keller hat in seiner Heimat noch eine von Selbstversorgung geprägte Welt kennen gelernt. Daher war die Idee nahe liegend, seine Nutztiere eigenhändig aufzuziehen: Hühner, Enten, Gänse, Schweine und Freilandrinder. Die haben es seit vielen Jahren gut bei ihm auf einem Hof im Taunus. Ehrfurcht vor der Schöpfung ist einer seiner Werte. Durch den Kauf dieses Hofes hat er nun neben der Tierhaltung die Option für weitere Nutzungsmöglichkeiten.

Franz Keller hat noch einen Traum: Eine Art einfachster Tratoria (badisch: Beitz, Wirtschaft), die im täglichen Wechsel ein Essen anbietet. Um die 20, - Euro inklusive Weiß- oder Rotwein und Wasser. Für den alltäglichen Genuss auch für Normalverdiener, Familien und all diejenigen, die gemerkt haben, dass der tägliche Verzehr von Gänseleber, Filet und Feinstem mit der Zeit ganz schön langweilig wird. Ein Projekt, das er nur gemeinsam mit seinem Sohn realisieren will.

Der 31-Jährige Sohn Franz (der Fünfte) ist seit September 2008 mitverantwortlich in der Küche, so dass dem Senior mehr Zeit auch für Persönliches bleibt, das in seinem Leben als Dauerbeschäftigter zu kurz kam. Er hat jetzt noch mehr Muße zum Querdenken. Da kann man schon mal gespannt sein.

Die Adlerwirtschaft hat vier Tage in der Woche durchgehend geöffnet. An diesen Tagen leistet die komplette Mannschaft ein Pensum, wie es in *normalen* Berufen während der ganzen Woche schon lange nicht mehr geleistet wird. An den zusammen hängenden freien Tagen findet man dann ausreichend Ruhe zum Regenerieren. Urlaub wird für alle vier Wochen am Stück *verordnet* – aus dem gleichen Grund. Wenn man das Restaurant betritt fällt sofort die Präsenz und Gelassenheit auf, mit der alles seinen qualitätsbewussten Gang geht.

Wie beginnt so eine erstaunliche Karriere? *Wo liegen die Wurzeln*?

Franz Keller stammt aus Oberbergen, einem kleinen Ort am badischen Kaiserstuhl. Die Familie führt dort über mehrere Generationen eine Dorfkneipe, den *Schwarzen Adler.* Die Küche hat einen hervorragenden Ruf. Von seiner Großmutter Mathilde, bei der der originelle, eigenwillige Junge aufwächst, lernt er das einfache Kochen.

Die Eltern verkehren gern in ausgezeichneten Restaurants. Nicht zuletzt in Frankreich, um zu lernen. Frankreich war damals, für deutsche Verhältnisse, das kulinarische Mekka des Genusses und der Gastronomie. Wieder einmal sind sie bei Haeberlin (heute drei Michelin Sterne) im Elsass. Der Fünfjährige langweilt sich beim ausgedehnten Menu. Einer der Besitzer spielt mit ihm, führt ihn in die Küche, in das Reich von Spitzenkoch Paul Haeberlin. Fasziniert beobachtet der junge Franz, wie konzentriert dieser berühmte Koch inmitten einer riesigen Mannschaft arbeitet, wie herzlich und bescheiden er auftritt. Es macht *klick* bei ihm, diese Atmosphäre prägt sich tief in seine Seele ein. Ein *Schlüsselerlebnis.*

Der Halbwüchsige begeistert sich für Technik, baut mit Freunden Flugzeuge mit Fernsteuerung, träumt davon, Flugzeugingenieur zu werden. Auf Schule hat er keine richtige Lust, lernt nur für Fächer, die ihn interessieren. Mit der Mittleren Reife geht er ab. Dem Vater ist das recht. Er besteht darauf, dass Franz eine Kochlehre absolviert, um ihm später im Schwarzen Adler zur Hand zu gehen.

Schmunzelnd erzählt Franz Keller, dass er während seiner Lehre viermal ausgebüchst ist. Aber irgendwann in diesem ersten Ausbildungsjahr macht es nachts wieder »klick«. Er hört sich laut denken: »In dem Beruf hab ich mehr Freiheit als in meinem Traumberuf als Flugzeugingenieur. Ich kann viel schneller mein eigener Herr sein, kann gestalten, *meine Ideen* verwirklichen. Kochs sein bietet mir weit mehr als nur in der Küche stehen.« Diese Erkenntnis macht den vom Vater erzwungenen Beruf für ihn zu *seiner Sache,* gibt ihm die Kraft, jetzt selbst bestimmt weiter zu lernen.

Im Anschluss an die Ausbildung schickt sein Vater ihn nach Frankreich. Er hat das Glück, an gute Lehrmeister vermittelt zu werden. Er wird u. a. Chef Tourant von Paul Bocuse. Als der Vater ihn zurück nach Oberbergen ruft, ist sein Sohn schon ein Meister seines Handwerks. So kann er die Bedingung stellen: dass er freie Hand hat, im *Schwarzen Adler* ab sofort alles anders zu machen. Der Senior fügt sich. Gemeinsam bewältigen sie die Übergangszeit. Nur wenige der alten Stammgäste bleiben, neue sind noch nicht in Sicht. Man hört förmlich ab und zu das Grummeln des Vaters in Küche und Gaststube, Ausdruck für gewisse Zweifel, ob sie auf dem richtigen Weg sind. Schließlich konzipierte der Junior im Schwarzen Adler zeitgleich mit Witzigmann die *Neue Deutsche Küche.* Nach einem halben Jahr und zwei Presseartikeln ist die Durststrecke überstanden.

Das neue Konzept des *Schwarzen Adlers* wird mit zwei Michelin-Sternen belohnt. Kurz darauf verlässt Franz Keller im Generationskonflikt (der Vater noch zu jung, der Sohn schon

zu *alt)* den Familienbetrieb und ist auf der Suche nach dem *eigenen Herd.* Auf dieser Suche bereist er Norditalien, arbeitet bei und mit italienischen Kollegen, lernt die geradezu *spontane* Küche Italiens kennen und schätzen.
Zurück in Deutschland, gründet Franz Keller – inzwischen Vater von zwei Kindern – mit Partner und seiner Frau zwei Restaurants. Er erarbeitet sich erneut zwei Michelin-Sterne. Eines Nachts spürt er deutliche Signale: »Wenn ich so weiter arbeite, täglich 16 Stunden und mehr, werde ich in dieser Mühle zermahlen.«
Konsequent organisiert er seinen Ausstieg aus dem *Sternezirkus* – das ist die Geburtsstunde der *Adlerwirtschaft.* Er kocht jetzt ohne Michelin-Sterne sehr gut und kann besser schlafen, muss nicht jeden modischen Trend mitmachen.
Trotz Ressourcen schonender Regeln, die es in der *Adlerwirtschaft* gibt: Koch zu sein und ein Restaurant zu leiten, ist ein auch körperlich anstrengender Beruf. *Kraft* schöpft Franz Keller aus der Freude an seiner Arbeit, sie ist für ihn eine Lebensaufgabe. Und aus Ritualen, die er in seinen Alltag integriert hat: statt länger zu schlafen, steht er lieber zwei Stunden früher auf, bereitet sich in Ruhe auf den kommenden Tag vor.
Erfolg ist für ihn: »die Freude, die aus meiner Lebensaufgabe entsteht.«
Lange als *Enfant Terrible* unter den Meisterköchen verschrien, auch gemieden, ist er heute mit seinem Weg jenseits des *mainstream* für manchen Nachwuchskoch ein *Vorbild.* Die meisten Freundschaften mit Weggefährten haben sich über die Jahre erholt von dem Schock seiner abtrünnigen Ideen, mit denen er ihnen – ohne es zu wollen – den Spiegel vorgehalten hat.

Franz Keller rät Jugendlichen:

- Eine nachhaltige Berufswahl gelingt Dir, wenn Du in Dich selber hinein hörst, und herausfindest, was Du gerne machen möchtest.
- Du solltest nicht zu viel Zeit mit Umwegen verlieren.
- Du brauchst einen starken Willen und Durchsetzungskraft, um Dein Ziel zu erreichen.
- Bestimmung, Herkunft – was wir von unseren Vorfahren in uns tragen – und individuelle Lebensumstände spielen auch eine wichtige Rolle bei der Berufswahl.

- Erfolgreich bist Du, wenn Du Dich auf eine Sache konzentrierst, sie länger ausprobierst. Aufnahmefähig und mit Ernsthaftigkeit dabei bist.
- Du *bleibst* erfolgreich und zufrieden, wenn Du alles Gewohnte immer wieder in Frage stellst, die *bequemen Nester* immer wieder verlässt, vom Neuem kostest und überprüfst, ob es für Dich Sinn macht.

Kellers Philosophie ist auf *Liebe zu Menschen* und im wahrsten Sinn auf *Ganzheitlichkeit* gegründet. Freiheit, Freude, Liebe, Ehrfurcht und Neugier sind wesentliche *Werte*, die ihn leiten.
Ich erlebe ihn als einen, bei all seinen Erfolgen, bescheidenen Menschen. Eine *selbstbewusste* Bescheidenheit, die entstehen kann, wenn man seiner Berufung folgt. Vollmundigen Worten zieht er konsequente Taten vor. Seine Hände sind manchmal unruhig, während wir zusammen sitzen. Vielleicht würden sie jetzt lieber etwas Handfestes tun?

Die Erfolgsgeschichte des Wirtschaftsinformatikers **Dr. Moritz Gomm** kann für Dich in zweifacher Hinsicht Anregung sein: einerseits zeigt sie Strategien auf, mit denen eine Existenzgründung gelingt. Andererseits ist sie ein Beispiel dafür, dass man auch mit überdurchschnittlicher Intelligenz und Ausbildung hoch bezahlte Jobs der Wirtschaft ausschlagen kann, um für sich selbst und seine Mitmenschen etwas Sinnvolles zu tun – *etwas, das bleibt*. Und damit dem Leben einen Sinn geben.
Nach seinen drei wesentlichen Fähigkeiten befragt, nennt Moritz Gomm: analytisches Denken, Kreativität und Optimismus.
Seine Werte sind: Verbindlichkeit, Fairness, Demut, Selbstvertrauen und Authentizität. Er bezeichnet sich selbst als wertkonservativ.
Schon als Kind will er Forscher und Erfinder werden –und zwar schon damals selbständig. Sein Vorbild ist eine Comicfigur von Walt Disney, der Tüftler *Daniel Düsentrieb*, der aus beschränkten Mitteln faszinierende Dinge herstellt.
Beide Eltern erkennen und fördern die Begabungen ihres Sohnes. Mit zwölf bekommt er den ersten Computer, entdeckt seine Leidenschaft fürs Programmieren. Mit Freunden entwirft und baut er ferngesteuerte Autos und Flugzeuge. Nach der Mittleren Reife holt ihn sein Vater, der im Entwicklungsdienst beschäftigt ist, für ein Jahr nach

Malaysia. Zurück in Kelkheim bei Frankfurt macht er, entgegen seinem ursprünglichen Plan, sein Abitur und entscheidet sich für ein Studium der Wirtschaftsinformatik an der nahe liegenden TU Darmstadt – der Kontakt zu Freunden und Familie ist ihm wichtig.
Während einer Yogaübung hat er eine Eingebung für ein EDV- Produkt. Zur Realisierung dieser Idee bietet ihm das Fraunhofer Institut in Darmstadt ein Forschungsprojekt als wissenschaftliche Hilfskraft an. Sein Produkt wird auf der Fachmesse Cebit ausgestellt. Leider gibt es nach Abschluss des Studiums keine Partner für die Weiterentwicklung und Vermarktung. Die Kontakte aus dieser Zeit erweisen sich als wichtig auf seinem weiteren Weg.
Zum Ende des Studiums steht für Moritz Gomm eine Entscheidung an zwischen den Alternativen *Praxis* – er bewirbt sich erfolgreich bei Beratungsunternehmen – und einer *Weiterführung seiner Forschungsarbeit im Rahmen einer Promotion.* Mit dem guten Gefühl, dass ihn die Unternehmen einstellen würden, entscheidet er sich schließlich für eine Stelle an einem praxisorientierten Lehrstuhl seiner Uni mit Schwerpunkt *Unternehmensführung.* Er hofft, damit eine gute Basis für die spätere Selbständigkeit zu legen.
Kurz vor Abgabe seiner Doktorarbeit hält der 32-Jährige Ausschau nach möglichen Partnern für eine Existenzgründung. Seine Strategie: erst die richtigen Leute zusammen trommeln und auf dieser Basis gemeinsam Ideen für ein neues Produkt entwickeln. *»Mit den richtigen Leuten kann man alles machen«.*
Seine Strategie geht auf. Er findet in seinem Cousin Maximilian Suermann, einem Rechtsanwalt – Experte für EDV-Recht und Datenschutz – einen passenden Partner. Die beiden treffen sich zum Brainstorming auf einer Ostseeinsel. Vier mögliche Geschäftsideen im Bereich Softwareentwicklung entstehen. Sie entscheiden sich schließlich für die Idee, den Markt für Mitfahrgelegenheiten durch neue Dienste voranzubringen und aus dieser bisher anonymen Nische einen lukrativen Massenmarkt zu machen. So entsteht zunächst die Plattform www.hopping.de. Die Motivation der beiden Gründer: die Wirtschaftskrise sorgt für steigende Nachfrage nach Mitfahrgelegenheiten, sie schonen die Umwelt, sind Kosten sparend und bieten soziale Kontakte beim Reisen.
Ab Oktober 2007 machen sich Moritz und Max an die Arbeit – vorerst noch abwechselnd in ihren Wohnungen in Osnabrück und Darmstadt. Später wohnen beide in Darmstadt.

Sie entwickeln dort Konzepte und Systemlösungen zur effizienten Nutzung von PKWs, mit dem Ziel, eine nachhaltige PKW-Mobilität zu fördern.
Von Anfang an begleitet sie ein Professor für Multimedia und Internetanwendungen, den Moritz aus seiner Zeit am Fraunhofer Institut kennt. »*Wenn drei mit diesen Fähigkeiten zusammen sind, muss das einfach klappen.*«
Also gründen sie im Januar 2008 die MOMAX GmbH als Spin-Off * der Technischen Universität Darmstadt. Moritz finanziert sich über eine neunmonatige Existenzgründungsbeihilfe von der Arbeitsagentur, Maximilian hat durch den Verkauf seiner Anteile an dem von ihm 2003 gegründeten Online-Inkasso-Unternehmen ausreichend Kapital im Rücken.
Ein Jahr nach der Gründung sind sechs Mitarbeiter in ihrer Firma tätig. Der wirtschaftliche Erfolg: innerhalb von einem Jahr ist die Firma ein gefragter Ansprechpartner von großen Unternehmen, die Mitfahrlösungen im Internet entwickeln wollen.

Dr. Moritz Gomm nennt drei Gründe für die erfolgreiche Gründung von MOMAX:

- Konzentration auf Lösungen statt auf Probleme
- Meiden von Menschen, die einen *runterziehen* (wollen)
- Mit Rückschlägen rechnen.

Sein Lebensauftrag ist es, *Wissen und Erfahrungen weiter zu geben*. Neben seiner Tätigkeit für MOMAX hält er z. B. Vorlesungen für angehende Wirtschaftsinformatiker / innen.
Auf meine Frage, ob er seine Berufung lebt, antwortet er: »Es ist der richtige Weg in Bezug auf meinen Entwicklungsstand.«
Moritz Gomm hat noch einen Traum: in zehn bis 15 Jahren möchte er etwas in der Natur anbauen, vielleicht Wein. Es fasziniert ihn, eine Umgebung nur vorzubereiten und diese dann dem Rhythmus und den Kräften der Natur anzuvertrauen.

* Spin-offs sind Ausgründungen von Universitäten, forschungsintensiven Unternehmen und Forschungseinrichtungen, die Forschungsergebnisse vermarkten und dabei wirtschaftlich auf eigenen Füßen stehen.

MOMAX *residiert* in der unteren Etage eines Fachwerkhauses in Bessungen, einem idyllischen Stadtteil von Darmstadt. Das dazu gehörige repräsentative Schlösschen mit Park schafft ein ungewöhnlich schönes Ambiente und trägt sicher auch zur Arbeitslust des Teams bei – vor allem im Sommer, wenn die Meetings schon mal draußen stattfinden.

»Arbeit ist für mich: mit Spaß und Ernst Dinge zu gestalten«, sagt Moritz Gomm. Die selbst geschaffenen Arbeitsplätze in dieser Umgebung spiegeln das eins zu eins wieder.

Dr. Moritz Gomm rät Jugendlichen:

Eine gute Berufswahl gelingt Dir

- wenn Du Dinge tust, die Dir liegen und zwar leidenschaftlich
- wenn Du tust, was Dir leicht fällt
- indem Du andere Menschen beobachtest, die Dich beeindrucken und Dich fragst: *»Ist das, was sie tun, vielleicht auch was für mich?«*
- wenn Du Dir selber treu bist und Dich nicht verstellst. Und: *»Es ist nie zu spät, ehrlich zu sein.«*

Erfolg im Beruf hast Du

- wenn Du anderen hilfst, erfolgreich zu sein – dem Chef, den Kolleg / innen, dem Unternehmen. So ist das Ganze erfolgreich und Du bist es auch.
- Wenn Du wieder mal überprüfst, ob Du (noch) auf dem richtigen Weg bist.
- Wenn Du wertschätzend an die Menschen denkst, die direkt oder indirekt zu Deinem Erfolg beigetragen haben.
- Wenn Du Dir stets bewusst bist, dass der Erfolg auch mal zu Ende sein kann.

Wege zur Berufung

»Wenn jemand vertrauensvoll die Richtung einschlägt,
in die seine Träume weisen und es wagt,
ein Leben nach seinen Vorstellungen zu leben,
wird er einen Erfolg ernten,
der von einem normalen Leben
nie zu erwarten gewesen wäre.«
Henry David Thoreau

Die Wege zur Berufung sind so vielfältig, wie wir Menschen unterschiedlich sind. Die folgenden Herangehensweisen sind häufig anzutreffen:

Es gibt Menschen, die dem frühen Wissen über ihre Berufung trotz vieler Eindrücke und Erwartungen während ihrer Kindheit und Jugend kompromisslos treu bleiben, wie das Beispiel von Ralph B. (S. 52) zeigt. Oder auch die Geschichten des Historikers Torsten Halsey im Vorspann des Buches, der Portraitfotografin Monika Werneke (S. 61) und des Lehrers Albert Lang (S. 61). Auffallend oft sind es Künstler, die bereits als Kinder ihre Berufung deutlich spüren und alles daran setzen, sie zu leben.

Häufiger ist zu beobachten, dass Menschen im *Jugendalter* genau erkennen, was ihrer Berufung entspricht und ihrem Leben Erfüllung bringen wird. Dafür stehen die Beispiele des Schreiners Karl-Heinz Brauer (S. 41), der Journalistin Ingrid Nicolai (S. 67), des Unternehmers Immo Herbst (S. 12, 223), der Redakteurin Katharina Krohmann (S. 11) und der Ärztin Dr. Andrea Claussen (S. 124).

Viele Menschen sind mir begegnet, die eine zunächst nur 80 % passende Berufswahl getroffen haben, daraus jedoch nach und nach ihre Berufung entwickeln konnten. Die Kompetenz, die sie aufgrund ihres Einsatzes in dem nicht so ganz geliebten Beruf erwerben konnten, hat dazu geführt, dass sie schließlich immer mehr Freude und Zufriedenheit bei dieser Arbeit empfunden haben. Gute Beispiele dafür sind der Schuhmacher Andreas Baumbach (S. 33), der

Spitzenkoch Franz Keller (S. 148) und der KFZ-Meister Dirk Niegel (S. 42). Andere konnten ihr Arbeitsfeld durch Weiterbildung so ausgestalten, dass es schließlich weitgehend ihren Fähigkeiten und Interessen entsprach. Diese Annäherung an die Berufung kann Jahre oder auch Jahrzehnte dauern. Beispiele dafür sind die Berufsbiografien des Wirtschaftsprüfers Philipp von Knebel (S. 219), des Gold- und Silberschmieds Marc Hilgenfeld (S. 232), der Fundraisingberaterin und Autorin Dr. Marita Haibach (S. 212), des Bäckers und Unternehmers Hermann Falkenberg (S. 37).

Und dann gibt es die große Gruppe der Menschen, die eine weniger als 50 % stimmige Berufswahl treffen (mussten?). Wenn sie Glück haben, sind es dann Einflüsse von außen, die sie doch noch mit ihrer Bestimmung in Kontakt bringen. Manchmal erst mit 40 oder noch später eröffnet sich eine *Zweite Chance.*

Eine zweite Chance kann sich durch den Verlust des Arbeitsplatzes, Misserfolge oder unerklärliches Versagen – die zuerst von den Betroffenen als Drama empfunden werden – eröffnen. Für die Kaffeehausbesitzerin Martina Kurz war die betriebsbedingte Kündigung ein Segen – endlich konnte sie realisieren, wovon sie schon lange geträumt hat (S. 161). Das Versagen bei einer entscheidenden Prüfung hat dem Zahnarzt Dr. Erich Pelz *seinen* Weg gewiesen (S. 209). Der Unternehmer Dr. Gerd Eckelmann hat durch einen Misserfolg die Chance erhalten, *seine Marktlücke* zu erkennen und damit erfolgreich zu werden (S. 133). Fehler bei leichtesten Aufgaben haben den Physiotherapeuten Stefan Gronemeier veranlasst, konsequent seinen Neigungen und nicht dem schnellen Geld zu folgen (S. 73).

Auch ständige Konflikte am Arbeitsplatz, Krankheit, ein Schicksalsschlag oder das Gefühl, etwas tun zu *müssen*, was dem Leben mehr Sinn verleiht, kann eine Chance dafür sein, die eigene Situation neu zu bewerten und schließlich über einen Erkenntnisprozess eine Neuorientierung zu wagen. Der Schriftsteller Peter Härtling wurde zum Berufenen, weil er als 14-Jähriger innerhalb eines Jahres beide Eltern verlor: das Schreiben diente ihm als Geländer, war lebenserhaltend (S. 72). Die Bestatterin Petra Maier sah sich mit dem Tod und einem unwürdigen Begräbnis ihres kleinen Sohnes konfrontiert; daraus entstand der tiefe Wunsch,

Ihren gelernten Beruf zu erweitern und Bestattungen anders zu gestalten (S. 72). Der IT-Techniker Andreas Gerber wollte Menschen etwas Sinnvolles vermitteln und gründete, zunächst parallel zu seiner Tätigkeit in einem Unternehmen, eine Sportschule für koreanische Kampfkunst (ab S. 164). Der Architekt Andreas Trabandt wechselte von einem für ihn langweiligen Studium, zu seiner Passion, der Architektur – obwohl die Berufsaussichten schon zu dieser Zeit extrem schlecht waren und hat heute ein Architekturbüro mit mehreren Angestellten (S. 188). Der Unternehmer Karl-Ludwig Schweisfurth spürt schon mehrere Jahre lang, dass er etwas grundlegend anderes tun muss; schließlich verkauft er gegen den Widerstand seiner Familie sein erfolgreiches Unternehmen, weil er in sich den Ruf spürt, sein Leben für eine würdige Nutztierhaltung und die Erzeugung natürlicher Lebens-mittel einzusetzen. Heute leitet der vitale 80-Jährige gemeinsam mit seinen Kindern wieder ein sehr erfolgreiches Unternehmen, das mit seinen Grundüberzeugungen übereinstimmt (S. 173).

Manche Menschen, die einen Beruf gewählt haben, der sie unzufrieden und in der Folge nicht erfolgreich sein lässt, finden ihre Berufung im Privaten. Da ist der Mann, der seine Arbeit in einer Behörde durchaus gut – wenn auch nicht besonders motiviert – erledigt, der Freude und Erfüllung in seinem Schrebergarten findet. Andere Menschen engagieren sich neben einer sie nicht ausfüllenden Tätigkeit ehrenamtlich in Initiativen und Vereinen.

Viele, die einen solchen Ausgleich nicht für sich finden, sind zeitlebens frustriert, treten auf der Stelle, machen Dienst nach Vorschrift. Diese Gruppe ist dann die erste, die bei Kündigungen an der Reihe ist und schließlich als Langzeitarbeitslose ihr Dasein fristet. Diese Menschen sind zu bedauern: in unserer Leistungsgesellschaft ist ein Leben ohne wirkliche Aufgabe und berufliche Bestätigung enorm belastend; es raubt den Betroffenen Würde und Selbstwertgefühl.

Die folgende Grafik veranschaulicht wesentliche Wege zur Berufung:

Abbildung 4: Wege zur Berufung

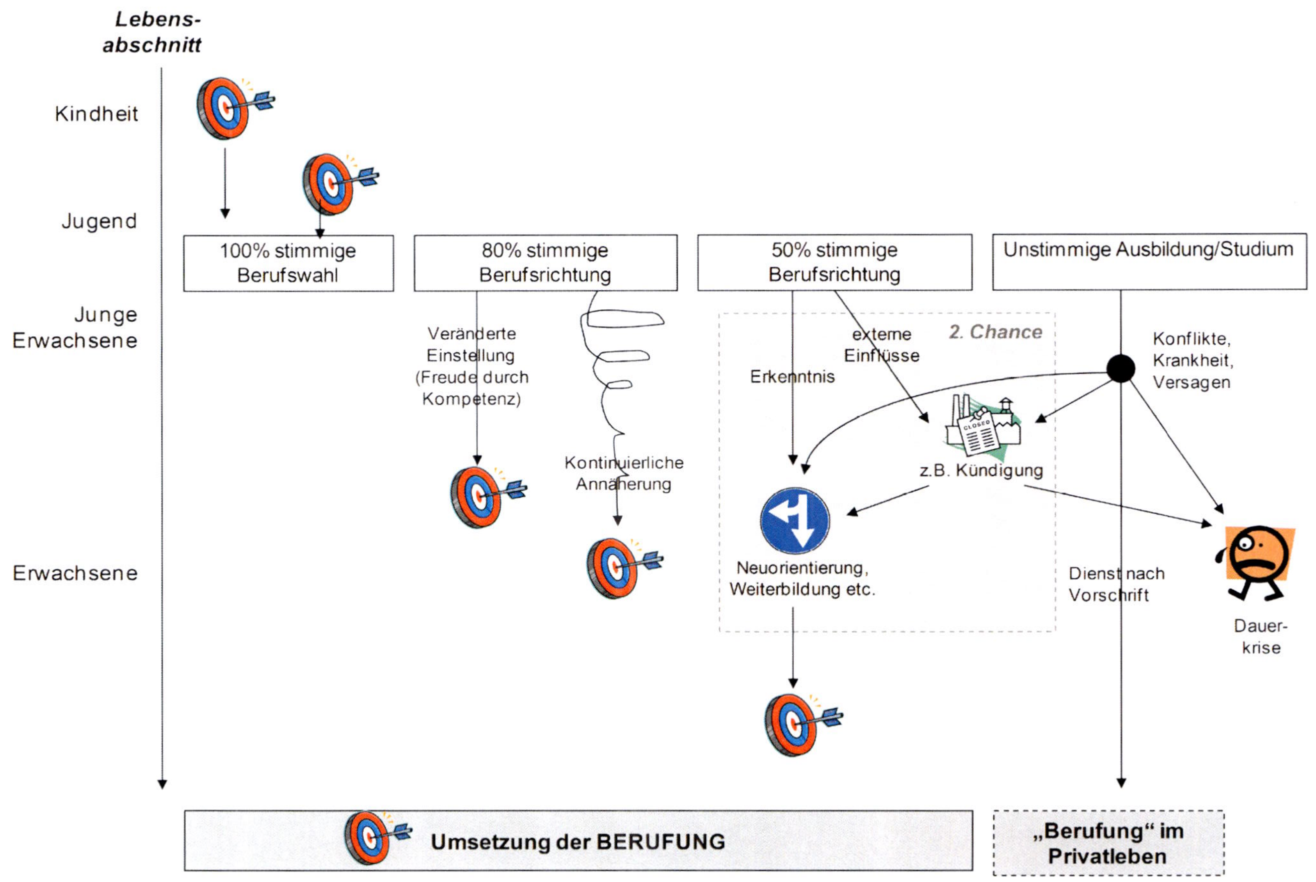

Zweite Chance: Es ist nie zu spät, der Berufung zu folgen

»Niemals wird man so müde durch das,
was man tut, als durch das,
was man tun möchte
und nicht tut.«
Unbekannt

»Das wäre vielleicht das Merkmal
einer glücklichen Biografie,
dass es immer wieder gelingt,
sich mit sich selbst zu überraschen.«
Unbekannt

»Das Leben schwindet oder weitet sich aus
im Verhältnis zum eigenen Mut.«
Anais Nin

Für all diejenigen, die bei ihrer ersten Berufswahl nicht das Passende gewählt haben oder wählen konnten, kann es ein tröstlicher Gedanke sein, eine *zweite Chance* zu haben. Dieses Kapitel ist für junge Erwachsene gedacht, die bereits eine Berufsausbildung absolviert haben und damit unzufrieden sind. Möglicherweise finden auch Ältere, die noch einen Neuanfang wagen wollen, hier gute Anregungen.

Mit dem Wissen um eine zweite Chance, ist es Dir vielleicht eher möglich, zunächst aus pragmatischen Gründen eine Entscheidung für *Plan B* zu treffen, statt zu lange auf das *Optimale* zu warten.

Solange Du nicht ganz das tun kannst, was Du liebst, kannst Du versuchen, zu lieben, was Du tust – und darin immer besser zu werden. Plan B eignet sich hervorragend, um eine Wartezeit auf einen Studienplatz oder eine Ausbildungsstelle sinnvoll zu überbrücken. Wichtig ist dabei: Plan A nicht aus dem Auge zu verlieren.

Ich habe viele Menschen kennen gelernt, die später in ihrem Leben ihre *Berufung* erfolgreich realisiert haben. Die drei folgenden Berufsbiografien von *Spätentwicklern* können Dich zuversichtlich stimmen, und Dir das Vertrauen und die Gelassenheit geben, den richtigen Zeitpunkt für die Umsetzung Deiner Bestimmung abzuwarten:

Ich treffe die KAFFEEHAUSBESITZERIN MARTINA KURZ, im März 2007 zum Interview. Die kluge, eigenwillige Frau ist ein gutes Beispiel dafür, dass es auch eine *Zweite Chance* für die Berufung gibt.
Ihr Kaffee Kränzchen in Walluf am Rhein ist ausgezeichnet worden als eines von hundert schönsten Kaffeehäusern in Deutschland. Ganz zu recht, denke ich, als ich in den einmalig gemütlichen Räumen bei einem hervorragend mundenden Kaffee und Kuchen das Leben genieße.
Schon als Kind hat sie gerne gekocht, es geliebt, Menschen zu bewirten. Dabei hat sie deutlich gespürt: *Das kann ich!* Zu ihrem Beruf entwickelt sich diese Neigung und das besondere Talent allerdings erst viel später.
Nach dem Fachabitur macht die erst 17-Jährige eine Ausbildung zur Industriekauffrau. Später erweitert sie gezielt ihre Kompetenz zur Personal-Fachkauffrau. Ein Studium Personal-Betriebswirtschaft schließt sich an.
Elf Jahre arbeitet sie erfolgreich als Personalleiterin in der Metallindustrie. Obwohl ihr diese Tätigkeit durchaus Freude macht, ihr auch entspricht, hegt sie seit sie 35 ist den Wunsch, sich selbständig zu machen. Zunächst weiß Martina Kurz nicht so genau, womit.
Ihre Chance bietet sich, als der Konzern seine Struktur verändert. Sie ist nicht bereit ihren Wohnort zu wechseln. Für ein Jahr wird sie bei vollem Gehalt freigestellt - eine privilegierte Situation für eine Existenzgründung.
Innerhalb von nur drei Monaten stellt sie das Kaffee auf die Beine, kauft antike

Möbel für die Inneneinrichtung und die schönsten Sammeltassen. Sie möchte »Menschen in eine schön gestaltete Umgebung einladen und mit Köstlichkeiten bewirten.« Das gelingt ihr zu 100 %.
Für Martina Kurz selbstverständlich, ihr Markenzeichen: sie bereitet alle ihre Kuchen, Torten und die kleinen salzigen Leckereien selbst liebevoll zu. Dafür steht sie an fünf Tagen in der Woche morgens mit den Hühnern auf. Wenn sie erzählt, wie gut sie sich dabei fühlt, alleine in dieser Küche zu werkeln, mit Blick in einen romantischen Innenhof, spürt man ihre Freude an dieser selbst bestimmten Arbeit.
Der Erfolg lässt natürlich nicht auf sich warten. Im fünften Jahr bezieht sie noch schönere, größere Räumlichkeiten mit einem bezaubernden Garten.
Ihre Stärken: Eigensinn, Ästhetik und Genießen finden in ihrem Kaffee auf jedem Quadratzentimeter ihren Ausdruck.
Martina Kurz wäre gern ohne Umwege ihrer Berufung gefolgt. Sie ist sich sicher, dass sie in einer Schule, die ihre individuellen Begabungen berücksichtigt hätte, z.B. in einer Waldorfschule, ermutigt worden wäre, ihren *verrückten* Anlagen zu trauen. Für ihre Eltern, die im Rahmen dessen, was sie geben konnten, ganz viel für sie getan haben, und immer noch tun, war die Finanzierung einer Privatschule damals einfach nicht möglich.
Ihr Lebensmotto: »Wenn Du etwas wirklich willst, schaffst Du es auch!«

Martina Kurz rät Jugendlichen:

- Dein inneres Ziel zu erkennen und im Auge zu behalten.
- Auslandspraktika zu machen, dabei Sprachen zu lernen.
- Für Erfolg und Zufriedenheit musst Du Ehrgeiz und Leistungsbereitschaft, Moral, Höflichkeit und Einfühlungsvermögen einbringen:

Der SCHRIFTSTELLER ITALO CALVINO, dessen Werk mit mehreren Preise ausgezeichnet wurde, erzählt in seiner Biografie *Eremit in Paris*, wie er zu seiner Berufung gefunden hat:

»Ich habe schon als Junge mit dem Schreiben begonnen, war aber von der Literatur weit entfernt. Mein Vater und meine Mutter beschäftigten sich in San Remo mit der Klimatisierung exotischer Pflanzen, mit Blumenzucht, Obstanbau und Genetik. In unserem Hause verkehrten vor allem Wissenschaftler oder Techniker aus dem Bereich der Agrikultur … ich entwickelte eine Art phantasieorientierter Sensibilität, die sich in der Literatur hätte verwirklichen können, wenn die Umgebung mir Anregungen in dieser Richtung geboten hätte oder wenn ich eher bereit gewesen wäre, sie aufzugreifen. Vielleicht hätte ich früher begreifen können, dass dies mein Berufung war und mein Verhältnis zur Welt besser ausrichten können, aber ich war ein bisschen langsam, besondern in der Erkenntnis meiner selbst. …
So kam es, dass ich nach dem Abitur eine Wahl traf, die aufgrund meiner familiären Situation opportunistisch erscheinen mochte und es vielleicht auch war. Ich schrieb mich an der agrarwissenschaftllichen Fakultät in Turin ein, wo mein Vater noch wenige Jahre zuvor gelehrt hatte. Ich dachte mir, das Schreiben könne für mich nur eine Nebentätigkeit sein, und wollte einen seriösen Beruf ausüben, der mich mit der Realität in Berührung bringen und durch die Welt reisen lassen würde – so wie mein Vater, der fast zwanzig Jahre seines Lebens in Mittelamerika verbracht hat. Dieser Versuch, an eine Familientradition anzuknüpfen, hat nicht funktioniert …
Schon damals nach der Befreiung (von den Faschisten), die für mich so etwas wie eine zweite Geburt war, begann ich mit kleineren Arbeiten für Einaudi (Verlag in Turin), vor allem mit Werbetexten und Artikeln für die Provinzzeitungen, um Neuerscheinungen anzukündigen, und mit Gutachten über ausländische Bücher oder italienische Manuskripte. Damals wurde mir klar, dass mein Arbeitsbereich nirgendwo anders sein konnte als im Verlagswesen, in einem Verlag der Avantgarde, zwischen Leuten mit unterschiedlichen politischen Meinungen, die hitzig diskutieren, aber stets unter Freunden. Ich sagte mit: ob ich nun Schriftsteller bin oder nicht, ich werde eine Arbeit haben, die mich fasziniert, und unter Leuten sein, die mich interessieren … So war mein Leben etwa fünfzehn Jahre lang das eines Verlagslektors, und in dieser Periode haben ich den Büchern anderer sehr viel mehr Zeit als den eigenen gewidmet. Noch einmal war es mir also gelungen, zwischen mir und meiner schriftstellerischen Berufung eine Schutzwand zu errichten, obwohl ich mich scheinbar in der günstigsten Lage befand.«

Obwohl Italo Calvino zwischen 1947 und 1957 zahlreiche Bücher erfolgreich veröffentlicht hatte, konnte er zu seiner Berufung nur zögerlich Ja sagen, wie die folgende Textpassage deutlich macht:

»Konnte ich mich von da an als Berufsschriftsteller betrachten? Seit meinem ersten Buch waren zehn Jahre vergangen, und ich würde sagen, dass zehn Jahre notwenig sind, zu wissen, ob man in gewissem Sinne als Autor existiert. Kurzum, das Problem: bin ich ein Schriftsteller, oder bin ich keiner? stellte sich mittlerweile nicht mehr, da mich die anderen als einen solchen betrachteten … Die Schutzwände, die ich um mich herum errichtet hatte, damit sie mich davon abhielten, das Schreiben als meine Haupttätigkeit zu betrachten, begannen zu fallen.«

Auch das folgende Beispiel zeigt, dass man seine Berufung durchaus spät(er) realisieren kann:

ANDREAS GERBER ist ein ermutigendes Beispiel dafür, dass aus einer schwierigen Ausgangslage ein zufrieden stellendes und erfolgreiches Leben entwickelt werden kann.
In seinem Elternhaus ist das Geld knapp. Als seine Mutter stirbt, ist er erst Vierzehn. Sein Vater stirbt, als Andreas 22 Jahre alt ist.
Der Sohn schlesischer Vertriebener mit sieben Geschwistern, ist ein vielseitig interessierter, begeisterungsfähiger Mann. Nach der Volksschule und Elektrikerlehre arbeitet er 23 Jahre lang in großen Unternehmen, durchaus engagiert und erfolgreich, als Techniker im Computer-Bereich. Zuletzt bei Siemens.
Durch einen älteren Bruder lernt er 1966 Taekwon-Do kennen. Von der koreanischen Kampfkunst ist er sofort fasziniert. 1988 gründet er einen Verein und baut 1995 seine eigene Sportschule *Fit und Sicher* auf, neben seiner Arbeit im Unternehmen. Als eine Kollegin der Sportschule erkrankt, übernimmt er eine Kindergruppe, spürt, dass ihm das Pädagogische sehr liegt und ihm die Arbeit mit so genannten Pro-

blemkindern ausgesprochen Freude macht. Diese Erkenntnis ist der Auslöser für weitere Qualifizierungen.
Der innere Ruf erreicht Andreas Gerber während seiner Weiterbildung zum Budo-Pädagogen. Die Referenten sprechen ihn unmittelbar an. Der Funke springt über: was schon lange in ihm steckt, seine Einsichten, seine Ideen, findet er durch sie gespiegelt. Weiteres Interesse für die Verbindung *Geist-Seele-Körper* wird in ihm geweckt und er vertieft dies in den Ausbildungen zum G-S-K-Motivationstrainer, Reiki-Meister und der Dorn-Breuß-Wirbelsäulen-Methode. Um seine Kompetenz zu vervollständigen, beginnt er die Ausbildung zum Heilpraktiker für Psychotherapie.
Aus gesundheitlichen Gründen schließt er erst einmal sein Sportstudio. Nach seiner Genesung plant er, in einem neuen Rahmen Problemkinder *fit und sicher* zu machen – ein weites Betätigungsfeld, sein Lebensauftrag. Ich bin überzeugt, dass ihm das gelingt. Mit seinem liebevollen, zugewandten Wesen kommt Andreas Gerber bei Kindern und ihren Eltern sehr gut an. Er löst einfach Vertrauen aus.
Die Umwege, bis er zu seiner Bestimmung fand, waren für ihn wichtig. Er sagt: »Es geht auch in Kurven geradeaus!«
Die Werte des 58-Jährigen Trainers: Konzentration auf das Wesentliche, Zielstrebigkeit, Begeisterung und Qualität werden in dem Interview mit ihm lebendig.

Andreas Gerber rät Jugendlichen:

- Ehrlich zu sich selbst zu sein.
- Sich erforschen, um Stärken und Schwächen genau zu kennen.
- Der zu sein, der man ist. Lernen, zu sich zu stehen.
- Die Berufswahl von Innen heraus zu treffen und selbst bestimmt den eigenen Weg zu gehen
- Dafür Zielstrebigkeit, Achtsamkeit und Mut zum Wechseln einbringen.

In der Zeitschrift *Psychologie heute 9/2008* lese ich die Ergebnisse einer Untersuchung: *75 %* der befragten älteren Menschen bedauern, etwas in ihrem Leben *nicht* getan zu haben, Chancen in ihrem Leben ungenutzt gelassen zu haben – aus Sicherheitsdenken, Zögerlichkeit, fehlender Risikobereitschaft sowie falscher Rücksichtnahme.

Diese Erkenntnis kann Jugendliche und junge Erwachsene bei ihrer Lebensplanung ermutigen, ihre Träume, wenn auch erst als *zweite Chance*, zu leben.

Die Aufforderung zum Tanz

Wenn Du noch nicht das tust, was Deinen Fähigkeiten und Interessen entspricht, meldet sich das Schicksal immer mal wieder, klopft Dir auf die Schulter und sagt vielleicht: *Schon ganz gut, was Du machst – aber Du bist noch nicht an der richtigen Stelle angekommen. Und das weißt Du auch.*

Es sind ganz unterschiedliche *Anzeichen*, mit denen unsere Bestimmung versucht, uns aus der Reserve zu locken:

- Träume von neuen Arbeitssituationen
- Wiederkehrende innere Bilder, Ideen, Gefühle, was Du tun solltest
- Spontane Begeisterung über die Tätigkeit eines anderen Menschen – ein spontanes Klick-Erlebnis *Das will ich auch!*
- Arbeitsunlust und Langeweile
- Schnelle Ermüdung, manchmal schon wenige Stunden nach Arbeitsbeginn
- Burnout
- Immer wieder ähnliche Konflikte am Arbeitsplatz
- Mobbing
- Leben von Wochenende zu Wochenende, von Urlaub zu Urlaub
- Schlaflosigkeit, Magenbeschwerden und andere psychosomatische Symptome.

✍ **Anregung**

Leg jetzt das Buch zur Seite und frag Dich mit innerer Ehrlichkeit: bist Du mehr als 50 % zufrieden mit Deiner Arbeitssituation? Oder machen sich bei Dir – vielleicht schon über einen längeren Zeitraum – eines oder mehrere der oben aufgeführten Anzeichen bemerkbar und wollen wahrgenommen werden?
Die Antworten auf die Fragen der folgenden Checkliste, geben Dir eine ziemlich klare Vorstellung davon, ob Du Deine Berufung bereits weitgehend lebst:

Checkliste

- Würde ich meine aktuelle Arbeit auch ohne Bezahlung tun?
- Inspiriert mich meine Tätigkeit?
- Ist es eine *Aufgabe* oder nur ein *Job* für mich?
- Wie rede ich über meine Arbeit mit mir selbst und anderen?
- Nutze ich meine wesentlichen Stärken bei meiner Arbeit?
- Bin ich gerne mit den Menschen an meinem Arbeitsplatz zusammen?
- Freue ich mich morgens auf die Arbeit oder eher auf meinen Feierabend?
- Lerne ich immer noch dazu?
- Habe ich das Gefühl, etwas Sinnvolles zu tun?

Kommst Du anhand der Checkliste zu dem Ergebnis, dass Du bereits Deine Berufung lebst, kannst Du Dich beglückwünschen und das Buch verschenken. Wenn nicht, lies einfach weiter.

Preis und Gewinn

Aus vielen Lebensgeschichten wird deutlich: das Nichtbeachten der Berufung hat oft einen hohen *Preis*. Das Verleugnen eigener Ansprüche und das Zurückbleiben hinter den eigenen Möglichkeiten geht zu Lasten des Selbstwertes, der Lebensfreude und der Gesundheit. Bezahlt wird mit Langeweile, Resignation und oftmals mit körperlicher und seelischer Erschöpfung.

Doch das *Klagen* über die nervende Arbeit oder die schwierigen Kolleg / innen, bringt Dich nicht weiter. Es hilft nur, die *Aufforderung zum Tanz* anzunehmen und Schritt für Schritt in Bewegung zu kommen.

In Zeiten der Krise gehört sehr viel Mut dazu, sich neu zu orientieren und eine zweite Chance zu ergreifen. Daher entscheiden sich heute wesentlich weniger Menschen für eine berufliche Neuorientierung als noch vor fünfzehn Jahren.

Vor wichtigen Lebensentscheidungen, egal ob im persönlichen oder beruflichen Kontext, hat es sich bewährt, sich den *Gewinn und den Preis* einer Veränderung bewusst zu machen und sich auch zu fragen, was sind *Gewinn und Preis*, wenn ich mich diesem Entwicklungsschritt verweigere.

Es ist sinnvoll, zunächst die aktuelle Arbeitssituation unter die Lupe zu nehmen, sich die Frage zu stellen: *seit wann fühle ich mich eigentlich schon nicht mehr wohl?* Die Antwort darauf findest Du am besten vor Ort an Deinem Arbeitsplatz.

Falls Du Dir eingestehen musst, dass Du eher unzufrieden bist, gibt es mindestens zwei Möglichkeiten, damit umzugehen:

- Sich die bisher *ungenutzten Gestaltungs-Spielräume* der aktuellen Arbeitssituation bewusst machen und zu nutzen.
- Oder Schritt für Schritt eine *Neuorientierung* vorbereiten – die auch darin bestehen kann, sich auf eine neue Stelle mit ähnlichen Aufgaben zu bewerben.

Vielleicht bist Du neugierig geworden, welche Ideen in Dir schlummern und geweckt werden wollen. Bist bereit, Deine Wünsche nach beruflicher und persönlicher Entwicklung kennen zu lernen. Nur Mut: zu entdecken, was Du für Dein Leben gerne tun möchtest, bedeutet ja nicht, dass Du es (sofort) umsetzen musst!

✍ Anleitung: Wie Du Deine Berufung im *zweiten Anlauf* findest

- Halte Dich nicht beim Jammern über Deine schlechten Chancen *damals* zur Zeit der Berufswahl auf, über die fehlende Unterstützung durch Deine Eltern usw. Das kostet Zeit und Energie, die Du *jetzt* besser für Deine Weiterentwicklung einsetzt.
- Versuche, eine versöhnlichen Haltung gegenüber Deiner früheren Berufsentscheidung einzunehmen: Du hast schließlich das Beste getan, was damals möglich war!
- Schreibe auf, was Du auf Deinem bisherigen Berufsweg gelernt hast. Wertschätze alle beruflichen Möglichkeiten, die Du auf diesem Weg, den Du vielleicht als *Umweg* bezeichnest, erhalten und genutzt hast. Zu meinem Erstaunen haben fast alle Interviewpartner/innen ihre Umwege als konstruktiv erlebt.
- Wertschätze auch bewusst Deine aktuelle Tätigkeit. Sie ist die notwendige finanzielle Basis für Deine Neuorientierung.
- Stell Dir vor: alles ist möglich und alles gelingt Dir, was Du anpackst … Was tust Du dann, welche Qualitäten hat Deine neue Arbeit? Welche Deiner Fähigkeiten und Werte möchtest Du künftig an einem Arbeitsplatz mehr einbringen. Wofür möchtest Du künftig Deine Lebensenergie einsetzen, wenn alles möglich ist?
- Vielleicht kannst Du Dir eine Auszeit nehmen? Eine Woche verreisen? Eine fremde Umgebung inspiriert manchmal mehr als eine vertraute. Befasse Dich intensiv mit den Fragen aus dem Kapitel: *So findest Du Deine Berufung.*
- Wenn Du bereit bist, Dich Deiner Bestimmung zu stellen, wird es Dir –

wie vielen anderen vor Dir – gelingen, diese nach und nach Wirklichkeit werden zu lassen.
- Du wirst dafür Energie, Zeit und Geld aufwenden müssen.
- *Der Gewinn* für Deinen Mut, eine unpassende Arbeitssituation zu verlassen und eine Neuorientierung zu wagen, ist Lebensfreude, Kraft, Identität und Selbstwertgefühl.

Den Übergang gestalten

In meiner Beratungspraxis erlebe ich häufig, dass eine Neuorientierung möglich wird, sobald es realisierbare Ideen gibt, wie der *Übergang* von A = ausgeübtem Beruf nach B = Berufung Erfolg versprechend gestaltet werden kann. Je klarer die Vorstellung des angestrebten Zieles ist, desto schneller wächst die Bereitschaft, initiativ zu werden. Allerdings: Vor Schnellschüssen wird gewarnt! Diese Entscheidungen wollen gut überlegt sein.

Patentrezepte für eine solche *Übergangsstrategie* gibt es (fast) nicht. Jede wirkungsvolle Strategie muss *individuell* die jeweilige Persönlichkeit und ihre Ausgangslage *in ihrer ganzen Komplexität* berücksichtigen.

Für einen gelingenden Übergang ist das Geld für einen erfahrenen Coach oder eine Coachessa – wie ein gewitzter Klient die weibliche Form prägte – sicher gut eingesetztes Kapital. Eine solche Begleitung kann Dir helfen, in Deinem Rhythmus den Übergang zu gestalten und Dir bei kleineren oder größeren *Prüfungen* ermutigend zur Seite stehen.

☝ Einige Modelle für die Gestaltung des Übergangs

- Weiterhin *voll im Job bleiben*, etwas relaxter arbeiten. Eine interessante Beobachtung, die ich sehr oft gemacht habe: wenn man an einer Perspektive arbeitet, verliert der aktuelle Job den Schrecken, gewinnt oft sogar eine neue Qualität. Das lässt sich leicht erklären: indem Du Deinen Blickwinkel erweiterst, Neues lernst, gewinnst Du mehr Selbstbewusstsein und Schwung. Beides wirkt sich auch am alten Arbeitsplatz positiv aus.

- Grundlage für eine gute Entscheidung ist es, *Gewinn* und *Preis* der angestrebten Neuorientierung genau zu bedenken, aufzuschreiben und realistisch zu bewerten.
- Die Alltagsrealität Deines Wunschberufs durch Praktika und / oder Hospitation und Interviews mit *alten Hasen* überprüfen. Dafür bereit sein, auch Freizeit und Urlaub einzusetzen.
- Die *Stelle reduzieren*, um sofort mehr Energie für das Neue zu gewinnen.
- Genau herausfinden, welche Aus- oder Weiterbildungen, Studiengänge etc. Dir im Hinblick auf den Wunschberuf eine qualifizierte Basis an Wissen vermitteln können. Dafür Freizeit und Urlaub einsetzen.
- Den Weg über die Arbeitsagentur wählen. Dort eine Weiterbildung beantragen – was heute nur gelingt, wenn Du u.a. überzeugend vermitteln kannst, dass Du damit zeitnah finanziell erfolgreich sein wirst.
- Manche Menschen – haben sie erst einmal erkannt, dass sie etwas ändern müssen – schaffen das nur, wenn sie *sofort* die alte Position verlassen. Ohne Übergang. Eine gute Lösung besonders für *Ungeduldige, die* auf ein finanzielles Polster zurückgreifen oder das Angebot auf materielle Unterstützung von Eltern oder Partner / in für eine bestimmte Zeit annehmen können. Auf diese Weise haben sie für die Neuorientierung ihre *ungeteilte* Energie verfügbar.

Aus eigener Erfahrung weiß ich: das Verlassen vertrauter Rollen und Verhältnisse, die voraussehbaren Mühen der Veränderung und das Hinauswachsen über den Durchschnitt machen Angst. Viele Menschen haben einen natürlichen Instinkt, erst einmal vorsichtig darauf zu reagieren.

Ist der zu erwartende Gewinn sehr hoch, wirst Du leichter den Sprung in verlockendes Neuland wagen: wenn Du schon die *Freude* in Dir spürst, deutliche *Bilder* in Dir trägst, wie es sein wird, wenn ... und sich ein *Vorgefühl für Erfolg* einstellt, bist Du bereit, Dich Schritt für Schritt auf Dein Ziel hin zu bewegen.

Test: wenn Du mit Freude aktiv wirst, Deine Aktivitäten erfolgreich sind und Du auch gegen Widerstände beharrlich dranbleibst, stimmt Deine Neuentscheidung.

☝ **Wichtiger Hinweis**

Wir sehen und thematisieren oft einseitig die *Risiken und Anstrengungen*, und weit weniger den *Gewinn einer Neuentscheidung*. Das lässt uns allzu lange, manchmal über Jahre, in Ausweichmanövern und Selbstverleugnungsstrategien verharren. Diese Gefahr ist umso größer, je höher Einkommen und Status sind.

Trost

Es ist selten zu spät, einen belastenden oder langweiligen *Job* durch eine erfüllende *Aufgabe* zu ersetzen. Der Neurobiologe Professor Gerald Hüther hat herausgefunden:

»Das Gehirn kann bis ins hohe Alter neue neuronale Verknüpfungen bilden. Voraussetzung ist, dass die emotionalen Zentren aktiviert werden. Das heißt, wir lernen nur, wenn uns etwas unter die Haut geht.«

Selbst wenn Du es nicht in Deinen jungen Erwachsenenjahren schaffst, Deine Berufung in die Tat umzusetzen, eine *Zweite Chance* kann man auch jenseits der Dreißig oder Vierzig ergreifen. Ich selbst habe mit vierzig noch mal völlig neu angefangen, zwei Ausbildungen absolviert und bin mit fünfzig erfolgreich in die Selbständigkeit gestartet.

Nichts hat eine so gewinnende Ausstrahlung, wie ein erfülltes Dasein. Dazu noch ein interessantes Beispiel für das späte Ergreifen einer zweiten Chance:

Dass man auch mit 55 noch beginnen kann, seine wahre Bestimmung in die Tat umzusetzen, dafür ist der UNTERNEHMER KARL-LUDWIG SCHWEISFURTH ein ermutigendes Beispiel. Er ist zudem ein Vorbild, wie Reichtum zum Wohl aller eingesetzt, einem Leben Sinn gibt: »Ich hab kein Interesse an Häusern in der ganzen Welt«, sagt der bewusste Unternehmer.

Er lacht, als ich ihn frage, ob es nach dem Krieg und danach ohne Schulabschluss, einen Berufswunsch für ihn gab. In einem Familienunternehmen in der dritten Generation läuft das anders: der Vater präsentiert seinem Sohn Karl Ludwig einen Lehrvertrag als Metzger in der Herta Fleischwaren Fabrik. Der Sohn unterschreibt, selbstverständlich.

Metzgermesser mit kunstvollen Griffen aus Elfenbein liegen auf dem schmalen Längstisch, als ich Karl Ludwig Schweisfurth gegenüber sitze. Dieser Mann steht zu seinem Handwerk, ist stolz darauf, spüre ich nach erstem Staunen über diese Werkzeuge. Seine natürliche Ausstrahlung nimmt mich sofort für ihn ein: vor mir sitzt ein 80-jähriger Mann mit jugendlicher Tatkraft und Begeisterungsfähigkeit. Sein erfolgreiches Leben spielt sich nacheinander an zwei sehr unterschiedlichen Orten ab.

Der erste Wirkungsort: die Fleischwaren Fabrik Herta in Herten. Während der Lehre macht der Wissbegierige das Abitur nach, geht auf eine Lehr- und Wanderzeit und beginnt ein Studium der Betriebswirtschaft. Er unterbricht das Studium, um zehn Monate in den Schlachthöfen von Chicago Erfahrungen zu sammeln. Begeistert bringt der 19-Jährige Karl Ludwig Ideen zur Automation mit, die den Betrieb revolutionieren. Sein Vater ermutigt ihn: »Du machst das, Du kannst das und ich helfe Dir!«

Er beendet das Studium. Nach dem Tod des Vaters übernimmt er das Unternehmen als alleiniger Geschäftsführer. Weitere Neuerungen folgen, der Betrieb expandiert zum erfolgreichsten Fleischkonzern Europas - mit 5000 Mitarbeitern und einem Jahresumsatz von 1,6 Milliarden DM. Mit 53 Jahren absolviert der unkonventionelle Unternehmer die Prüfung zum Metzgermeister.

Schon länger zweifelt er an dem Prinzip *immer größer – immer mehr!* und gewinnt zunehmend die Gewissheit: dass man schrecklich mit Nutztieren umgeht - Frevel und Dummheit zugleich. Er erkennt, dass »Erfolg, erkauft durch das Leiden zahlloser Tiere, nicht glücklich machen kann.« Und, dass gequälte Tiere kein gesundes und wohlschmeckendes Lebens-Mittel für uns Menschen sind.

Viele Gespräche mit seinen Kindern folgen; sie sind ihm ein Spiegel. In der Zeit dieser inneren Zweifel scheitert seine Ehe.

Den Ruf erhält er beim jährlichen Fasten 1984. Er hat eine Vision, einen Traum. Zu seiner zweiten Frau sagt er: »Dorothee, ich habe eine Idee, ich bin ganz sicher. Das machen wir!«

Fest entschlossen verkauft er sein erfolgreiches Unternehmen an Nestle, um sich ganz in den Dienst der biologischen Landwirtschaft und einer ökologischen Erzeugung von Lebensmitteln zu stellen. Er will und wird zeigen, dass es anders geht.

Der zweite Wirkungsort: südöstlich von München erwirbt er zwei großzügige Landgüter. Gründet die Schweisfurth-Stiftung, in die ein beachtlicher Teil seines Vermögens zur Unterstützung anderer nachhaltiger Projekte fließt.

Zielstrebig, mit großer Freude und hohem materiellem Einsatz macht er sich 1988 ans Werk. Bald entwickelt er mit artgerechter Tierhaltung und biologischer Wirtschaftsweise ein vielfältiges Angebot für Menschen, die – nachdenklich geworden – mit ihrem Geld gerne Unternehmen unterstützen, die ethischen Grundwerten verpflichtet sind.

Respekt vor dem Tier und der umgebenden Natur ist oberstes Prinzip für ihn. Die glücklichen Schweine, Hühner, Enten, Gänse, Schafe in den Sonnenblumenfeldern rund um die Herrmannsdorfer Landwerkstätten sind lebendiger Ausdruck für sein Herzensanliegen.

Wirkliche Lebens-Mittel zu erzeugen, mit einer neuen Einfachheit, die nicht Verzicht ist sondern höchste Qualität, erfüllt diesen aktiven 80-Jährigen mit Freude und Stolz. Seinen größten Erfolg sieht er darin, dass alle gedacht haben, ich bin verrückt und jetzt andere Unternehmer von mir lernen wollen und ich die Aufmerksamkeit der Politik bekomme. Er ist stolz darauf, dass alle drei Kinder, die sich zunächst von ihm abgewandt haben, die laufenden Betriebe und neue Vorhaben mit ihm gemeinsam weiter entwickeln.

Das Credo von Karl Ludwig Schweisfurth: »Dinge anders machen, Neues entwickeln und niemals sich zur Ruhe setzen.«

Leben ist für ihn: »Ausschöpfen aller Fähigkeiten, die mir gegeben sind.«

In seiner ansprechend gestalteten Broschüre *Über-Lebens-Mittel* lese ich: »Wir wollen Wegweiser sein.« Das gelingt zu 100%! Ich wünsche mir mehr solcher Menschen, die den Mut zur Umkehr haben. Dem Lebewesen Tier und der Natur ihre Würde zurückgeben. Und der nachwachsenden Generation damit den Weg weisen.

Karl-Ludwig Schweisfurth's Rat für junge Menschen:

- Erst mal ein Handwerk sehr gut zu lernen.
- Du solltest bereit sein, Dich anzustrengen, etwas ganz gründlich zu lernen, das kannst Du dann auch und das machst Du auch und damit bist Du erfolgreich.
- Durchhalten, wenn es mal schwierig ist.
- »Kinder, macht Euch auf den Weg und auf die Suche nach einem Berufsfeld, einer Nische, wo ihr selbständig sein könnt!«

Es gibt übrigens Menschen, die plötzlich erkennen, dass sie nach einigen *Umwegen* genau das tun, was sie immer tun wollten. Sie *leben* ihre Berufung schon, auch ohne das damals gewünschte Studium absolviert zu haben, das sich aus mangelndem Selbstbewusstsein oder finanziellen Gründen nicht verwirklichen ließ. Vielleicht reicht es, den eigenen Berufsweg und die aktuelle Tätigkeit noch mal mit anderen Augen zu sehen, um zu erkennen, dass man schon längst am Ziel seiner Wünsche angekommen ist.

Und schließlich kann uns die Bestimmung auch ohne eigenen Einsatz einfach am richtigen Ort *ausspucken*, wie es die Jonasgeschichte aus der Bibel erzählt:

»Jonas weigert sich, dem göttlichen Ruf Folge zu leisten und die Stadt Ninive zu missionieren. Er schützt mangelnde Begabung zum Prediger vor und begibt sich stattdessen auf eine Schiffsreise. Das Schiff gerät in einen Sturm. Wieder verkriecht sich Jonas vor der Herausforderung. Schließlich werfen ihn die Seeleute über Bord. Ein großer Fisch verschlingt ihn – und spuckt ihn drei Tage später wieder aus – am Ufer seines Bestimmungsortes Ninive.«

Dieses Beispiel kann all jenen Hoffnung geben, die sich aufgrund einer schwierigen Ausgangslage, aus fehlender Kraft und Gesundheit, einfach nicht für ihre Berufung entscheiden können: vielleicht findest Du Dich eines Tages – durch einen unvorhersehbaren *äußeren Einfluss* – doch noch an dem Ort, wo Du wirklich gebraucht und mit Deinem einzigartigen Potenzial wertgeschätzt wirst?

Sieben Erfolgsfaktoren

»Was immer du tun kannst, oder erträumst tun zu können,
beginne es.
Kühnheit besitzt Genie, Macht und magische Kraft.
Beginne es jetzt.«
Johann Wolfgang von Goethe

1. Richte bei Deiner Berufswahl – einer Deiner wichtigsten Lebensentscheidungen – als erstes Deinen *Blick* nach *Innen. V*ertraue auf Dein inneres Wissen und folge konsequent Deinen Wünschen, Interessen und Talenten.

2. Erlaube Dir, *unkonventionell zu denken, zu fühlen und zu handeln. Gehe Deine eigenen wilden Wege und übernimm die Verantwortung dafür.* Arbeite konzentriert an Deinem Berufsziel. Gib jeden Tag Dein Bestes. Damit überzeugst Du potenzielle Arbeitgeber und selbst noch so skeptische Eltern.

3. Berufswahl ist ein *individuelles* Geschehen. Standardisierte Tests und Prognosen über die zukünftige Wirtschaftslage können nur ein *Geländer* sein. Sie verdienen Beachtung, aber erst an zweiter Stelle.

4. *Deiner Berufung zu folgen* ist nur *scheinbar* anstrengender, als einen beliebigen Job zu machen. Etwas zu tun, das für Dich ohne tieferen Sinn ist, Dich langweilt und Dir nicht die Möglichkeit bietet, Dein Potenzial auszuschöpfen, kostet Dich auf Dauer ungeheure seelische Kraft.

5. *Finde Vorbilder,* Menschen, die ihren Beruf begeistert ausüben. Versuche mit ihnen in Kontakt zu kommen. Lade sie zu einem Interview ein, in dem Du

nachfragst, welche Wege sie gegangen sind. Nur Mut: fast alle Menschen sprechen gerne über ihr Leben.

6. Vertrau Dich *Menschen an, von denen Du lernen kannst*. Bitte sie um ihre Unterstützung. Sie können Dich in Deinem Tun bestärken, zum Weitermachen ermutigen, gerade wenn es mal so aussieht, als geht gar nichts mehr. Die Dir gegenüber auch Widerspruch und berechtigte Kritik wagen. Gerade daran kannst Du Deinen Standpunkt immer wieder überprüfen.

7. Entwickle Dich zu einer *kommunikativen Persönlichkeit,* die an anderen Menschen interessiert ist und Freude daran hat, zuzuhören, sich auszutauschen, zusammen zu arbeiten und Wissen und Erfolg zu teilen.

Abbildung 5: Sieben Erfolgsfaktoren

Exkurs: Elternverhalten, das Selbstbewusstsein hervorbringt

»Solange die Kinder klein sind,
gib ihnen Wurzeln.
Sind sie älter geworden,
gib ihnen Flügel.«
Indisch

»Eltern und Lehrer/innen bereiten die Zukunft vor«, das sagt der dänische Familienexperte Jesper Juul in einem unlängst erschienenen Interview in der *ZEIT*. Das ist der Grund, warum in diesen Ratgeber zur Berufswahl je einen Exkurs zu förderndem Elternverhalten und erwünschten Entwicklungen in unserem Bildungssystem aufgenommen wurde.

Elternhaus und Schule haben aus *systemischer Sicht* enormen Einfluss auf Erfolg oder Misserfolg von jungen Menschen auf ihrem Berufs- und Lebensweg. Dieser Tatsache wird einfach zu wenig Beachtung geschenkt, wenn Erwachsene sich locker über die *Null-Bock-Generation* auslassen – und damit vorwiegend den Jugendlichen die Verantwortung für ihr mögliches Versagen aufbürden. Nur – indem wir Heranwachsende mit diesem Stigma belasten, schwächen wir sie zentral in ihrem Selbstwert und ihrer Motivation und brauchen uns nicht zu wundern, wenn viele heute nicht in der Lage sind, eigenverantwortlich ihr Leben in die Hand zu nehmen.

Mit anderen Worten: dieses Kapitel und der Exkurs zu einer Erneuerung unseres Bildungssystems sind dazu gedacht, *junge Menschen zu entlasten*, ihnen zu sagen: Du trägst nicht alleine die Verantwortung dafür, wenn Dir die Schule schwer fällt, Du nicht ausreichend motiviert bist und Dir der notwenige Einsatz für eine gelingende Berufswahl fehlt. Du bist nur *zum Teil* verantwortlich dafür, wenn Du nicht die Leistungen bringen kannst, zu denen Du *unter besseren Bedingungen* in der Lage wärst.

Die nun folgenden Anregungen für Sie als Eltern haben ein Ziel: Sie zu *ermutigen*, Ihnen Handlungssicherheit zu vermitteln. Sie wollen Ihnen einfache (nicht nur!) Wege aufzeigen, wie Sie Ihren Kindern im Hinblick auf die Berufswahl, einer wesentlichen Lebensentscheidung, effizient zur Seite stehen können, damit aus ihnen selbstbewusste und lebenstüchtige Menschen werden. Es könnte sein, dass die eine oder andere Aussage Sie vielleicht auch ein wenig aufrüttelt. Das ist nicht zu vermeiden. Erfahrungsgemäß erweitern wir unsere Einstellungen immer dann, wenn wir zuerst einmal verunsichert worden sind.

Eltern sind heute mit der Erziehungsaufgabe häufig überfordert. Das zeigt sich unter anderem in der wachsenden Zahl von Elternmagazinen. Die aktuelle Wirtschaftskrise verstärkt ihre Verunsicherung und führt zu erhöhtem Druck aus der berechtigten Sorge um die Zukunft ihrer Kinder.

Der amerikanische Psychologe James Hillman, ein Querdenker unter den Psychologen, bietet Eltern in seinem Buch *Charakter und Bestimmung* eine neue Sicht auf ihren Nachwuchs an. Sie werden in diesem Kapitel mehrere Zitate von ihm finden.

»Was Kinder und ihre Psychologie betrifft, so möchte ich, dass uns die Schuppen der Gewohnheit von den Augen fallen. Im möchte, dass wir uns das, was ein Kind durchmacht, als das vorstellen, was es tun muss, um in der Welt einen Platz für seine spezielle Berufung zu finden. Es versucht zwei Leben gleichzeitig zu führen, das, *mit* dem es geboren, und jenes der Leute und Orte, *bei* denen es geboren wurde … Und der Ruf des Schicksals ist laut und beharrlich und fordernder als alle schimpfenden Stimmen aus der Umgebung. Der Ruf zeigt sich in Wutanfällen und Starrsinn, in Schüchternheit und Zurückgezogenheit und scheint das Kind gegen unsere Welt einzunehmen. Doch es könnten auch Schutzmaßnahmen jener Welt sein, mit der und aus der es kommt.«

Eltern handeln, das ist meine tiefe Überzeugung, aus *Liebe*. Sie tun das, was sie leisten können. Leider gelingt es vielen Eltern in der Hektik des Alltags nicht, sich ausreichend Zeit zu nehmen, die eigenen Haltungen und das daraus folgende Verhalten ihren Kindern gegenüber zu reflektieren. Das ist völlig normal. Dabei sind es oft nur kleine Änderungen der Denk- und Verhaltensgewohnheiten, die eine stärkende Wirkung auf die uns anvertrauten jungen Menschen haben.

Aus eigener Betroffenheit als Mutter von zwei inzwischen erwachsenen Kindern weiß ich, dass wir für unseren Nachwuchs *das Beste* wollen. Nur, dass das, was wir als das Beste für sie bewerten, nicht immer das ist, was sie in *ihrem* Leben brauchen – von dieser ernüchternden Erfahrung wird kaum ein Elternpaar verschont.

Meine wichtigste Erkenntnis in diesem Zusammenhang: Dass wir *nicht* wissen können, was gut für sie ist. Es *ihnen* überlassen müssen, das für sich herauszufinden. Ich folge der Auffassung von Hillman und seiner *Eicheltheorie*, die besagt: wie die Eichel alles Potenzial für den werdenden Baum enthält, sind im Menschen von Geburt an alle seine Fähigkeiten angelegt. Er trägt ein *inneres Bild* in sich, wer er werden soll. Diese innere Vorstellung leitet den jungen Menschen, führt ihn auf Wege, die uns Eltern merkwürdig bis falsch erscheinen können.

»Jedes Leben wird durch sein angeborenes Bild geformt, ein Bild, das die Essenz dieses Lebens ist und es zu seinem Schicksal ruft. In seiner Gestalt als Schicksalskraft wirkt dieses Bild als persönlicher Daimon, ein begleitender Führer, der sich an unsere Berufung erinnert.«

Selbst wenn wir dieser Theorie folgen, es bleibt die größte Herausforderung des Elternseins, ein Maß an *Vertrauen* in unseren Nachwuchs zu entwickeln, mit dem wir selbst Entwicklungen gelassen verfolgen können, die in unserer Bewertung nicht *richtig* sind. Gelingt es, wandelt sich dieses elterliche Vertrauen in dem Heranwachsenden zu kostbarem Selbstvertrauen.

Das Mutter/Vaterherz würde ihnen ja so gerne schwierige Erfahrungen ersparen. Im guten Glauben, ihnen damit zu nützen. Sicher kennen auch Sie diese Gefühle. Wenn wir dann sachlich überlegen, wird sofort klar: diese jungen Menschen müssen *ihren* Weg gehen und dabei *ihre* auch schmerzhaften Erfahrungen machen, um sich für ein Leben mit Höhen und Tiefen zu stärken und in ihrer Persönlichkeit zu reifen. Dabei erkennen sie, dass sie durchaus Fähigkeiten haben, Schwierigkeiten zu bewältigen. Das gibt ihnen wachsendes Selbstvertrauen und Lebensmut.

Oft wollen Eltern, dass ihre Kinder es einfacher haben als sie selbst, bestimmte Probleme nicht durchleben müssen. Nur vergessen sie dabei, dass ihre Kinder ganz eigene Menschen sind, die ihnen vielleicht ähnlich sehen und gewisse Eigenschaften und Talente von ihnen übernommen haben, und doch *fremde Wesen* mit einer ganz *eigenen Bestimmung* sind und in einer Welt leben, die wir als ältere Generation nicht vollständig erfassen. Dazu eine ganz persönliche Geschichte:

Aus der Erfahrung, dass ich selbst nicht den *passenden* formalen Universitätsabschluss angestrebt habe, der meinen Interessen und Fähigkeiten entspricht, wünschte ich für meine Tochter Liv, dass sie eine eindeutige formale Qualifikation erreicht. Was macht diese begabte junge Frau? Sie studiert Umweltchemie in England und Frankreich – wunderbar!, macht sehr gute Abschlüsse – super! Für die Promotion, die bei einem Chemiestudium faktisch dazugehört, hat sie sich eine reizvolle Stelle in Bordeaux organisiert, bereits eine Wohnung dort in Aussicht … Kurz vor dem Antritt der Stelle trifft die 23-Jährige auf einer Wanderung im Elsass einen Winzer. Er erzählt ihr von seinem Weingut. Die Begeisterung für sein Metier springt auf sie über. Für Liv eine Schlüsselsituation. Dann sonntags morgens ein überraschendes Telefonat: »Ich hab die Idee, Weinbau zu lernen. Drei Jahre im Labor zu stehen für die Promotion, halte ich nicht aus –ich will in der Natur leben und arbeiten.« Mit meinem heutigem Erkenntnisstand würde ich mir gelassen sagen: sie hat ihre Berufung entdeckt, könnte mich mit ihr freuen und sie darin bestärken. Eine solche Haltung gelingt mir erst, seit ich ihr ganz die Verantwortung für ihr Leben übergeben habe – ein schmerzhafter, notwendiger Prozess über einige Jahre. Damals habe ich mir für ihre Entscheidung mühsam Verständnis abgerungen – aus Angst, sie würde die gleichen Erfahrungen machen, wie ich selbst. Sie hat dann natürlich auch ähnliche Erfahrungen gemacht. Nach der Lehre bei einer Winzerin im Elsass und vier Jahren praktischer Arbeit auf dem traditionellen Weingut ihres Freundes, wo sie schon wichtige Impulse gibt, neue Weinetiketten entwickelt und den ersten biologisch angebauten Wein mit ihrem Freud produziert, bekommt sie keine angemessene Stelle. Sie macht die Erfahrung, überqualifiziert zu sein und gemobbt zu werden, wird unzufrieden, weil sie ihre Talente nicht einbringen kann. Als sie arbeitslos ist, nimmt sie die Gelegenheit wahr, mit einem Masterstudiengang qualifizierte Kenntnisse in Betriebswirtschaft zu erwerben. Seit zwei Jahren hat sie eine feste Stelle bei einem internationalen Computerkonzern. Was ich sehr anerkenne, denn in Frankreich ist es noch schwieriger, einen unbefristeten Arbeitsvertrag zu bekommen als bei uns. Für sie ist es eine gute Übergangssituation. Ihr Traum ist weiterhin, ein biodynamisches Weingut zu bewirtschaften und sie spürt in sich, dass die richtige Zeit dafür noch kommt.

☝ **Vielleicht legen Sie das Buch kurz zur Seite**

- Fragen Sie sich, was Sie als Jugendliche oder Jugendlicher von Ihren Eltern an Unterstützung und Ermutigung gebraucht hätten?
- Auch, was Sie von ihnen bekommen haben?
- Was Sie damals überhaupt nicht leiden konnten, Sie vielleicht sogar genervt oder enttäuscht und damit von ihren Eltern entfernt hat?

Erziehungsauftrag

Aus professioneller und persönlicher Erfahrung habe ich ein bestimmtes Verständnis vom Erziehungsauftrag von Eltern, das ich meinen weiteren Ausführungen voranstellen möchte.

Ich sehe den Erziehungsauftrag von Eltern zwischen den Polen *Respekt/Toleranz* und klaren *Anforderungen/Grenzen*.

Respekt für den jungen Menschen, damit er in der Familie *seinen* Charakter entfalten kann und ihn darin zu unterstützen, auch wenn die Tochter oder der

Sohn Wege gehen, die für Sie als Eltern gewöhnungsbedürftig bis fremd sind oder gar gefährlich erscheinen. Oft ermöglicht ein ruhiges Gespräch, bei dem Eltern Zuhörende und Nachfragende sind, die Vorhaben des Jugendlichen besser zu verstehen, auch seine ganz eigene Welt kennen zu lernen.

Ihre Meinung zu dem, was Sie auf diese Weise von Ihrem Kind erfahren, ist durchaus gefragt, wenn sie aus einer *Haltung des Respekts* erfolgt. Auch und gerade, wenn sie kontrovers ist. Sie ist dem jungen Menschen eine wichtige Hilfe. Er kann sich daran klären, seinen eigenen Standpunkt finden, indem er Ihrer Darstellung zustimmt oder sie ablehnt. Manchmal stellt sich erst viel später heraus, dass das eine oder andere unserer elterlichen Argumente durchaus angenommen wurde und seine Wirkung gezeigt hat.

Dem Nachwuchs gegenüber *entschieden Anforderungen zu stellen und Grenzen zu setzen* ist bei der Erziehung genau so wichtig wie die Haltung von Respekt und Toleranz. Und die mühevolle Konsequenz aufzubringen, immer wieder die Einhaltung der Grenzen und die Ausführung bestimmter Pflichten selbstverständlich einzufordern. An den Pflichten kann der Nachwuchs sein Verantwortungsgefühl und seinen Selbstwert stärken und gleichzeitig seine individuellen Neigungen und Fähigkeiten entdecken. Eltern, die lieber alles selber machen, weil es dann schneller geht und genau ihren Vorstellungen entspricht, enthalten ihren Kindern stärkende Erfahrungen vor, schaden ihnen. Bringen Unsicherheit und Abhängigkeit hervor.

Durch klare Grenzen und Regeln gewinnen junge Menschen *Sicherheit*. Wenn diese fehlen, *schwebt* das Kind frei im großen Raum der Möglichkeiten, muss ständig selbst definieren, was geht und was nicht – eine völlige Überforderung! Es ist dann kein Wunder, dass diese Menschen z. B. den Schulstoff nicht ihrer Kompetenz entsprechend bewältigen, weil die Gestaltung dieser sie *überfordernden Freiheit* ihre Aufmerksamkeit bereits zu stark in Anspruch nimmt.

Der Internatslehrer Volker Kilgus beschreibt den Erziehungsauftrag für Eltern und Pädagogen in der ZEIT 8/2009:

»Jugendliche brauchen eine klare Linie, Ansprache, Reibungsfläche und das Gefühl, dass jemand für sie da ist … Die wollen keine Erwachsenen, die glauben, sie müssen die Pubertät noch mal mitmachen, um ihre Kinder besser zu verstehen. Die wollen sich abgrenzen.«

In den folgenden Abschnitten finden Sie Anregungen, wie Sie Ihre Elternrolle noch konstruktiver gestalten können, mit dem Ziel, ihre Kinder auf ein eigenständiges, zufriedenes Leben vorzubereiten.

Vertrauen stärkt, Misstrauen schwächt

Das Wichtigste, das von Eltern verlangt wird, ist: Vertrauen in ihren Nachwuchs zu setzen – eine große Herausforderung, zumindest bei manchen Jugendlichen. Was nicht heißt, ihnen einfach alles selbst zu überlassen. Eltern müssen ihnen *Führung* geben, ihnen klare Grenzen setzen und ihnen dabei offene und achtsame Gesprächspartner sein, damit sie sich in unserer komplexen Welt orientieren können und in diesem gesicherten Rahmen leistungsfähig sind.

Ihre Meinung oder auch eine Idee, was Ihre Tochter oder Ihr Sohn beruflich tun könnten, ist durchaus hilfreich. Doch das, was wir als Erwachsene raten, können nur *Angebote* sein. Wenn Sie diese respektvolle Haltung einnehmen, sind junge Menschen durchaus in der Lage, Ihren Rat zu schätzen.

James Hillman sagt dazu sinngemäß: Eltern sollten durchaus eine Vorstellung von der Zukunft ihrer Kinder haben. Das wird ihr Interesse an dem Kind stärken. Das Kind muss allerdings die Möglichkeit behalten, dieser Vorstellung zu folgen oder dagegen zu rebellieren. Wenn Eltern ihre Fantasien allerdings in ein *festes Programm* umwandeln, zum Bespiel, dass der Sohn Pilot werden soll, die Tochter Ärztin, geht es wahrscheinlich um *die Erfüllung eines elterlichen Traums* und nur bedingt um das Wohl des Kindes.

»Kinder sind heute so entstellt durch elterliche Aufträge, ihr Selbst ist überfrachtet von elterlichen Ängsten und Projektionen, so dass sie wie früh gealtert wirken. Das Wissen um die Lust am Eigenen ist untergraben.«

Diese erschütternde Aussage macht der Schriftsteller Peter Härtling, auch als Autor von Kinder- und Jugendbüchern bekannt, in einem Interview mit mir.

Dass Kinder etwas erreichen sollen, was ihre Eltern nicht geschafft haben, ist ein weit verbreitetes Phänomen. Als Karriereberaterin empfehle ich diesen Müttern oder Vätern, *selbst* noch etwas zu tun, um *ihren* Traum zu leben. Sicher, man kann mit Mitte Fünfzig nicht mehr Tänzerin werden, *aber man kann tanzen*. Und die Tochter kann dann Naturwissenschaften studieren, weil das *ihr Ding* ist. Auf diese Weise kommen beide zu ihrem Recht und der Familienfrieden bleibt gewahrt. Siehe Kapitel: *Zweite Chance: es ist nie zu spät, der Berufung zu folgen.*

Indem Sie Ihrer Tochter / Ihrem Sohn signalisieren*: Du bist intelligent (genug), Du machst Deinen Weg, ich vertraue Dir,* stärken Sie sie in ihrem Selbstvertrauen, ihrem Verantwortungsbewusstsein und ihrer Initiative – ein großes Glück, wenn sie diese Haltung im Elternhaus erleben.

Vor Zweifeln wird gewarnt: Elterliche Zweifel und Ängste schwächen die jungen Menschen zentral. Damit erniedrigen wir sie ohne Worte und oft ohne uns dazu Gedanken zu machen. Sie spüren: *Du bist nicht gut genug, Du schaffst es sicher nicht, Ich halte nicht sehr viel von Deinen Fähigkeiten!* Möglich, dass Sie das aus Ihrem eigenen Erfahrungshintergrund kennen.

Auch das weit verbreitete *Ich weiß, was für Dich gut ist,* sollten Eltern aus ihrem Denken tilgen. Selbst, wenn Sie mit Ihrer Einschätzung richtig liegen, es wird oft das Gegenteil bewirken, von dem, was Sie erreichen wollen. *Also vertrauen*, immer weiter, immer größer, die Jungen ihre Erfahrungen machen lassen, auch wenn sie dann mal scheitern oder nicht so gut abschneiden – mit Misserfolgen fertig zu werden ist Bestandteil einer Lebenskunst.

Für Sie als Ermutigung drei Berufsbiografien, die aufzeigen, dass es gut ist, jungen Menschen zu vertrauen, selbst wenn man als Eltern das Gefühl hat, hier läuft vielleicht etwas schief. Manch ein Berufsweg beginnt erst mal *scheinbar* chaotisch und führt doch zu Erfolg und Zufriedenheit.

KATHRINE HANISCH ist dafür ein gutes Beispiel. Ihre Familie ist nicht einfach. Die Mutter ist phantasievoll und künstlerisch veranlagt. Sie glaubt, die bildungsbürgerlichen Ansprüche von Kathrines preußischem Vater erfüllen zu müssen. Sie vermittelt die Pflicht zur Bildung.
Als es in der Schule aus vielerlei Gründen schwierig wird, entscheidet der Vater – ohne auch nur im Geringsten die Wünsche seiner Tochter zu berücksichtigen – dass es nur zwei Möglichkeiten gibt: entweder Abitur oder Lehre. Mit knapp 16 Jahren verlässt Kathrine Schule und Elternhaus und macht in einer angesehenen Staudengärtnerei – auf Vermittlung des einflussreichen Vaters – eine Lehre.
Sie lebt dort zusammen mit anderen Auszubildenden in einem kleinen Dorf und lernt eine Gruppe Studenten kennen. Sie nimmt an Diskussionen und Demos teil, erhält eine Art *politische Initiation*. Das stärkt ihr Selbstbewusstsein, zumal sie ihre Ausbildung sehr erfolgreich abschließt. Ein Bundesgartenschauprojekt ist ihre nächste Station – wieder durch die Vermittlung des Vaters. Danach geht sie nach England, arbeitet in einer Aquarienpflanzengärtnerei und besucht die Abendschule. Dieser Schritt passt dem Vater gar nicht, er hat andere Pläne: Kathrine soll in seine Fußstapfen treten und Fachjournalistin für Gartenbau werden. Da sie gerne und leicht schreibt, absolviert sie anschließend ein Volontariat bei einer gärtnerischen Fachzeitschrift in Hamburg. Ein Angebot vom Burda-Verlag, möglicherweise als Jungredakteurin dort anzufangen, lehnt sie ab. Zum einen will sie nicht wieder in die alte Heimat – und der Burda-Verlag entspricht damals nicht ihren politischen Vorstellungen.
Stattdessen entscheidet sie sich für die Meisterschule in Hannover, die sie als Staudengärtnermeisterin verlässt. Hier lernt sie ihren ersten Ehemann kennen, übernimmt mit ihm gemeinsam fünf Jahre lang Aufträge in den Vereinigten Arabischen Emiraten. Eine erfahrungsreiche Zeit.
Danach leben sie in Wiesbaden. Neben ihrer Arbeit als Hausfrau und Mutter zweier Kinder ist sie im Wiesbadener Jugendbüro beschäftigt. Ihre Aufgabe ist es, ziemlich

unmotivierte Jugendliche, die die Gärtnerlehre machen sollen, bei der theoretischen Ausbildung zu unterstützen. Nach der Ehescheidung, allein erziehend mit zwei kleinen Kindern, muss sie mehr Geld verdienen. 1985 wird ganz in der Nähe ihrer Wohnung ein kleiner Laden frei. Ein Blumenladen würde ihr Freude machen – sie kommt zu spät – jemand anderes ist schneller. Als die Pächter nach einem halben Jahr aufgeben, ergreift Kathrine ihre Chance. Sie bittet ihre Eltern, ihr den Betrag, den die Vorpächter an Abstand für den Laden aufrufen, zu leihen. Das ist jetzt mehr als 25 Jahre her.
Entgegen den Unkenrufen der Eltern: *Das schaffst Du nie!* hat sie die *Zaubernuss* mit neuen Ideen und viel Arbeitseinsatz – unter anderem dreimal die Woche um 4.00 Uhr zum Blumenmarkt fahren – zu einem der schönsten Floristik-Läden Wiesbadens entwickelt. Neben der besonderen Qualität der Pflanzen und geschmackvollen Blumenarrangements gibt es in der *Zaubernuss* regelmäßig Feste, Lesungen, Musik- und Theaterdarbietungen. Ein Ort lebendiger Begegnungen.

Auch die Eltern von Andreas Trabandt brauchten viel Vertrauen für den Studienwechsel ihres Sohnes von Elektrotechnik zu Architektur, einem Fach, ohne Chancen auf dem Arbeitsmarkt:

»Da müssen Sie sich einen anderen suchen!« ist zunächst die etwas flapsige Antwort des ARCHITEKTEN ANDREAS TRABANDT, Jahrgang 1967, als ich ihn frage, ob er sich in seinem Beruf für erfolgreich und zufrieden hält und bereit ist für ein Interview. Zwei Tage später erzählt er mir seinen Berufsweg, der beispielhaft dafür ist, dass man sich trauen kann, ein scheinbar aussichtsloses Fach zu studieren, wenn es der Berufung entspricht, und die Bereitschaft zu hohem Arbeitseinsatz da ist.
Mit 15 will Andreas Architektur-Modellbauer werden, wie der Vater eines Freundes.
Nach der Mittleren Reife geht er zunächst in die Fußstapfen des eigenen Vaters: macht eine Ausbildung als Elektriker. Im anschließenden Zivildienst kommt er

wieder mit der Architektur in Berührung: er liefert öfter Materialien an ein Architekturbüro.
Mit jungen modernen Leuten und in so einer ästhetisch gestalteten und angenehmen Arbeitsatmosphäre, möchte ich auch arbeiten, hört er sich innerlich sagen.
Er entscheidet sich erst mal gegen diesen inneren Ruf. Aus pragmatischen Erwägungen. Beginnt an der FH Bochum ein Elektrotechnik-Studium. Anfang des zweiten Semesters, er sitzt wieder mal gelangweilt in der Vorlesung, kommt er mit seinem Sitznachbarn ins Gespräch. Es stellt sich heraus, dass beide eigentlich Architektur studieren wollen, sich aber wegen der schlechten Berufsaussichten für Elektrotechnik entschieden haben – gegen ihre innere Überzeugung.
Beide schnuppern erst mal bei den Architekten, um sicher für den Wechsel zu sein.
Das, was sie erfahren, überzeugt sie. Der Wechsel gelingt, die Eltern tragen ihn respektvoll mit. Sie vertrauen ihrem Sohn, denn bisher hatte Andreas stets handfeste Ideen.
Mit 28 hat Andreas Trabandt das Architektur –Studium erfolgreich abgeschlossen. Vier Jahre Festanstellung in einem Architektur-Büro in Hagen folgen. Mit 33 Jahren macht er sich alleine selbständig. Spezialisiert sich auf Bauen im Bestand und modernen Holzbau.
Er heiratet eine Studienkollegin, leitet heute mit ihr zusammen das Büro projectplus mit sechs MitarbeiterInnen. Bildet Praktikanten und Lehrlinge aus.
Andreas Trabandt lebt seine Berufung bisher zu 50 %. Er wünscht sich, mehr zur inneren Ruhe zu finden. Das sympathische Architektenehepaar entwickelt gerade gemeinsam Ideen mit dem Ziel, leichter den notwendigen finanziellen Erfolg zu erreichen.
Was mir besonders positiv auffällt: Die Paarbeziehung der beiden Trabandts, die auch eine Arbeitsbeziehung ist, wirkt auf mich erstaunlich harmonisch und liebevoll – ohne süßlich zu sein. Ungewöhnlich ist auch: er hat die Elternzeit für sich beansprucht, die kleine Tochter betreut, während sie ein halbes Jahr im Büro die Fäden in der Hand hatte. Inzwischen erwarten sie ihr zweites Kind.

Wie gut, dass ich mich von seiner ersten Reaktion der Bescheidenheit nicht habe irritieren lassen.

Andreas Trabandt rät Jugendlichen:

- Sich Zeit nehmen für diese wichtige Lebensentscheidung.
- Auch einen Wechsel in einen anderen Bereich wagen, wenn es nicht stimmt.
- Sich rechtzeitig über den Berufsalltag des angestrebten Berufs informieren.
- Aufnahmebereit sein, von Älteren, Erfahrenen lernen
- Selbstverantwortlich tätig sein
- Sich auf Menschen einstellen können
- Eine gewisse Anpassung an in bestimmten Berufen üblichen Äußerlichkeiten, z. B. Kleidung.

Noch wesentlich mehr Vertrauen in den Weg ihres Sohnes brauchten sicher die Eltern des GASTRONOMEN ROLAND MARY. Der frühere Kommunarde und spätere Punk, versuchte sich als Kfz-Mechaniker, bevor er ins Restaurantfach wechselte, wo er schließlich seine Berufung findet. Sein Berliner Restaurant Borchardt ist heute Treffpunkt vieler Politiker und Filmstars: Sie könnten Leonardo DiCaprio und Jack Nicholson dort begegnen. Der 54-Jährige Mary ist Herr über die Borchardt-AG mit fast 300 Angestellten, die in drei Restaurants und einer Cateringfirma arbeiten. Was völlig chaotisch und vielleicht auch wenig Erfolg versprechend begann – und seinen Eltern sicher manchmal schlaflose Nächte bereitet hat – hat sich zu einer Erfolgsgeschichte gewandelt. DIE ZEIT Nr. 7 / 2008.

Diese drei Erfolgsgeschichten können auch für junge Erwachsene, die noch nicht *ihr Ding* gefunden haben, beruhigende Beispiele sein. Manchmal braucht es einfach Umwege, bis die Berufung sich durchsetzt.

Eigeninitiative fördern

Von kleinen Kindern hört man oft ein sehr bestimmtes »Alleine!« Daran könnten sich Mütter erinnern, wenn sie in Versuchung geraten, ihrem Sohn einen Praktikumsplatz zu organisieren oder für die Tochter eine Lehrstelle *mundgerecht auf dem Tablett zu servieren*. Vielleicht erinnern Sie sich auch an die *Freude*, den *Stolz*, den ein kleines Kind hat, wenn es etwas Neues *eigenständig* geschafft hat. Auch dem Jugendlichen diese Freude, diesen Stolz zu ermöglichen, indem er von seinen Eltern den Raum und das Vertrauen erhält, *alleine bzw. in eigener Verantwortung* die ganz normalen Herausforderungen des Lebens zu bewältigen, darum geht es in diesem Kapitel.

Als Beraterin erstaunt es mich immer wieder, dass gerade *diese* Eltern sich über ihre *bequemen* Jugendlichen beschweren, ärgerlich sind, dass sie zu wenig Eigeninitiative zeigen. Das Problem liegt hier eindeutig bei dem Erziehungsstil der Eltern, die *jungen Menschen sind die Leidtragenden* – das möchte ich hier in aller Deutlichkeit sagen.

Solange Sie Ihren Kindern alles abnehmen, haben diese keine Chance, selbständig werden, weil Ihr Verhalten sie in ihrer Initiative lähmt. Aus Misstrauen oder Perfektionismus enthalten Sie Ihren Kindern Möglichkeiten vor, ihre Fähigkeiten und Grenzen im Tätigsein zu entdecken. Die Lösung: noch heute anfangen, mit dieser verwöhnenden *Unterstützung* aufzuhören – dem jungen Menschen seinen Gestaltungsraum frei zu geben. Es ihm selbst überlassen, ob er aktiv wird oder eben auch nicht. Auf diese Weise erleben Heranwachsende die Konsequenzen ihres Handelns, spüren, wie es ist, wenn sie zu bequem oder nachlässig sind – Erfahrungen, an denen sie Realitätssinn und Eigenverantwortung entwickeln können.

Kinder lernen nicht, an den Turnbeutel zu denken, wenn sie genau wissen: die Mutter oder der Vater bringen ihn schon hinterher. Erst wenn Sie mit dem Hinterhertragen aufhören, kann Ihr Kind anfangen, die Sache in die eigenen Hände zu nehmen: lernen, konzentriert zu überlegen, was brauche ich heute in der Schule? Hat es zweimal den Turnbeutel vergessen und konnte nicht mitturnen, lernt es schnell, selbst die Verantwortung dafür zu übernehmen. Nur so!

Außerdem: es ist ja kein Weltuntergang, wenn etwas schief geht, wie viele Eltern annehmen. Aus der Lerntheorie ist bekannt, dass wir in Situationen, in denen wir nicht weiter wissen etwas Neues ausprobieren (müssen) und dabei unsere verborgenen Fähigkeiten kennen lernen und erproben können. Auf diese Weise erweitern Kinder (auch Erwachsene) ihre Grenzen, bauen Selbstbewusstsein auf. Daran reifen sie in *ihr* Leben

Es sind unterschiedliche Gründe, die Eltern zu verwöhnendem Verhalten veranlassen. Viele Eltern wollen dem Kind negative, beschämende Situationen ersparen. Dahinter steckt die unrealistische Vorstellung, dem eigenen Nachwuchs alle Schwierigkeiten aus dem Weg zu räumen, ihn am liebsten *in Watte zu packen.* Das ist nicht nur falsch, sondern in der weiteren Konsequenz sogar *verantwortungslos.* Denn diese Kinder sind schlecht vorbereitet für die ganz normalen Herausforderungen des Lebens.

Erich Fromm spricht in diesem Zusammenhang vom *Irrtum eines Lebens ohne Anstrengung und Leiden.* Anstrengung und Leiden gehören für den anerkannten Wissenschaftler zu einer *Kunst des Lebens.* Er behauptet, dass mit der Befreiung des Menschen von harter körperlicher Arbeit durch Maschinen das *Ideal der absoluten Faulheit* zum Credo erhoben wurde. Was nichts anderes bedeutet, als dass – in der Bewertung einiger Menschen heute – das *gute Leben* ein Leben *ohne Anstrengung* ist.

Auf die Folgen elterlicher Verwöhnung weist der Pädagogikprofessor Albert Wunsch bereits vor zehn Jahren in seinem Artikel *Droge Verwöhnung* hin:

»Ein konfliktfreies Miteinander wird zum Ideal. Erfolg wird ohne Vorleistung erfahrbar. Passivität belohnt. Es lebt sich wie im Schlaraffenland. Das Kind gewöhnt sich an den bequemen Mechanismus, alles leicht zu bekommen. Verwöhnen und Gewöhnen werden ein Paar.

Die Folge ist eine Abnahme jeglicher Anstrengung. Das Kind wird permanent entmutigt. Anfangs wehrt es sich noch: *Kann allein* oder *will nicht* – später gibt es auf. Eigene Interessen haben keine Chance zur Verwirklichung, Willens- und Persönlichkeitsbildung findet nicht statt. Die Kraftlosigkeit führt auf Dauer zu Verwahrlosung, Aggression, letztlich zu Gewalt. Der postmoderne Asoziale steht vor uns, Verwöhnung hat einen hohen, nicht selten lebenslang zu zahlenden Preis.«

In meiner Arbeit mit manch einem – durchaus begabten – Jugendlichen finde ich diese Beschreibung leider bestätigt. Wie gesagt: Eltern handeln aus Liebe, sie wissen oft nicht, was sie mit gut gemeinten Handlungen an Missständen auslösen. Die Motive für ihre verwöhnende Haltung sind Eltern, so meine Beobachtung, oft unbewusst.

Tröstlich ist, dass Sie *heute* noch entscheiden können, Ihren Erziehungsstil zu ändern. Das ist jederzeit möglich, auch noch bei jungen Erwachsenen. Sie werden feststellen: schon kleinere Kurskorrekturen helfen dem jungen Menschen, aus seiner lähmenden *Null-Bock-Stimmung* heraus zu finden.

Es ist, wie gesagt, nicht mein Ziel, Sie zu verunsichern. Falls das doch passiert, rate ich Ihnen, Ihre Energie nicht mit Grübeln zu vergeuden, was Sie *damals* hätten besser machen sollen. In Bezug auf die Zukunft ist es nützlicher, Ihre Kraft *ab heute* in einen neuen Erziehungsstil zu investieren.

Das, was Sie sich neu vorgenommen haben, sollten Sie dem Jugendlichen in einem ruhigen ungestörten Gespräch erklären, ihn quasi *vorwarnen*, das Sie ihm künftig bestimmte Dinge in die eigene Verantwortung (zurück) geben.

Es wird dann in den folgenden Wochen und Monaten sicher noch mal vorkommen, dass Sie aus Gewohnheit etwas übernehmen, was eigentlich die Aufgabe Ihrer Tochter oder Ihres Sohnes ist. Letztere werden natürlich weiter versuchen, schwierige oder unangenehme Dinge an Sie abzuwälzen – es hat ja so lange funktioniert, warum soll es nicht so weiter gehen? Aber selbst, wenn Sie schon mitten in der Umsetzung sind, können Sie stoppen und die Aufgabe dahin abgeben, wo sie hingehört. Schon nach kurzer Zeit werden sich die Aktivität und das Selbstbewusstsein des Juniors merklich erhöhen. Mit dem erfreulichen Nebeneffekt: der Kontakt innerhalb der Familie wird wertschätzender und harmonischer sein als vorher.

Ein verbreitetes Motiv für Verwöhnung von Kindern und Jugendlichen ist es, sie so lange wie möglich zu Hause zu behalten. *Verwöhnung zielt oft unbewusst auf Abhängigkeit.* Erwachsen werden bedeutet: werden, die oder der ich bin –damit das gelingt, braucht es einen hoffnungsvollen Sprung aus dem Einflussbereich des Elternhauses in das *Zuhause in der Welt.*

Eltern, die ihre Kinder wirklich lieben, wünschen und fördern daher ihre *natürliche Ablösung*, die *Eigenständigkeit des Sohnes und der Tochter.* Das verlangt viel *Großherzigkeit* von uns Erwachsenen. Schließlich haben wir über viele Jahre selbstlos viel gegeben und sollen jetzt nichts zurückfordern – außer deren Glück. Ich höre mich selbst heute noch öfter sagen: »Wenn sie so richtig gute Gesprächspartner geworden sind, gehen sie raus in die Welt!« Dazu eine persönliche Erfahrung:

Bei Studienbeginn habe ich meinem Sohn Erik nahe gelegt, auszuziehen, statt täglich 100 km zu fahren. Außerdem war unser Lebensrhythmus so unterschiedlich geworden, dass ein Zusammenleben für beide Seiten einfach nicht mehr passte. Als ich mit ihm darüber sprach, hat er mir empört entgegen geschleudert: »Du liebst mich wohl nicht mehr!« und verschwand einen Tag trotzend in seinem Zimmer. Es dauerte dann zwei Monate, bis er sein Zimmer in einer WG fand. Nach weiteren zwei Monaten bekam ich die Rückmeldung: »Mama, das war das Beste, was Du tun konntest. Mir geht es sehr gut damit, alleine zu leben.«

Diese Bestätigung für meine Konsequenz, die mir selbst ja auch schwer gefallen ist, hat sehr gut getan. Ich kann Eltern daher nur empfehlen, die jungen Menschen loszulassen. Das hat nämlich noch einen weiteren Vorteil: wenn sie dann zu Besuch kommen, sind sie – aufgrund der Erfahrung, dass der Kühlschrank sich nicht von selbst füllt – sehr viel wertschätzender gegenüber uns Eltern. Ein wunderbares Gefühl, eine Belohnung für die Seelenarbeit des Loslassens. Eine Schweizer Kollegin hat zu diesem Thema ein Buch geschrieben mit dem anschaulichen Titel: *Wer loslässt, hat die Hände frei!*

Der *Grad der Eigenverantwortung*, die Sie einem Heranwachsenden geben, ist von Mensch zu Mensch und abhängig von seiner Lebensphase unterschiedlich. Das Kindergartenkind braucht mehr Führung von den Eltern als die Tochter in der Pubertät.

Dazu möchte ich Ihnen ein *Bild* anbieten, die *Mäuerchen-Metapher*. Auf diese Weise gelingt es, Ihre Kinder zu fördern und zu schützen und gleichzeitig ihrer eigenen Entwicklung Raum zu lassen. Diese Strategie eignet sich für die Kleinen genauso wie für junge Menschen, die Zielgruppe dieses Buches:

☝ Mäuerchen-Metapher

Kinder lieben es, auf Holzstämmen oder Mauern zu balancieren. Die sichernde Nähe des Erwachsenen ist ihnen willkommen. Was sie meistens nicht wollen, ist, dass der Erwachsene, quasi vorbeugend und damit dem Geschick des Kindes misstrauend, dessen Hand von sich aus ergreift und festhält. Kinder wollen das Gefühl haben, dass sie ihr Gleichgewicht schon gut alleine halten können. Sie brauchen die Hand des Erwachsenen lediglich als *Möglichkeit* im Sinne von: »Du kannst das alleine. Ich bin für Dich da, wenn Du mich brauchst. Und Du kannst entscheiden, ob Du meine Hand zur Unterstützung ergreifst.«

In den Alltag mit Jugendlichen übersetzt: statt ungefragt Ratschläge zu geben, lieber deutlich übermitteln: »Ich vertraue darauf, dass Du es alleine kannst und ich bin da für Dich, wenn Du mich brauchst.«

Junge Menschen anzuregen, die Eltern um Hilfe *zu fragen*, hat zudem den großen Vorteil – sie werden die erbetene Zuwendung erheblich mehr schätzen, sind zudem aufmerksamer, als wenn man sie ihnen ständig ungefragt hinterher trägt.

Und diese Anerkennung tut Eltern richtig gut.

Das Selbstbewusstsein Ihrer Kinder nähren

Das Beste, was Eltern einem jungen Menschen mitgeben können, ist ein *realistisches Selbstwertgefühl.* Dieses ist eine wesentliche Voraussetzung, um mutig seine Wünsche zu verwirklichen und in Frieden mit sich und der Welt zu leben. Auf den folgenden Seiten finden Sie einige Anregungen, wie Sie als Eltern dazu beitragen können, dass Ihre Kinder echtes Selbstwertgefühl entwickeln können.

Positive Einstellungen

Eltern sind sich häufig nicht darüber im Klaren, wie machtvoll ihre *inneren Einstellungen* zum Leben sind. Welche Stimmung sie damit verbreiten und welchen Einfluss sie auf ihre Umwelt ausüben, besonders auf Heranwachsende.

Den Einfluss unserer Einstellungen und Gedanken auf andere Menschen hat der Schriftsteller Max Frisch in seinem *Tagebuch 1946 - 1949* eindrucksvoll beschrieben:

»In gewissem Grad sind wir wirklich das Wesen,
das die anderen in uns hineinsehen,
Freunde wie Feinde. Und umgekehrt!
Auch wir sind die Verfasser der anderen;
Wir sind auf eine heimliche unentrinnbare Weise verantwortlich
für das Gesicht, das sie uns zeigen,
verantwortlich nicht für ihre Anlage,
aber die Ausschöpfung dieser Anlage.
Wir sind es, die dem Freunde,
dessen Erstarrt sein uns bemüht,
im Wege stehen,
und zwar dadurch, dass unsere Meinung, er sei erstarrt,
ein weiteres Glied in jener Kette ist, die ihn fesselt und langsam erwürgt.

Wir wünschen ihm, dass er sich wandle,
o ja, wir wünschen es ganzen Völkern!
Aber darum sind wir noch lange nicht bereit,
unsere Vorstellung von ihnen aufzugeben.
Wir selber sind die letzten, die sie verwandeln.
Wir halten uns für den Spiegel
Und ahnen nur selten,
wie sehr der andere seinerseits eben der Spiegel
unseres erstarrten Menschenbildes ist,
unser Erzeugnis, unser Opfer.«

Erwarten Sie daher das Beste von Ihrem Nachwuchs. Mit dieser Haltung bringen Sie das Beste in ihm hervor. Nach dem Gesetz der *Sich-selbst-erfüllenden-Prophezeiung* erfüllt sich (fast) alles, worauf wir unsere *Energie* konzentrieren – Negatives wie Positives.

Es ist allzu menschlich, im alltäglichen Stress abwertende Festlegungen über andere Menschen auszusprechen. »Sie ist halt bequem, schon immer! Ich weiß nicht, was noch alles passieren muss, damit sie sich anstrengt?« oder »Unser Sohn besucht ja nur die Realschule, er wird es nicht weit bringen, wenn er so weiter macht!« sind Beispiele für solche kränkenden Bewertungen – oft gedankenlos daher geredet.

Was wenig bekannt ist: jeder Zweifel, jede negative Vorannahme ist ein kleiner oder großer Angriff auf das Selbstwertgefühl des jungen Menschen – auch, wenn er cool bleibt, es sich nicht (gleich) anmerken lässt. Besonders tragisch ist es, dass solche negativen Etiketten ihre einschränkenden Wirkungen zäh über ein ganzes Erwachsenenleben verbreiten, es sei denn, sie können in einem therapeutischen Prozess bewusst entmachtet werden.

Die Erkenntnis, dass Sie mit einem einseitig *defizitären Blick* Ihre Kinder empfindlich schwächen, ermöglicht Ihnen, *achtsamer* zu sein. Und Immer öfter, der Realität entsprechend, *beides* im Blick zu haben: das, was da ist und das was fehlt.

Der folgende Text von Meister Eihei Dogen Zeiji kann Sie, besonders in schwierigen Situationen, daran erinnern, bei Ihren Kindern immer *auch* das Positive wahrzunehmen und zu honorieren:

»Wenn Du den Reis siehst, dann sieh auch den Sand.
Wenn Du den Sand siehst, dann sieh auch den Reis.
Schau beides genau an.«

Es ist eine große Leistung, wenn Eltern – selbst in Situationen, die *nicht* ihre Zustimmung finden – noch grundlegend wertschätzen, was dieser junge Mensch *trotz allem* leistet. Und diese Haltung kann genau die Kräfte wecken, die es ihm ermöglichen, genau das zu tun, was Sie als Eltern für ihn wünschen.

Wie erfolgreich sich eine vertrauensvolle und bestätigende Einstellung von Eltern auswirkt, zeigt diese Berufsbiografie:

Das Gespräch mit RITA THIES, erfolgreiche STADTRÄTIN FÜR KULTUR, UMWELT, GRÜNFLÄCHEN UND HOCHBAU, hinterlässt in mir den eher seltenen Eindruck: diese Frau erfüllt Ihre Aufgabe mit gelassener Selbstsicherheit und Gradlinigkeit. Das macht neugierig.
Sie entstammt einer Familie aus dem aufstrebenden Arbeitermilieu. Der Vater, ein Facharbeiter, diskutiert gerne politische Themen mit ihr, der Ältesten von drei Schwestern.
Schon als Kind wird sie von ihren Eltern bestärkt: »Du bist intelligent und verantwortungsbewusst.« Und sie hat das Glück, von einem Grundschullehrer den *Spaß am Lernen* vermittelt zu bekommen. Beste Voraussetzungen, um die Chancen, die das Berufsleben bietet, optimal zu nutzen.
Ein Jahr vor dem Abitur zieht sie aus, wohnt mit einer Freundin in einer WG.
Ihr Traum ist es, Theaterwissenschaft in Berlin zu studieren. Eine Beziehung durchkreuzt ihre Pläne - nicht ungewöhnlich in weiblichen Berufsbiografien.
Sie studiert auf Lehramt für Sekundarstufe II, erhält keine Stelle. Ein Jahr lang

arbeitet sie als Seminarleiterin bei der TÜV-Akademie in fester Anstellung. Die Erkenntnis, dass sie Menschen begeistern kann, ist Ermutigung für den Sprung in die Selbständigkeit. Fünf Jahre ist sie als freie Trainerin tätig.
Seit sie 24 ist, verbindet sie zielgerichtet ihr berufliches und politisches Engagement. Rita Thies hat eine Vision: die Querdenkerin möchte gesellschaftliche Strukturen und Inhalte aktiv mitgestalten.
Die begeisterungsfähige junge Frau arbeitet ehrenamtlich in einer Partei mit, wird mit 24 Jahren Fraktionsvorsitzenden im Stadtrat, mit 29 ehrenamtliche Bürgermeisterin in Krefeld. Daraus entwickelt sich das Angebot, Referentin eines Ministers in NRW zu sein. Das Sprungbrett für ihre berufliche Karriere.
Ein Parteigenosse erkennt ihr besonderes Potenzial, motiviert sie: »Du musst irgendwann Dezernentin werden!« Das hat sie gut gehört.
1999 bewirbt sich Rita Thies für das Dezernat Kultur und Gesundheit in Wiesbaden – es klappt. Sechs Jahre füllt sie diese Position souverän und mit viel Freude aus.
An der Wiederwahl scheitert sie. Das nimmt sie als Chance, ihren studierten Beruf als Lehrerin in der Praxis zu erfahren.
Ein Jahr später, nach der Kommunalwahl, wird sie erneut als Stadträtin gehandelt – und erhält den Zuschlag für die reizvolle Aufgabe, weitere Jahre die kulturelle Landschaft Wiesbadens zum Wohl der Bewohner zu gestalten.
Rita Thies lebt 100%. ihre Berufung. Als Kulturdezernentin ist die 1960 in Krefeld Geborene ihrem ursprünglichen Traum doch bemerkenswert nah gekommen.

Rita Thies rät Jugendlichen:

- Das, was Du zum Beruf machen willst, muss Dich berühren. Du musst Dich damit identifizieren können.
- Zwischendurch solltest Du langen Atem haben, durchhalten können.
- Deine Zielvorstellung immer im Auge behalten, dann locker gelassen darauf zu gehen.
- Sich selbst als Person einbringen.

- Dich anstrengen und solide Arbeit leisten.
- Begeisterungsfähigkeit haben und den Willen zu Weiterbildung und Selbstreflexion.

Das Credo der 48-Jährigen:

»Sich intellektuelle Freiheit bewahren und sich was herausnehmen«

Pflichten in der Familie - von der ICH-AG zur Beteiligungsgesellschaft

Kinder und Jugendliche in ihrem Selbstbewusstsein zu fördern gelingt besonders gut, wenn Sie sie in alltägliche Familienarbeiten mit einbeziehen. Ihnen *Pflichten* anvertrauen, an denen sie ihre Fähigkeiten und ihr soziales Verantwortungsgefühl entdecken und schulen können.

Zudem ist es durchaus möglich, dass Ihre Tochter oder Ihr Sohn bei der Ausübung von Familienarbeiten seine Berufung entdeckt. In der Zeitschrift *mobil 06/08* lese ich über die österreichische SPITZENKÖCHIN JOHANNA MAIER:

Schon früh musste die 1951 im Salzburger Land geborene Restaurantchefin zu Hause mit anpacken. Ihre Mutter führte eine kleine Wäscherei, der Vater war als Maurer viel unterwegs, und die Tochter half mit, wo es ging. Ihr Selbstbewusstsein gründet auf Fleiß und starkem Willen. Dass sie ihre Berufung lebt, zeigt ihre Aussage: »Wenn ich koche, bin ich in mir.«

Oft wird das Heranziehen der Kinder zu täglichen Arbeiten von Müttern mit dem Argument abgewehrt, diese hätten doch schon so viel für die Schule zu tun. Interessanterweise sind das gerade die Mütter, die vor lauter Arbeit in Beruf und Familie, ständig nah am nächsten Burn-out sind.

Viele Eltern haben auch einfach keine Lust auf die immer wiederkehrenden

Diskussionen darüber, wer wann den Mülleimer runter bringt oder die Katze füttert. Sie machen das lieber schnell selber – ich kenne das gut aus eigener Erfahrung. Oft war ich genervt über den Versuch der Jugendlichen, sich rauszureden. Und doch: meine Hartnäckigkeit im Einfordern bestimmter Familientätigkeiten hat sich bewährt. Heute sind beide alltagstauglich und danken mir meine pädagogische Konsequenz. Vielleicht ist es fair, an dieser Stelle zu verraten, dass mir das sicher nur gelungen ist, weil ich jahrelang Trainings zum Thema *Vereinbarkeit von Familie und Beruf* durchgeführt habe und dadurch ständig daran erinnert wurde, wie wichtig es für die *Generation Klettverschluss* ist, sich an häuslichen Arbeiten zu beteiligen.

Also durchhalten! Weiter machen! Es als Ihre *Erziehungsaufgabe* betrachten, die Kinder ganz selbstverständlich zur Mithilfe heran zu ziehen. Gespräche führen, deutlich machen, was Sie erwarten. Geduld aufbringen und ihnen dabei Freiräume einräumen, *was* sie als Aufgabe *wie* und *wann* erledigen. Mit dieser Konsequenz entlasten Sie sich – zumindest nach einer gewissen Zeit – und der Nachwuchs lernt seine Fähigkeiten kennen und wächst daran. Es bleibt auch mehr Zeit und Lust für *gemeinsame Unternehmungen*, wenn Heranwachsende ihren Teil zu einem guten Zusammenleben beitragen.

✍ Gesprächsführung: Eigene Wünsche formulieren

- Machen Sie sich bewusst, was Sie von Ihren Kindern an Unterstützung wünschen.
- Achten Sie darauf, dass Sie das formulieren, was Sie *möchten* und nicht das, was Sie *nicht* möchten. So gestalten Sie eine gute Gesprächsatmosphäre – die Basis, damit das, was Sie von Ihren Kindern erwarten, auf offene Ohren fällt.
- Am besten schreiben Sie Ihre Erwartungen vorher auf. So haben Sie Gewissheit, dass Sie im Gespräch mit Ihrem Nachwuchs den *Wunsch* und nicht – aus Gewohnheit – eine *Kritik* äußern.

- Damit die Aufgaben auch umgesetzt werden, ist es wichtig, sie möglichst klar begrenzt zu formulieren. Vermeiden Sie pauschale und unklare Formulierungen wie: »Ich wünsche mir von Dir, dass Du mir mehr hilfst« Darauf reagieren wir meist erst mal mit Ablehnung, weil diese pauschale Erwartung unklare Dimensionen hat, nicht überschaubar ist.
- Benennen Sie, was genau Sie sich wünschen. »Ich wünsche mir, dass Du ausschließlich Deinen Computer zum Arbeiten benutzt. Ich brauche die Gewissheit, an meinem Schreibtisch alles so vorzufinden, wie es für meine Arbeit passt.« Oder zu einem jüngeren Kind: »Ich wünsche mir von Dir, dass Du Deine Spielsachen abends wieder in Dein Zimmer räumst – möglichst ohne dass ich Dich erinnern muss. Um mich wohl zu fühlen brauche ich abends ein aufgeräumtes Wohnzimmer.«
- Beziehen Sie dann Ihre Kinder in das Gespräch ein. Ermutigen Sie sie zu Änderungsvorschlägen. Vielleicht will Ihre Tochter lieber regelmäßig die Katze füttern und Ihr Sohn bevorzugt es, den Staubsauger zweimal die Woche zu aktivieren.
- Fragen Sie am Ende nach, ob jeder mit dem Ergebnis zufrieden ist. Dann können Sie den Plan noch gemeinsam auf einem Plakat sichtbar machen, das jeder gerne anschaut. In Zukunft können Sie ohne große Worte darauf hinweisen.
- Bedanken Sie sich bei Ihren Kindern für das gute Gespräch miteinander und formulieren Sie einen hoffnungsvollen Satz: »Ich bin sicher, dass das klappt und freue mich jetzt schon auf mehr Zeit für gemeinsame Unternehmungen.«

Der Gewinn ungeteilter Aufmerksamkeit

Kinder und Jugendliche sehnen sich nach direkter, unmittelbarer Begegnung mit Menschen, von Angesicht zu Angesicht. Nach Zeiten, in denen wir ihnen unsere *ungeteilte Aufmerksamkeit* schenken. Das belegen auch die Antworten von Kindern auf die Frage einer vom Shell-Konzern initiierten Studie: »Was wünschst Du Dir am dringendsten von Deinen Eltern?« Auf Platz eins stand der schlichte Wunsch: »Mehr Zeit für mich!«

Zugewandte Kommunikation kann unser Leben unglaublich bereichern. Die Familientherapeutin Virginia Satir schreibt in ihrem Buch *Mein Weg zu Dir:*

»Ich glaube, das größte Geschenk, das ich von jemandem bekommen kann,
ist, dass er mich sieht, mir zuhört, mich versteht und mich berührt.
Das größte Geschenk, das ich einem anderen Menschen machen kann, ist, ihn zu sehen,
ihm zuzuhören, ihn zu verstehen und ihn zu berühren.
Wenn das gelingt, habe ich das Gefühl, dass wir uns wirklich begegnet sind.«

Unser Lebensstil verführt dazu, mehrere Dinge gleichzeitig zu erledigen, und damit unsere Aufmerksamkeit zu teilen. In der Arbeitswelt wird heute in vielen Bereichen regelrecht erwartet, dass man mehrere Dinge parallel bewältigt. Neueste Forschungen kommen allerdings zu dem ernüchternden Ergebnis, dass darunter sowohl die Effizienz als auch das Betriebsklima leiden.

☝ Nehmen Sie sich einen Moment Zeit

Versetzen Sie sich jetzt in die Lage, wie Sie sich *fühlen*, wenn z. B. Ihr Partner sich Ihnen klar zuwendet, Ihnen aufmerksam zuhört, Sie ganz wahrnimmt? Und was es für ein *Gefühl* ist, wenn eine Kollegin Ihnen beiläufig Wortfetzen zuwirft, während sie zugewandt mit Ihrem Kollegen im Gespräch ist. Oder: das Jahresgespräch mit Ihrer Chefin. Während sie mit Ihnen spricht, liest sie ihre neuesten Emails oder telefoniert in epischer Breite? Wahrscheinlich spüren Sie, dass das verletzend ist. Sie fühlen sich nicht gesehen, übergangen. Manchmal registriert man diese Missachtung (später) daran, dass man plötzlich in eine – zunächst unerklärliche – schlechte Stimmung *gerutscht* ist.

Erwachsene können sich nach einer solchen Kränkung meistens selbst wieder aufbauen. *Kinder* sind voll und ganz auf unsere, sie bestätigende, Aufmerksamkeit angewiesen. Sie fühlen sich beachtet und wertgeschätzt, wenn der Erwachsene ihnen eine Zeitlang ungeteilte Aufmerksamkeit schenkt. Wie oft beobachte ich Eltern, mit dem Handy am Ohr, die *beiläufig* etwas mit den Kindern tun. Das Kind erlebt das Gefühl, nicht wirklich wichtig zu sein. Das schwächt sein Selbstwertgefühl – und vielleicht holt es sich die fehlende Beachtung dann nachts, wenn die Eltern gerne schlafen möchten?

Ich meine keineswegs, dass Kinder ständig im Mittelpunkt unserer Aufmerksamkeit stehen sollen. Diese *Augensternkinder* werden leider oft zu unsympathischen Egozentrikern, die es schwer haben, tragfähige Kontakte zu anderen Menschen zu knüpfen.

Selbstkritisch kann ich sagen, dass ich, als meine Kinder klein waren, oft die Hausarbeit vorrangig erledigt und eher *beiläufig* versucht habe, ihren Bedürfnissen gerecht zu werden. Das bereue ich heute. Wesentlich besser wäre gewesen, eine Zeitlang intensiv mit ihnen zu spielen, und dann meinen Bedürfnissen ungestört nachzugehen.

Die Anforderungen des modernen Lebens, das Gefühl alles mitmachen zu müssen, aus Angst etwas zu verpassen, haben zu einer *große Unruhe* im Leben von uns Menschen geführt. Viele hetzten von einem *event* zum nächsten – unfähig das einzelne Erlebnis wirklich zu genießen. So bleibt bei vielen ein ständiges Unzufriedensein und das Gefühl, weiter rennen zu müssen, um diesmal auf ihre Kosten zu kommen. Um einen Genuss wirklich auszukosten, davon erfüllt und für eine Weile *satt* zu sein, ist meines Erachtens ein ruhiqerer Lebenstakt notwenig. Allerdings setzt es viel Bewusstheit voraus, sich für ein *Weniger ist Mehr* zu entscheiden. Es liegt die Vermutung nahe, dass dieser atemlose Lebensstil dazu geführt hat, dass in Deutschland inzwischen 500 000 Kinder mit dem *Aufmerksamkeitsdefizit-Hyperaktivitätssyndrom* (ADSH) leben. Tendenz steigend.

Die im Folgenden beschriebene Strategie, *Klare Zuwendung ermöglicht klare Abgrenzung*, ist für beide Seiten, Eltern wie Kinder, ein Gewinn.

Damit ist gemeint: nach einer Zeit der *ungeteilten Zuwendung* gelingt eine ebenso *klare Abgrenzung*, ohne das Risiko, den anderen damit zu verletzen. Wenn Sie z. B. mit Ihrem Kind eine halbe Stunde sein Lieblingsspiel gespielt haben, können Sie sich danach mit gutem Gefühl abgrenzen.»Spiel ein bisschen alleine weiter. Jetzt macht die Mama was für sich und möchte nicht gestört werden.« Die Erfahrung vieler Mütter hat gezeigt, dass schon sehr kleine Kinder diese Abgrenzung akzeptieren, vorausgesetzt, sie haben vorher eine Zeitlang ungeteilte Zuwendung erfahren.

Wichtig: die *ungeteilte Zuwendung* braucht kein Nachmittag füllendes Programm zu sein. Wie gesagt, es reicht oft schon eine halbe Stunde und das Kind beschäftigt sich zufrieden alleine weiter. Der Gewinn für die Erwachsenen: nach einer Zeit konzentrierten Spielens mit dem Kind, kann der Erwachsene sich *ohne Schuldgefühle* seinen Interessen zuwenden.

Kinder profitieren von dieser Strategie in mehrfacher Hinsicht: ihr *Selbstbewusstsein* steigt, weil die Mutter oder der Vater ihm in der zugewandten Situation signalisieren: *Du bist ganz wichtig für mich*.

Zudem schulen sie ihre Fähigkeit zur *Konzentration:* sie erleben, wie gut es tut, sich alleine, selbstvergessen, mit einer Sache zu beschäftigen. Konzentrationsfähigkeit ist ein entscheidender Erfolgsfaktor in Schule und Beruf. Leider tun Eltern heute, aus berechtigter Sorge um die berufliche Zukunft ihrer Kinder, manchmal Zuviel des Guten, indem sie ihren Kindern *ständig Anregungen* geben, um sie möglichst früh zu fördern. Gut gemeint – und doch eindeutig kontraproduktiv.

Neben achtsamer Zuwendung sind es gerade die Phasen, in denen das Kind *ungestört* alleine spielen kann, die besonders wertvoll für seine Entwicklung sind. Mit diesem *Loslassen des Kindes in die eigene Entwicklung,* das dem jungen Menschen ein *DaSein* nach eigenem Rhythmus und Interessen ermöglicht, kann man schon in den ersten Monaten beginnen. Wer einmal einen Säugling beobachtet hat, der auf dem Wickeltisch hingebungsvoll seine Füßchen erforscht, weiß was ich meine. Solche – für beide Seiten – kostbaren Momente ungeteilter Aufmerksamkeit sind nicht möglich, wenn Sie atemlos einen Termin nach dem anderen abspulen, mit der Absicht, ihr Kind mit diversen Kursen frühzeitig zu fördern. Wenn Kinder auf diese Weise zu *Unruhegeistern* werden, die es in der Schule schwer haben, weil sie sich nicht konzentrieren können, braucht man sich nicht zu wundern.

Weiterer Vorteil der Abgrenzungsfähigkeit von Eltern: das Kind lernt *Frustrationen* auszuhalten. Es kann ja sein, Sie haben heute die halbe Spielstunde nicht zur Verfügung, weil etwas Dringendes erledigt werden muss. Sie können Ihr Kind dann auf eine Spielzeit am Abend vertrösten. Natürlich ist es Ehrensache, Ihr Versprechen zu halten. Daran kann ein junger Mensch lernen, dass sich nicht alles ständig um ihn dreht. Gut, wenn das früh verstanden und akzeptiert wird. Das generiert soziales Verhalten und Beziehungsfähigkeit. Und vermittelt dem Heranwachsenden die Fähigkeit, mit Enttäuschungen konstruktiv umzugehen.

Wenn später der Jugendliche eine Schwierigkeit nach der anderen nach Hause bringt, will er vor allem eines: *beachtet werden.* In diesem Fall über *negative* Aufmerksamkeit. Das kann ein Hinweis für Sie als Eltern sein, Ihr Verhalten zu überdenken und Jugendlichen oder jungen Erwachsenen ungeteilte Zuwendung zu geben.

Wie angenehm ist es für die Beteiligten, wenn Sie für Ihre Tochter eine begrenzte Zeit *ganz* da sind, ihr aufmerksam zuhören, was sie in Bezug auf ihre bevor stehende Berufswahl beschäftigt. Oder ein gut vorbereitetes Gespräch mit Ihrem Sohn darüber zu führen, wie Sie sich künftig seine Beteiligung an den Familienarbeiten vorstellen. Seine Meinung dazu gelassen anhören und sich gemeinsam auf ein Ziel zu einigen. Das ist viel wirkungsvoller als das ewige frustrierte *bei-läufige* Nörgeln, das er schon lange nicht mehr hört, weil er seine Ohren *auf Durchzug* gestellt hat. Das ändert sich schnell, sobald Eltern sich ihm öfter in Ruhe klar zuwenden und ihm damit signalisieren, dass er ihnen wichtig ist.

Eine gelassene Gesprächsatmosphäre kann übrigens nur entstehen, wenn Sie sich zu Beginn darüber einigen, nicht ans Telefon zu gehen und alle Handys auszuschalten. Auch nicht gleich aufzuspringen, wenn wieder eine neue Email oder eine SMS sich ankündigen. Die Technik abzuschalten und damit die absolute und unmittelbare Erreichbarkeit zu unterbrechen, ist für viele Menschen heute schwierig. Für ein wirkungsvolles Gespräch ist ungeteilte Aufmerksamkeit aller unverzichtbar. Sobald Sie die ersten Erfolge erleben, könnte es sein, dass das Ausschalten von äußeren Ablenkungen sogar von allen als angenehm erlebt wird.

Mit dieser Strategie der klaren Zuwendung können Sie heute noch beginnen. Voraussetzung ist eine bewusste Änderung Ihrer Lebensweise. Wenn Ihr Terminkalender nach einigen Wochen so merkwürdig leere Stellen *unverplanter Zeit* aufweist, sind Sie auf einem guten Weg.

Zu großer Ehrgeiz von Eltern ist oft kontraproduktiv

… und keineswegs eine Erscheinung der Neuzeit. Die Schriftstellerin Carola Stern berichtet in ihrem Buch *Das Leben der Dorothea Schlegel* von einem Brief, den diese vor fast zweihundert Jahren an eine Freundin schrieb:

„… als wir vormals Mütter waren, wo sich mehr eine gewisse leidenschaftliche Sorge der Liebe, eine gewisse Unruhe und Ungeduld, auch wohl etwas Eigenliebe und Eitelkeit einmischte, indem wir unsere Forderungen an die Welt auf unsere Kinder übertrugen …"

Die Bedeutung von Schul- und Bildungsabschlüssen als Zuweisung von sozialen Lebenschancen, ist Eltern heute sehr präsent. Das macht ihnen enormen Druck, den sie an ihren Nachwuchs weitergeben. Die Sorge von Eltern, ihr Kinder könnten die von der Gesellschaft vorgegebenen Kriterien von Erfolg verfehlen und folglich Ansehen und Respekt einbüssen, ist durchaus berechtigt. Die Frage ist, wie können Eltern konstruktiv mit dieser Situation umgehen?

Alain de Botton bezeichnet die Angst, den gewohnten Lebensstandard zu verlieren, als *StatusAngst*. In seinem gleichnamigen Buch stellt er einen Zusammenhang her zwischen der Höhe der Erwartung und dem Risiko zu scheitern:

»Wir können mit wenig glücklich sein, wenn wir wenig erwarten. Und wir können mit viel todunglücklich sein, wenn man uns gelehrt hat, alles zu erwarten.«

Vielleicht ist sein Rezept, *weniger zu wollen*, die bessere Lösung, als die Kinder mit Chinesisch ab fünf oder Englisch in der Grundschule nach der Immersionsmethode auf Linie zu bringen. Für alle diejenigen, denen wie mir, diese Methode neu ist, eine Erklärung dazu: Immersionsmethode bedeutet, alle Fächer, außer Deutsch und deutsche Geschichte, werden beispielsweise in Englischer Sprache unterrichtet. Natürlich spielerisch und kindgemäß!

Neuere Untersuchungen sprechen eine deutliche Sprache: übereifrige Eltern schaden ihren Kindern nachhaltig. Psychologen sprechen vom *Verschwinden der Kindheit*: Immer mehr Kinder werden immer früher auf Kurs gebracht. Viele Eltern verplanen die Zeit ihrer Kinder komplett und denken viel zu früh an deren Karriere. Vorbei die Zeiten, in denen Herumstreuner wie Tom Sayer und Huckleberry Finn Vorbilder waren – heutzutage stehen Kinder unter Daueraufsicht, ihr Spielen soll möglichst sinnvoll sein. In der Tat fühlt sich das wie ein Verlust der Kindheit an.

So sehr ich bei Jugendlichen das Bewusstsein wecken möchte dass *jetzt* die Zeit ist für volles Engagement und Fleiß – für Kinder wünsche ich mir, dass sie ihre Kindheit genießen können. Das es ihnen vergönnt ist, in Ruhe ihre Kinderspiele zu spielen, ganz versunken *ihrer Neugier* zu folgen und in *ihrem Tempo* die Welt erforschen können. Ich vermute, ohne es beweisen zu können, dass diese Kinder späteren Leistungsanforderungen offener gegenüberstehen und damit den Anforderungen einer sich ständig wandelnden Welt viel besser gewachsen sind.

Zu hohe Erwartungen seitens der Eltern – ausgesprochene wie unausgesprochene – sind jedenfalls oft kontraproduktiv, erzeugen Unwillen, Lähmung und Versagen. Sie sorgen in den Familien für gegenseitige Enttäuschungen und Disharmonie. Dabei braucht diese Generation, die sich dem atemlosen Wettlauf um Chancen ausgesetzt sieht, mehr denn je eine häusliche Umgebung, die ihnen *emotionale Sicherheit* gib; Eltern, die trotz vieler schlechten Nachrichten, *Vertrauen* und *Lebensfreude* ausstrahlen.

Der ZAHNARZT DR. ERICH PELZ ist eine Beispiel dafür, dass zu bestimmende Einflussnahme von Eltern kontraproduktiv ist. Gleichzeitig zeigt seine Berufsgeschichte auf, dass sein Scheitern durchaus eine positive Funktion hat, die ihn frei macht für *seinen* Weg.

Der erfolgreiche Zahnarzt ist ein erstaunlich bescheidener Mensch. Seine Praxis, die er mit seiner Frau zusammen hervorragend managt, ist in mancherlei Hinsicht ungewöhnlich. Es reizt ihn, anders zu sein als seine Berufskollegen. Sein wesentliches Ziel ist es, Menschen die Angst vor dem Zahnarzt zu nehmen. Was ihm sehr gut gelingt. Mit seiner Herzlichkeit, seinem Humor und seinem handwerklichen Können strahlt er einfach aus: *Hier sind Sie in guten Händen*. Ganz ehrlich sagt er, dass auch das Sozialprestige und die guten Verdienstmöglichkeiten ihn zu diesem Beruf motiviert haben.

Seine Mutter, eine Allgemeinmedizinerin, hat den starken Wunsch, dass ihr Sohn – einziges Kind dieser allein erziehenden Frau - ihre Praxis übernimmt, vielleicht auch noch ein paar Jahre mit ihr zusammen arbeitet.

Er fügt sich dem Wunsch der Mutter. Kurz vor Abschluss des Studiums, im 10. Semester, scheitert er an zwei Klausuren. Die Humanmedizin ist damit für ihn *gelaufen*. Das *unerklärliche* Versagen des intelligenten Mannes übernimmt die Funktion *Nein zu sagen*, was er sich gegenüber seiner dominanten Mutter nicht traut. Jetzt ist Erich Pelz frei für seinen eigenen Berufsweg.

Da er schon Familie hat, fährt der passionierte Autofahrer erst mal eine Zeitlang LKW, um den Lebensunterhalt zu verdienen.

Irgendwann, als er wieder mal darüber nachdenkt, wie es für ihn weiter gehen kann, erinnert er sich an eine gute Erfahrung in der Uniklinik in Hamburg. Er ist damals als Patient bei einem Studenten der Zahnmedizin in Behandlung und denkt: »So verkehrt, wie meine Mutter das immer darstellt, ist Zahnarzt doch nicht!« Engagiert beginnt er das Studium der Zahnmedizin, erhält einige Semester angerechnet, lernt schnell das Handwerkliche. Fundiertes medizinisches Wissen bringt er ja schon mit, macht zügig Examen. Zwei Jahre arbeitet er fest angestellt bei einem älteren Kollegen. Danach verwirklicht Dr. Pelz seinen Traum: eine große Praxis mit Labor zu führen.

Arbeit, sagt Dr. Erich Pelz, muss Freude machen. Alles andere kommt von selbst.
Seine Werte sind: Qualität, Anerkennung, Selbstbewusstsein, Wohlbefinden Reflexion und Selbstkritik.
Seine Glaubenssätze: »Wenn ich das will, klappt das!« und »Es ist alles im Fluss zum Besseren.«
Wenn er seine Berufstätigkeit als Zahnarzt beendet, was er sich heute noch gar nicht vorstellen kann, plant der Pferdeliebhaber einen kleinen Reitstall zu kaufen, einen Ausbildungsstall ... davon muss der 57-Jährige seine Frau vielleicht noch überzeugen.

Dr. Erich Pelz rät Jugendlichen:

- Sich beraten zu lassen, in sich hinein zu hören: *Was macht mir Spaß?*
- Sich Zeit zu lassen, verschiedene Berufe auszuprobieren.
- Sich zu engagieren und eine möglichst hohe Qualifikation zu erwerben.
- Sich weiterbilden.
- Eine Nische zu finden, wo man etwas Besonders leistet und damit erfolgreich ist.

Wäre es da nicht besser, wenn Sie es Ihrer Tochter oder Ihrem Sohn selbst überlassen, welche Ansprüche sie an ihr Leben stellen? Schließlich müssen sie ihre Erfüllung eigenhändig erwirtschaften. Zudem ist es durchaus möglich, dass Ihr Nachwuchs andere Werte und Ziele in sich trägt, als Sie selbst.

Die wohlmeinende Unterstellung *Ich weiß, was für Dich gut ist* wollten Sie ja ohnehin aus Ihrem Repertoire streichen und stattdessen üben, wachsendes Vertrauen in Verantwortungsbewusstsein und Eigeninitiative des jungen Menschen zu haben. Was keineswegs bedeutet, die Heranwachsenden sich völlig selbst zu überlassen. Für Ihre Tochter, Ihren Sohn da zu sein, wenn Sie um ein Gespräch, einen Rat oder sinnvolle Unterstützung gefragt werden, bleibt auch in späteren Jahren Elternpflicht. Eine solche *Kultur* könnte alle in der Familie entlasten und zu nachhaltig guten Beziehungen führen.

Aufstieg aus dem Herkunftsmilieu

Spiegelbildlich zu dem Verhalten von ehrgeizigen Eltern, die die Eigeninitiative ihres Nachwuchses immer mehr lähmen, je mehr sie versuchen, sie zu Bestleistungen anzuschieben, wird ein Jugendlicher, der an seinem Aufstieg gehindert wird, meistens verbissen für seine Ziele kämpfen.

Da eine klar erkannte *Berufung* starke Kräfte frei setzt, gelingt ein solches *Zurückhalten* durch die Eltern selten.

Für Eltern aus Arbeiter- oder Handwerksmilieu ist es manchmal schwer, zu respektieren, dass ihre Kinder einen höheren Bildungsabschluss anstreben. Die Motivation der jüngeren Generation, nach *Höherem* zu streben, ist oft: *So schwer wie meine Eltern möchte ich es nicht haben*! Oder: *Mich interessiert die Welt, der Radius meiner Eltern ist mir zu eng.*

Eltern fühlen sich dadurch leicht in ihrer Identität abgewertet – was der junge Mensch nicht beabsichtigt und dennoch auslöst. Sie würden ihm gerne vermitteln: *Schuster bleib bei deinen Leisten!* oder *Bleib im Land und nähr dich redlich*. Dieser *merkwürdige Fremde*, der ihnen ins Nest gelegt wurde, kann das natürlich nicht annehmen, weil er sich sonst selbst verrät.

Auch das Gefühl, wenig davon zu verstehen, was die Tochter oder den Sohn so fasziniert, nicht mitreden oder helfen zu können, sind mögliche Gründe für die ablehnende Haltung von Eltern zu dem geplanten Aufstieg ihrer Kinder.

Sicher spielt auch *Verlustangst* eine Rolle, wenn Eltern ihre Kinder bremsen wollen: sie befürchten, diese jungen Menschen zu verlieren, weil sie ihnen scheinbar nicht mehr das Angemessene bieten können. Diese Eltern sind gut beraten, eine Haltung der Gelassenheit und des Vertrauens zu entwickeln. Wenn sie in den Jahren des Zusammenlebens eine liebevolle Beziehung zu ihren Kindern aufgebaut haben, hat sie weiter Bestand. Sie wird weiterhin gerne von dem jungen Aufsteiger, der ehrgeizigen Tochter in Anspruch genommen. Denn den Aufstieg aus dem Herkunftsmilieu zu organisieren, ist eine anstrengende Sache. Wie gut tut es, heimkommen zu können, einfach mal wieder in der wohltuenden Atmosphäre des Elternhauses *die Seele baumeln zu lassen.*

Ein Beispiel dafür, dass Begabung und Bestimmung eines Menschen sich auch gegen Hindernisse durchsetzen:

Ihre häusliche Umgebung ist eher bremsend als fördernd. Die Mutter ist völlig überfordert. Der Vater, Bauarbeiter, links orientiert, erlebt sich als Opfer. Marita, die Älteste unterstützt ihre Mutter ständig bei der Hausarbeit sowie der Betreuung ihrer fünf Geschwister. Sie hilft den Eltern, wo sie nur kann.
Schritt für Schritt gelingt es DR. PHIL. MARITA HAIBACH, sich aus ihrem Milieu heraus zu entwickeln und ihr Potential, ihre Wünsche zu leben. Eine Gradwanderung zwischen *dazu gehören wollen* und *sich selbst sein*. Auf diesem Weg ist die Schwester des Vaters, Tante Inge, für das intelligente empfindsame Mädchen eine Zuflucht. Nach der Handelsschule entscheidet sich die 15-Jährige für eine Lehre als Industriekauffrau Arbeitet für weitere zwei Jahre als Exportsachbearbeiterin bei der Lehrfirma.
Dann ist die Zeit reif, ihrem Bildungshunger nachzugeben. Das Studium an der Fachhochschule in Köln schließt sie als Diplom-Dolmetscherin für Englisch und Spanisch ab. Anschließend studiert die ehrgeizige junge Frau an der Universität Frankfurt Amerikanistik, Politische Wissenschaften und Geschichte. 1981 erwirbt sie den Magister.
Schon einige Zeit hat sie sich für die Gründung eines Frauenhauses im Hochtaunuskreis und dann auch bei den Grünen politisch engagiert. 1982 zieht sie als Abgeordnete für diese junge Partei in den Hessischen Landtag ein. Ihre Leistungen werden gesehen. Mit 32 Jahren wird sie Staatssekretärin für Frauenangelegen-

heiten in der bundesweit ersten rot-grünen Landesregierung und arbeitet Hand in Hand mit der hessischen Wissenschaftsministerin und Bevollmächtigten für Frauenangelegenheiten, Dr. Vera Rüdiger.
In diese Zeit fällt ein Schlüsselerlebnis: Eine Frau aus dem politischen Umfeld berichtet ihr, wie Frauen in den USA die Stiftungswelt erobert und verändert haben. *Mensch, das ist es!* ist ihre spontane innere Reaktion.
Der Bereich, in dem sie künftig forschen und arbeiten wird, hat sich ihr eröffnet.
Als sie aufgrund des Regierungswechsels in Hessen ihr politisches Amt verliert, ergreift sie die Chance – und ihren kleinen Sohn Pablo – zieht für einen zweijährigen Forschungsaufenthalt in die USA. Für ihre Dissertation, forscht sie zu Philanthropie, Stiftungen und Fundraising von und für Frauen in Amerika.
Parallel dazu absolviert sie eine fundierte Ausbildung in Organisationsentwicklung.
Zurück in Deutschland arbeitet sie seit 1991 selbständig als Fundraising- und Management-Beraterin. Neuland zu gestalten, entspricht ganz ihren Talenten und ihrem kraftvollen Wesen. Sie schreibt zahlreiche Bücher und Aufsätze zu diesem hier noch unterentwickelten Thema.
In den folgenden Jahren beteiligt Marita Haibach sich maßgeblich am Aufbau verschiedener Fundraising-Organisationen. Wird in verantwortliche Positionen gewählt: Im Deutschen Fundraising-Verband ist sie stellvertretende Vorsitzende, seit 2004 ist sie Präsidentin der European Fundraising Association – um nur einige zu nennen. Sie gehört zu den Initiatorinnen der Frauenstiftung FILIA und des Pecunia Erbinnen-Netzwerks.
Für wichtige Kongresse ist die *Fundraiserin der erste Stunde* als Rednerin oder Podiumsmitglied sehr gefragt. Auf einer dieser Veranstaltungen wird der Präsident von BRAKELEY, eines amerikanischen Fundraising-Beratungsunternehmens, auf sie aufmerksam. Er gewinnt sie als freiberufliche Mitarbeiterin. Fünf Jahre betreut sie für das Unternehmen den Bereich Hochschulen.
2003 entscheidet sie sich, Mitgesellschafterin und Managing Director zu werden. Sie hat die Aufgabe, den Geschäftszweig in Deutschland grundlegend aufzubauen – eine immense Herausforderung mit hoher Arbeitsintensität.

Für ihr zeitintensives erfolgreiches Engagement erhält sie zu wenig Wertschätzung.
Die Anerkennung kommt von anderer Seite: im Februar 2009 erhält sie vom Hessischen Ministerpräsidenten das Bundesverdienstkreuz 1. Klasse für ihre Verdienste im Bereich des professionellen, wissenschaftlich fundierten Fundraising verliehen.
Seit 2008 arbeitet Dr. Marita Haibach jetzt wieder in ihrer eigenen Firma als Management- und Fundraising - Beraterin.
Vor vier Jahren hat sie zudem eine kleine Musikagentur gegründet und managt zu ihrer persönlichen Freude die Musikgruppe ihres Cubanischen Ehemannes.
Ihre Werte: Zuverlässigkeit, Qualität, Glaubwürdigkeit, Neugier, Engagement – auch ehrenamtlich, Spaß und Vielseitigkeit.
Arbeit ist für sie ein wichtiger und spannender Teil des Lebens.
Leben ist für sie ein Geschenk.

Dr. Marita Haibach rät Jugendlichen:

- Es ist wichtig, dass Du weißt, was Du mit Interesse und Spaß machen willst.
- Es ist gut, nicht nur nach der rein materiellen Perspektive zu entscheiden.
- Flexibel sein, sich auf Veränderungen einstellen.
- Engagement und harte Arbeit leisten, um Deine Ziele zu erreichen.
- Dein Möglichstes geben, durchhalten.
- Ausgewogenheit zwischen Arbeit und Freizeit / Regeneration.

Die Angst der Eltern, dass sich ihr Sohn oder ihre Tochter von ihnen entfernt, kann sich natürlich auch bestätigen. Gerade las ich ein Beispiel von einem bekannten Grafiker, dem es peinlich war, seine Eltern aus einfachen Verhältnissen zu einer Preisverleihung einzuladen – in letzter Minute hat er sich dann doch noch dafür entscheiden können.

Positive Einstellungen zum Leben

»Problem talk creates problems, solution talk creates solutions.«

Der Hinweis, mit einer positiven Grundhaltung dem Wandel im Leben zu begegnen, wird manchmal als *Schönreden von Problemen* abgetan. Darum geht es nicht.

Eine positive Grundhaltung sorgt für gute Stimmung, verleiht Energie und Kreativität und schafft auf diese Weise die Grundlage für konstruktive Problemlösungen. Hängen wir dagegen in negativen Bewertungen und Gefühlen fest, bekommen wir schlechte Laune, die den Zugang zu unseren Fähigkeiten blockiert. Gute Problemlösung ist dann erheblich erschwert.

Das Schlechte ist das Gute zur Unzeit – mit dieser Erkenntnis, könnte es Ihnen gelingen, künftig auch in schwierigen Situationen Optimismus zu bewahren. Jede noch so dramatische Situation trägt den *Keim der Gnade* in sich. Das bedeutet: neben dem *offensichtlich* Schwierigen hält sie auch etwas zunächst *verstecktes* Positives für uns bereit. Das Gute daran wird oft erst später bewusst.

☝ **Vielleicht legen Sie jetzt das Buch mal wieder auf die Seite**

Lassen Sie *drei frühere Situationen* vor Ihrem inneren Auge entstehen, die Sie als schwierig oder sogar dramatisch bewertet haben und fragen Sie sich:

- Wie sehe ich heute, im Rückblick, die Situation?
- Was hat mir gerade dieses schwierige Erlebnis als Gewinn für mein Leben gebracht?

Auf diese Weise relativiert sich eine Kündigung, der Konflikt am Arbeitsplatz, das Ende einer Beziehung. Selbst der Tod bringt Konstruktives hervor. Am Grab, das ist bekannt, klärt sich so mancher Familienzwist und Beziehungen können neu belebt werden.

Statt uns mit negativen Gedanken und Gefühlen zu schwächen, können wir versuchen, uns mit einer gewissen Demut an das anpassen, was uns herausfordert. Der folgende Text ist für mich zu einem wertvollen Begleiter geworden:

»Im Leben können wir dem Wandel nicht entgehen und ebenso wenig dem Verlust. Freiheit und Glück liegen in der Anpassungsfähigkeit und Würde, mit denen wir uns durch Wandel bewegen.«

Die ehemalige Bundesfamilienministerin Renate Schmidt hat in einem Vortrag deutlich gemacht, wie wichtig *positive Einstellungen zum Leben* für unsere individuelle und gesellschaftliche Entwicklung sind. Sinngemäß sagte sie:

Wir brauchen uns nicht über niedrige Geburtenzahlen zu wundern, wenn wir als Eltern ständig davon reden, wie anstrengend es ist, Kinder aufzuziehen. Wenn junge Menschen diese einseitige Darstellung hören, entstehen in ihnen weder Neugier noch Mut zur Familiengründung. Wir müssen endlich dieser Darstellung hinzufügen, wie viel positive Gefühle so ein kleiner Mensch in uns auslöst, auch der Heranwachsende. Mit wie viel Freude unsere Mühe später belohnt wird. Wie viel Glück es bedeutet, mit einer großen Familie um einen Tisch zu sitzen.

Wenn Erwachsene es sich zur Gewohnheit gemacht haben, *einseitig* Probleme mit ihrer Arbeit, die aktuelle Wirtschaftslage usw. zum Thema zu machen, brauchen sie sich über die fehlende Initiative der jungen Menschen nicht zu wundern. Entmutigt fragen diese sich, ob es sich überhaupt lohnt, sich anstrengen, wenn alles doch nur schwierig, unangenehm und stressig ist, was sie in ihrem Erwachsenenleben erwartet.

Indem Eltern authentisch vorleben, dass Probleme zum Leben genauso dazu gehören wie glückliche, unbeschwerte Zeiten, und dass jede Schwierigkeit auch Positives in sich trägt, vermitteln sie jungen Menschen *Lebensrealität*. Erwachsen zu werden ist dann attraktiv für sie und sie trauen sich wieder zu träumen …

Was Erich Fromm dazu in *Die Kunst des Liebens* über fördernde Mutterliebe schreibt, ist auch fünfzig Jahre später noch brandaktuell. Allerdings mit einer kleinen Korrektur: ich ersetze zeitgemäß Mutterliebe durch *Elternliebe*.

Fromm führt uns das biblische Bild des gelobten Landes vor Augen, in dem *Milch und Honig* fließt. Nach seiner Deutung steht *Milch* für *Fürsorge und Bestätigung* von Kindern. Der *Honig* symbolisiert die *Süße des Lebens*, die *Liebe zum Leben*. Die Liebe der Eltern zum Leben ist genauso ansteckend wie deren Angst vor dem Leben.

»Beide (Milch und Honig, U.H.) haben eine tief greifende Wirkung auf die ganze Persönlichkeit des Kindes; tatsächlich kann man bei Kindern – und auch bei Erwachsenen – deutlich unterscheiden, wer nur Milch und wer Milch *und* Honig bekommen hat.«

In der Konsequenz heißt das, dass wir als Eltern immer wieder bewusst für Süße in unseren eigenen Leben sorgen müssen, indem wir eine Balance zwischen der Fürsorge für den Nachwuchs und der Verantwortung für unser eigenes Wohlergehen herstellen. Das bedeutet – besonders für Frauen – das *Ende der falschen, weil übertriebenen Rücksichtnahme* gegenüber den Kindern aber auch gegenüber Forderungen der Verwandtschaft und dem Freundeskreis, damit wir am Tisch mit den Lieben auch *unserer Lebensfreude Ausdruck verleihen können* – trotz Bankenkrise und anderen deprimierenden Nachrichten. Weil wir damit unseren Kindern die *Süße*, die *Lust am Leben* vermitteln.

Neue Sichtweise zu auffälligem Verhalten

Auffälliges, störendes Verhalten von Kindern ist für Eltern oft eine Quelle von Verunsicherung, Ängsten und Sorgen um die Zukunft dieses jungen Menschen.

James Hillman sieht ein Verhalten, das von der Norm abweicht, nicht als krankhaft an, sondern als Ausdruck für eine *ungewöhnliche Begabung*, als Hinweis auf einen *zentralen Teil der Persönlichkeit des Kindes*, auf eine besondere *Kraft*. Er plädiert für eine Neustrukturierung unserer Wahrnehmung in Bezug auf abweichendes Verhalten:

»Ich möchte, dass wir das Kind, das wir waren, den Erwachsenen, der wir sind, und die Kinder, die uns auf die eine oder andere Weise brauchen, in einem Licht sehen, in dem wir das, was ein Fluch zu sein scheint, als Segen erkennen oder, wenn schon nicht als Segen, dann wenigstens als Symptom der Berufung.«

Hillman möchte Eltern dafür gewinnen, ihrem Kind mehr Aufmerksamkeit zu geben, diesem *merkwürdigen Fremden,* der in Ihrer Mitte gelandet ist. Er regt an, dieses Kind achtsam zu beobachten, seine eigenwilligen Fähigkeiten zu entdecken und so seine Besonderheit als Stärke wertzuschätzen. Diese respektvolle Haltung zum Kind beschreibt er sinngemäß:

Statt festzustellen: *Das ist mein Kind!* – sollten Sie fragen: *Wer ist dieses Kind, das mir zufällig gegeben ist?* Dann werden Sie mehr Respekt für das Kind gewinnen und ein Auge offen halten für Situationen, in denen sich das Schicksal des Kindes zeigen kann. Diese Beobachtungen der Eltern können für den Lebensweg ihrer Kinder sehr förderlich sein.

Leider sind es nur wenige Mütter / Eltern, die heute die Muße haben, in ihrem Kind den Keim für seine Bestimmung zu erkennen, um seine Entfaltung angemessen fördern zu können. Es setzt zudem die Fähigkeit voraus, von eigenem

Ehrgeiz oder unerfüllten Berufswünschen Abstand zu nehmen und nur das wahrzunehmen, was das Kind ausmacht.

Viele berühmte Menschen waren als Kinder trotzig, widerspenstig, unangepasst und haben ihre Eltern fast zur Verzweiflung gebracht – bis sich zeigte, dass sie mit einer besonderen Begabung ausgestattet sind, die es ihnen später ermöglicht hat, ihren Platz in der Gesellschaft einzunehmen.

Auch Krankheiten oder körperliche / psychische Einschränkungen können auf eine *ganz eigene Bestimmung* des jungen Menschen hinweisen. Das zeigt das folgende Beispiel:

Der Berufsweg des WIRTSCHAFTSPRÜFERS PHILIPP VON KNEBEL zeigt eindrucksvoll, dass man mit einem Handicap lernen kann, konstruktiv umzugehen und durchaus beruflichen und persönlichen Erfolg im Leben erreicht.
Der 19-Jährige kämpft mit heftigem Stottern. Er hat den Wunsch, Forst- oder Landwirtschaft zu studieren. Schlechte Zensuren in Mathematik verhindern dies.
Sein Vater ist Vorbild für ihn. Der Jurist ist Geschäftsführer in einem Unternehmen. Er rät seinem Sohn, Betriebswirtschaftslehre zu studieren. Philipp folgt dem Rat des Vaters.
Mitten im Studium hat er Zweifel, erwägt den Wechsel zur Psychologie. »Bleib bei der Betriebswirtschaft, da braucht es auch vernünftige Menschen mit Herz« ist die Richtung weisende Aussage einer befreundeten Psychologiestudentin.
Philipp trifft die pragmatische Entscheidung, BWL richtig zu lernen. »Dieses Handwerk macht mich finanziell unabhängig.«
Dabei erinnert er sich vielleicht auch an das Gespräch mit einem Urologen. An seine Frage, die er als Schüler, an den Arzt stellt: »Macht Ihnen das Spaß?« Und an die Antwort des Mediziners: »Wenn man etwas richtig kann, macht es auch Spaß!«.
Während des Studiums gründet er eine Stotterer-Selbsthilfegruppe und kann damit offener mit seinem Sprachfehler umgehen. Er bessert sich wesentlich, weil er lernt, seine Besonderheit anzunehmen.
Nach dem Diplom belohnt ihn der Vater mit der Finanzierung einer einjährigen

Reise. Philipp wählt als Ziel Südostasien. Diese Wanderzeit lässt den jungen Mann charakterlich reifen, erweitert auch seine berufliche Kompetenz.
Zurück in Deutschland findet er keine Arbeit und jobbt. Dann erhält er eine Stelle bei einem Steuerberater und Konkursverwalter. Nach einer Sonderaufgabe, bei der er eigenverantwortlich für einen Rechtsanwalt eine Firmengruppe umstrukturiert und saniert, geht er wieder zu einem Wirtschaftsprüferbüro. Neben dem Beruf und der inzwischen vierköpfigen Familie absolviert er seine Ausbildung zum Steuerberater und Wirtschaftsprüfer.
Unterstützt von seinem Vater ist er bereit für den Sprung in die Selbständigkeit. Parallel zum Aufbau seiner Kanzlei nimmt er für ein Jahr das Angebot als Geschäftsführer bei einer Konzern-Tochter wahr – als Sicherheit während der Gründungsphase. In diese arbeitsintensive Zeit fällt auch die anspruchsvolle Prüfung zum Wirtschaftsprüfer. Das Arbeitspensum, das der damals 40-Jährige bewältigt, ist an der Grenze zur Überforderung.
Schon nach einem Jahr kann er von den Einkünften seiner Kanzlei leben - ohne dass er Werbung gemacht hat. Jetzt stellt er einen Mitarbeiter ein, der seine Fähigkeiten sinnvoll ergänzt. Einige erfolgreiche Jahre später ist er Partner von Philipp von Knebel. Weitere Mitarbeiterinnen und Mitarbeiter folgen, Lehrlinge werden ausgebildet.
Inzwischen hat das Steuerbüro noch eine langjährige Mitarbeiterin als Partnerin aufgenommen, um der wachsenden Nachfrage besser gerecht zu werden.
Der heute 63-Jährige hat seine pragmatische Entscheidung, bei BWL zu bleiben, nicht bereut. Das, wozu er sich berufen fühlt, seine besondere Kontaktfähigkeit, sein Interesse und sein Verständnis für Menschen sowie sein Einfühlungsvermögen hat er optimal in seinem Arbeitsbereich integriert. Für Aufgaben, die er nicht gerne tut, nach eigener Einschätzung auch nicht so gut kann, hat er einen effizienten Weg gefunden: er delegiert sie an seine Kollegen / Mitarbeiterinnen, die genau das gerne und damit gut tun. Was offensichtlich dem bemerkenswert menschlichen Betriebsklima in der Kanzlei zu Gute kommt.
Sein Sprachfehler ist noch hörbar, beeinträchtigt aber weder ihn noch seine Mandanten. Vielleicht hat gerade die Auffälligkeit, mit der er *ausgestattet* ist, in ihm eine

besondere Sensibilität und soziales Verantwortungsgefühl entstehen lassen, die ihm eine Ausstrahlung von integrer Menschlichkeit und Wärme geben. Ein Gewinn für unsere Gesellschaft, in der das Klima im Miteinander ziemlich abgekühlt ist. Aus seiner eigenen Erfahrung ist er überzeugt: *Wichtig ist nicht unbedingt, was Du tust, sondern wie Du es tust.*

Philipp von Knebel rät jungen Menschen:

- Möglichkeiten zu schaffen, sich selbst kennen zu lernen. Eine Zeit lang im Ausland arbeiten, reisen, soziale Arbeit tun.
- Nach Innen schauen, sich fragen: Was will ich? Dann realistisch die Berufswahl treffen.
- Fleiß einsetzen, einfach arbeiten!
- Richtiges Verhältnis finden zwischen Anspruch auf materielle Güter und Bedürfnissen nach seelischem Gleichgewicht – letzteres ist elementar.
- Ein persönlich ausgefülltes Leben anstreben.

Vielleicht gelingt es Ihnen künftig, mögliche *Auffälligkeiten bei Ihrem Nachwuchs neu zu sehen und zu bewerten.* Diesen besonderen Menschen liebevoll zu beobachten, in seiner Eigenart anzunehmen und ihn damit zu *beruhigen* und zu *stärken*. Leichter gesagt, als getan!

Auffälliges Verhalten von Kinder und Jugendlichen kann allerdings auch Gründe haben, die mit der Bestimmung dieses Menschen wenig zu tun haben, eher mit dem Erziehungsstil der Eltern. Seit Jahren fordern Psychologen, dass Eltern ihrem Nachwuchs *klare Grenzen* setzen. Es ist vielen Erwachsenen nicht bewusst, dass ein junger Mensch, der keine Grenzen spürt, verunsichert und überfordert ist.

Eltern, die *beides* vermögen, liebevoll und geduldig auf ihre Kinder einzugehen und gleichzeitig eindeutige Regeln vorgeben und deren Einhaltung mit Konsequenz einfordern, helfen ihnen, sich in der Welt zu orientieren. Damit fördern sie gleichzeitig ein gewisses Maß an Anpassung, der es dem Heranwachsenden erleichtert, ein zufriedenes Mitglied unserer Gemeinschaft zu werden.

Ermutigend und bewundernswert finde ich die annehmende Haltung der Eltern eines intersexuellen Kindes (intersexuell = unklare Geschlechtszugehörigkeit). In einem Interview in der ZEIT äußert sich die Mutter zu ihrer Situation:
»Wir nehmen die Dinge wie sie sind.« Aus dem weiteren Text wird deutlich, dass beide Eltern in ihrem Umfeld offen darüber sprechen, dass die achtjährige Friederike nicht ganz dem entspricht, was man sich unter einem *normalen* Mädchen vorstellt. Damit ermöglichen sie ihrem Kind, selbstbewusst mit seiner Besonderheit umzugehen. Beim Fußballspielen mit den Jungs sagt sie keck: »Ätsch, ich bin *auch* ein Junge!«

Es gibt viele Wege zu einem erfolgreichen Berufsleben

Das zeigen die unterschiedlichen Berufsbiografien in diesem Buch überzeugend, und könnte Sie als Eltern beruhigen. Was mir als aufmerksamer Beobachterin von gesellschaftlichen Tendenzen auffällt, ist, dass Eltern von Grundschulkindern bereits besorgt fragen, ob ihre Tochter oder ihr Sohn einen Bildungsabschluss erreichen wird, der entsprechende Karrierechancen in Aussicht stellen wird. Zu verstehen sind solche Reaktionen durchaus, für die Kinder sind sie meines Erachtens nicht förderlich.

Es gibt wenige Kinder, bei denen man schon vor der Einschulung erkennen kann, wohin möglicherweise ihr berufliches Interesse und ihre Talente sie führen werden.

Vielleicht wäre ein Studium gar nicht das, was sich später für Ihre Tochter oder Ihren Sohn als die richtige Berufswahl herausstellt. Sicher kennen auch Sie Menschen mit Studienabschlüssen, die trotz hohem Status und überdurchschnittlichem Einkommen unglücklich in ihrem Beruf sind. Andererseits gibt es Handwerker, die stolz auf ihren Beruf, durchaus zufrieden und materiell erfolgreich sind.

Seit mindestens vierzig Jahren ist eine Tendenz zur *Akademisierung der Berufswahl* zu erkennen. Daher ist es durchaus verständlich, dass Eltern beruflichen Erfolg *einseitig* mit dem Erreichen des Abiturs und eines Hochschulabschlusses verknüpfen. Es handelt sich dabei um eine *Vorannahme*, die sich bewahrheiten kann oder auch nicht. Diese Vorannahme trägt das Potenzial für viel unnötigen Stress, Leid und Disharmonie in Familien in sich. Fakt ist: nicht jeder wird mit einem Studium glücklich! Für manche Menschen ist eine fundierte Ausbildung oder ein Beruf, in dem sie auch körperlich arbeiten können, genau das Richtige. Führt sie zu *ihrem Erfolg* und damit zu einer echten inneren Zufriedenheit.

Dazu eine Erfolgsgeschichte:

Der UNTERNEHMER IMMO HERBST steht schon als Fünfjähriger stundenlang an Baustellenzäunen. Das Geschehen dahinter, die Maschinen, faszinieren ihn.
Der Vater gründet nach der Flucht aus der Ex-DDR eine Firma für Druckluftkompressoren, die Mutter arbeitet im Betrieb mit.
Immo Herbst verlässt das Gymnasium nach der zehnten Klasse, beginnt eine Lehre als Landschaftsgärtner bei der Stadt Frankfurt. Nach Abschluss der Lehrzeit wird er übernommen. Es folgen Bundeswehr und Meisterprüfung.
Bei anschließenden Bewerbungen hat er einen faden Eindruck von den Firmen. Er spürt: »Das kann ich auch – und vielleicht besser!«
1983 gründet der 23-Jährige sein eigenes Unternehmen. Schon kurz nach der Gründung gerät er in die Krise, als ihm ein Auftraggeber eine große Summe schuldig bleibt. Sein Motto: *weitermachen, beharrlich sein*, bewährt sich. Heute zählt die Immo Herbst GmbH acht Geschäftszweige im Bereich Garten- und Landschaftsbau mit mehr als zweihundert Mitarbeiter/innen. Sein Erfolgkonzept: er kann damit seinen Kunden alles aus einer Hand anbieten.
Immo Herbst hat diese Expansion nicht geplant. Mit seiner Strategie, Informationen

aufzunehmen, Ideen dazu zu entwickeln und sie beharrlich in die Tat umzusetzen, ist er ein genialer Dienstleister. Kein Wunder also, dass seine Vorhaben erfolgreich sind. Weitere Fähigkeiten des kreativen Unternehmers sind: Fleiß, Durchsetzung und Struktur. Er hat Spaß an seiner Arbeit, am Erfolg und an der Aufgabe, seine Mitarbeiter / innen zu führen.
Beeindruckend die Präsenz und Kraft, die der fast Fünfzigjährige ausstrahlt. Sein Arbeitstag beginnt morgens um fünf! – an sechs Tagen in der Woche. Die Zeit ab 19.00 Uhr verbringt er konsequent mit seiner Frau, einer Rechtanwältin, und seinen drei Kindern. Weil er große Freude an seinem Tun hat, bleibt ihm trotz des enormen Arbeitspensums noch genügend Energie diverse sportliche Aktivitäten wahrzunehmen.
Erfolg ist für ihn: zufrieden mit dem zu sein, was man tut und finanziell ein gutes Auskommen zu haben.

Immo Herbst rät Jugendlichen:

- Sich ganz einzubringen als Person
- Lernen wollen, neugierig sein
- Auf gutes Benehmen, Toleranz, Zuverlässigkeit und Pünktlichkeit zu achten
- Persönlichkeit entwickeln, zu sich selbst zu stehen, sich nicht verbiegen
- Interessen jenseits der Arbeit wahrnehmen
- Beziehungen pflegen

Der folgende Zusammenhang könnte für überengagierte Eltern bedeutsam sein: *Motivation,* wesentliche Voraussetzung für Leistungsfähigkeit, wird durch *Interesse an einer Sache* geweckt *und erhalten*, nicht so sehr durch Vernunft, Verantwortung und moralischen Druck. Diese Überzeugung hat bereits Niccolo Machiavelli vertreten – ein anerkannt erfolgreicher Mann.

Ist es daher nicht klüger, Ihr Kind als Individuum zu sehen, statt es in ehrgeizige entfremdende Schablonen zu pressen? Es liebevoll zu beobachten, seine einmaligen Interessen und Fähigkeiten wahrzunehmen, es darin zu bestärken und zu fördern. Und ihm Zeit zu lassen.

Dann wird sich rechtzeitig herausstellen, ob dieser junge Mensch eher ein Kopfmensch ist, der es liebt, vernetzte Zusammenhänge zu erkennen, der gerne forscht, eine Führungspersönlichkeit ist ... oder ob er oder sie eher etwas Praktisches schaffen will, konkret sichtbar, ohne sich lange theoretisches Wissen aneignen zu müssen. Vielleicht will dieser *Fremde*, der Ihnen anvertraut wurde, gar nicht so hoch zielen. Dies zu erkennen und anzuerkennen, kann für ein *harmonisches Verhältnis* zwischen den Generationen ein großer Gewinn sein.

Wenn Motivation und Begabung vorhanden sind, rate ich Jugendlichen meistens zu einem *Studium*. Die Studienzeit kann, nach meiner persönlichen Erfahrung, eine unwiederbringlich gute Phase im Leben eines Menschen sein. Ein Studium sorgt für eine verlängerte Jugendzeit, in der sich vieles vereinbaren lässt, was später nicht mehr so einfach zu verwirklichen ist. Und es bietet die Chance, eine Berufsentscheidung noch einige Jahre hinauszögern, um später sicherer bei der Wahl zu sein.

Einem weit verbreiteten Vorurteil möchte ich noch etwas Aktualität entgegen setzen: im Gegensatz zu der Auffassung, dass Arbeitgeber den stringentesten Ausbildungsweg als optimal bewerten und bevorzugen, stellen Personalverantwortliche in Unternehmen heute gerne Leute ein, die über *ungewöhnliche Wege* besondere Lebenserfahrungen gewonnen haben.

Manch ein Jugendlicher muss der Schule erst mal den Rücken kehren, eine Ausbildung machen, ein Handwerk erlernen, um über die Anforderungen dieser Arbeit die Vorteile des Lernens zu begreifen. Wenn er dann – *aus eigenem Antrieb* – auf einen höheren Bildungsabschluss zielt, hat das eine *ganz andere Kraft*, als wenn Eltern immer wieder – und oft vergeblich – Überzeugungsarbeit leisten.

Vor einigen Jahren konnte ich den Vater einer Jugendlichen davon überzeugen, dass der direkte Weg zum Abitur nicht für jeden jungen Menschen der passende Weg ist. Die

16-Jährige hatte durch den ständigen Druck des Vaters alle Lust am Lernen verloren und wollte nach der Mittleren Reife eine Ausbildung beginnen. Sein ewiges Nörgeln, sein *besser wissen, was für sie gut ist,* hat sie mürbe gemacht. Sie hat mir anvertraut, dass sie nahe daran war, mit dem Hund der Familie durchzubrennen. Es war ein zäher Prozess für Vater und Tochter. Er hat ihr schließlich die Verantwortung für ihre Zukunft in die Hand geben können, nahm die Rolle eines Beraters im Hintergrund ein: er war da für sie, wenn sie ihn um Rat oder Unterstützung bat. Dadurch hatte seine Tochter endlich die lange Leine, die sie brauchte, um zu spüren, was sie selbst will. Dadurch war es ihr möglich, sich selbst bestimmt für das Abitur entscheiden und ein Studium zu entscheiden. Die Folge: ihre Leistungen verbesserten sich, sie hatte wieder Freude am Lernen, weil sie jetzt *ihrer Entscheidung* folgen konnte. Und: weil sie nach einem Beratungsprozess genau wusste, dass ihr Berufsziel das Abitur und ein Studium voraussetzt. Durch den Druck des Vaters entstand eine *negative Spirale*, das Freilassen in ihr eigenes Leben löste eine *positive (Entwicklungs-)Spirale* aus.

Auch der bewusste *Verzicht auf eine Hochschulbildung* oder der *Abbruch eines Studiums*, kann genau der richtige Weg für Ihre Tochter, Ihren Sohn sein. Ob diese Entscheidung sinnvoll ist, erschließt sich oft erst, wenn eine Lebensgeschichte rückwärts gelesen wird.

Steve Jobs (Apple) und Bill Gates (Microsoft) waren von ihrem Studium gelangweilt und unterfordert, es entsprach nicht dem, was sie für ihr Ziel brauchten. Ihre Berufung war so stark, dass ihnen ein formaler Universitätsabschluss unwichtig war. Sie haben das Studium abgebrochen und hoch motiviert und mit großem Erfolg *ihr Ding* gemacht. Vielleicht haben sie befürchtet, dass ein Studium sie von *ihren Ideen* abgelenkt hätte. Wie sich ihre Eltern wohl damals gefühlt und verhalten haben?

Die Tochter einer Freundin wollte gleich nach dem Abitur Geld verdienen. Ein duales Studium an einer Berufsakademie, d.h. der Mix, eine Zeitlang an einem festen Arbeitsplatz Erfahrungen sammeln und dann wieder eine Phase Theorie an der Akademie, war für sie ideal. Sie konnte Theorie und Praxis verbinden und gleichzeitig sofort finanziell auf eigenen Beinen stehen. Nach dem Studium wurde sie von dem Unternehmen übernommen – für sie die Bestätigung, dass ihre Entscheidung richtig war.

Manch einer Tochter ist der Beruf nicht so wichtig. Sie möchte vor allem eines: heiraten und Kinder haben. Keine Sorge, sie kann auch mit 35 noch eine Ausbildung oder ein Studium absolvieren. Meine Erfahrung aus vielen Lebensgeschichten zeigt: eine starke intrinsische Motivation, die aus der Berufung entsteht, macht vieles auch später noch möglich.

Oder Ihr Sohn will erst mal ein Jahr nach Japan, sich dort mit Jobs über Wasser halten und dabei eine neue Kultur kennen lernen. Vielleicht findet er in diesem Land eine Arbeit, in der er auch ohne das geplante Studium Entwicklungsmöglichkeiten für sich sieht. Für Eltern ist eine solche Entscheidung vielleicht erst mal gewöhnungsbedürftig. Sie können versuchen, ihm die Privilegien des Studentenlebens schmackhaft zu machen, argumentieren, dass ein Studium auf lange Sicht doch sinnvoller ist – entscheiden soll und muss er selbst. *Weil nur er in sich spürt, was für ihn stimmig ist.*

Der Sohn eines Freundes hat das gerade beispielhaft durchexerziert. Zuerst studierte er an einer TU Physik. Das war ihm zu theoretisch. Er wechselte nach drei Semestern an eine FH, um Feinwerktechnik zu studieren. Nach weiteren drei Semestern zog er zu seiner langjährigen Freundin nach London. Dort fand er in einem kleinen Unternehmen sofort eine interessante Stelle, die seinen Interessen und Fähigkeiten entsprach. Er verzichtete auf das Ziel, einen Studienabschluss anzustreben. Inzwischen ist sein Arbeitgeber von seiner Arbeit so angetan, dass er ihm angeboten hat, das weitere Studium zu finanzieren.

Natürlich haben nicht alle Eltern einen Steve Jobs oder Bill Gates in die Wiege gelegt bekommen und nicht jede Schulverweigerung und jeder Studienabbruch verheißt eine erfolgreiche Berufsentwicklung.

Sie sind als Eltern in der Verantwortung, die Wege Ihrer Kinder zu *begleiten*. Auch durchaus Ihre Meinung z. B. zu einem Studienabbruch deutlich zu sagen.

Gut ist es, dabei gelassen zu bleiben. Das *Gespräch* mit der Tochter oder dem Sohn zu suchen, in denen Sie interessiert nachfragen, welche Beweggründe diese für ihre aktuelle Entscheidung haben, welche Ideen im Raum stehen und wie es für sie weiter gehen kann. Wichtig für den Erfolg eines solchen Gesprächs ist dabei, dass der Jugendliche das Gefühl hat, dass sie zuhören und offen für seine Argumente sind.

Spürt der junge Mensch Respekt und Akzeptanz seiner Eltern, ist es ihm durchaus möglich, elterliche Hinweise und Einwände zu bedenken. Dabei hat es sich bewährt, diese Hinweise als *Angebote* zu formulieren. Das Wörtchen *vielleicht* oder die Formulierung *Könnte es sein, dass …?* sind in einem solchen Gespräch erprobte *Türöffner*. Der Jugendliche hat so die *Wahl*, ob er Ihre Anregung aufgreift, oder nicht. Unter dieser Voraussetzung kann Ihr Nachwuchs Ihren Rat als Unterstützung ansehen und nicht als Bevormundung.

Dringend zu warnen ist vor einschränkenden Sichtweisen, wie*: Ein Studium ist doch der beste Garant für Erfolg! Das war schon immer so!* oder *Ein weiterer Auslandsaufenthalt sieht schlecht aus in Deinem Lebenslauf, bringt Nachteile, wenn Du Dich später bewirbst.* Das kann stimmen und eintreffen. Und es kann auch ganz anders sein. Es ist ja nicht allein die *formale* Qualifikation und der direkteste Bildungsweg, der über eine erfolgreiche Berufsentwicklung entscheidet. Es gibt viele Möglichkeiten, solides Wissen und hervorragende Fähigkeiten für einen gewünschten Tätigkeitsbereich zu erwerben und damit Karriere zu machen. *Persönlichkeit, Reife und Mut zu ungewöhnlichen Erfahrungen* nehmen bei der Auswahl von Mitarbeitern immer größeren Raum ein. Vor allem, wenn es um Aufgaben geht, die Dialogfähigkeit und kreative neue Lösungen voraussetzen. Und darin besteht die Zukunft der Arbeit.

Wertvoll ist es, wenn ein junger Mensch aus eigenen Erfahrungen zu der Einsicht kommt, dass er sich *ganz einbringen* muss, um seine Chance in unserem Wirtschaftssystem zu erhalten. Und dass er auch zu gewissen Anpassungsleistungen bereit sein muss. Peter Härtling sagt dazu:

»Was junge Menschen für sich und an sich lernen sollten: die Spannung auszuhalten zwischen Wunsch und Verzicht. Es geht nicht alles! Mitunter muss man verzichten, um ein besonderes Ziel zu erreichen. Auch bescheidener sein und sich zurücknehmen können.«

Viele der jetzt 15- bis 20-Jährigen sind zu einer solchen Einsicht nicht in der Lage. Die Gründe sind verschieden: sie stammen aus einem Milieu, in dem ihnen dieses Bewusstsein nicht vorgelebt wird oder sie sind einfach zu verwöhnt und damit nicht in der Lage, die Anstrengungsbereitschaft aufzubringen, die für eine erfolgreiche Berufsentwicklung erforderlich ist.

Es fördert ganz sicher die Eigenverantwortung und die Anstrengungsbereitschaft, wenn Eltern mit ihren Kindern eine klare Absprache treffen, bis wann sie ihre Tochter oder ihren Sohn auf dem Ausbildungsweg finanziell unterstützen werden.

Verantwortung abgeben

Interessant finde ich folgende Behauptung von James Hillman: er bestreitet die Annahme, dass die Persönlichkeit eines Menschen vorwiegend durch die Gene und die Erziehung der Eltern geprägt und festgelegt wird. Er behauptet, es gibt etwas *Drittes*, das das Wesen *entscheidend* formt: die Einflüsse durch Begegnungen mit anderen Menschen. Zum Beweis führt er viele Bespiele berühmter Künstler und Wissenschaftler an, die trotz einer dramatisch schlechten Ausgangssituation in ihrer Kindheit und Jugend, etwas Besonderes leisten konnten.

Schenkt man diesen Erkenntnissen von Hillman Glauben, ist das eine große Entlastung für Eltern. Sie könnten sich mehr zurücklehnen und darauf vertrauen, dass *auch andere Menschen und Ereignisse*, die sich der elterlichen Kontrolle entziehen, fördernden Einfluss auf ihren Nachwuchs haben. Diese können dem jungen Menschen wertvolle Impulse geben, ihm Vorbild und Wegbereiter/innen sein. Viele Berufsgeschichten zeigen: wertvolle Hinweise zum Erkennen der eigenen Berufung ergeben sich in der Begegnung mit anderen Menschen.

Dazu drei Beispiele:

Der SCHRIFTSTELLER PETER HÄRTLING erzählt mir, dass er nach dem frühen Verlust beider Eltern das Glück hatte, drei *Kinderheilige* zu treffen, erfahrene Männer, die ihm durch ihren aufrechten Charakter in der Nachkriegszeit zum Vorbild wurden. Der für seinen Weg bedeutendste, der Kommunist und Künstler Fritz Ruoff, wird sein Mentor.

Wie viele junge Menschen, weiß ein Schweizer Kollege nach dem Abitur zunächst nicht, wo es ihn beruflich hinzieht. Bei der Berufsberatung rät man ihm zu Diplomat oder zu einem Engagement in einer Non-Profit-Organisation. Halbherzig beginnt er ein Studium. Dann wird er zum Militärdienst einberufen. Dort begegnet ihm ein 25 Jahre älterer Mann, der ihn durch seine Wertorientierung, wie er sagt, auf das Gleis gestellt hat. Eine schicksalhafte Begegnung, die dem Leben dieses jungen Mannes eine Richtung gibt, weil sie ihm bewusst macht, wofür er sich einsetzen will. Jetzt entscheidet er sich für ein Psychologiestudium, das er mit Diplom abschließt. Seitdem ist er zufrieden und erfolgreich als Therapeut mit Kindern und Erwachsenen tätig.

Im ZEIT-Magazin Nr: 39 / 2010 erzählt der Schauspieler Bruno Ganz, wie er über einen Bekannten zu seiner Berufung fand:

»Meine Entscheidung für das Schauspiel kam dann durch häufige Besuche im Zürcher Schauspielhaus und durch die Bekanntschaft mit einem Beleuchter. Ich setzte mich immer hinter ihm in die Loge. Da habe ich bald bemerkt, wie sehr ich mir wünschte, da unten auf der Bühne zu stehen, aber ich konnte mir wegen meiner Herkunft nicht vorstellen, Schauspieler zu werden. Ich weiß nicht, ob meine Eltern jemals in einem Theater waren, bevor ich zum ersten Mal auftrat. Sie stammten aus ländlichen Verhältnissen, meine Mutter kam aus einer extrem armen Familie in Oberitalien, mein Vater war der Erste seiner Familie, der in die Stadt zog. Es hat eine Weile gedauert, bis der Traum so manifest wurde, dass ich sagte: Es ist vollkommen egal. Ich werde das machen.«

Wenn Sie über die Frage der Berufswahl bereits ziemlich im Streit mit ihren

Zöglingen sind und nicht auf eine oben beschriebene glückliche Fügung vertrauen können, bietet es sich an, die Erarbeitung einer Berufsentscheidung an *Professionelle* zu delegieren. Ähnlich wie bei der Hausaufgabenbetreuung, führt es zu mehr häuslichem Frieden, wenn ein solcher Konfliktbereich *nach außen* verlagert wird. Das belastet zwar das Familienbudget, schont aber die psychischen Ressourcen von Eltern und Jugendlichen. Zudem kann es erheblich mehr Kosten verursachen, wenn junge Menschen *zu viele Wege* ausprobieren. In eine Kosten / Nutzen / Rechnung sollte man dabei auch mit einbeziehen, dass zu häufige Abbrüche Versagensgefühle hervorrufen, die sich negativ auf Selbstwertgefühl und Initiative des Heranwachsenden auswirken.

Auf dem Markt werden inzwischen viele *Tests* angeboten. Viele davon halten nicht, was sie versprechen. Ein standardisierter Test stellt, vergleichbar einem Foto, nur eine *Momentaufnahme* dar, kann eine gewisse *Vorauswahl* ermöglichen und damit die *grobe Richtung* aufzeigen. Doch seine Ergebnisse sind aus meiner Erfahrung *nicht individuell genug* und – im Hinblick auf die *Perspektive* – zu *wenig aussagekräftig*.

Junge Menschen effizient bei ihrer Berufsfindung zu begleiten, erfordert die Bereitschaft und die Fähigkeit, sich ganz auf *diesen* Menschen und seine Denk- und Fühlwelten einzulassen. Es braucht Berater / innen, die in der Lage sind, mit ungeteilter Aufmerksamkeit zuzuhören, genau nachzufragen, auch mutig zu konfrontieren. Dabei auch zu *hören*, was sie oder er *nicht* sagt, es bewusst zu machen und das *verborgene Wissen um die Berufung* in einem lebendigen Prozess zugänglich und nutzbar zu machen – Wissen, das über das Jetzt hinausreicht.

Auch Elternrat kann richtig gut sein

… und von einem Jugendlichen dankbar angenommen werden. Das hängt natürlich sehr davon ab, wie das Verhältnis, insbesondere die Kommunikation, zwischen Eltern und Kindern *gestrickt* ist.

Dazu noch eine Berufsbiografie:

Das Beispiel von MARC HILGENFELD, 45, zeigt, dass auch der Rat einer Mutter zu Erfolg und Zufriedenheit führen kann. Der GOLD- UND SILBERSCHMIEDEMEISTER MIT EIGENEM LADEN in Frankfurt, entwickelt von klein auf Hand und Kopf gleichermaßen, Der Vater, Oberstudiendirektor an einem Frankfurter Gymnasium, ist selbst handwerklich interessiert und begabt. Er erkennt und fördert Marcs handwerkliches Talent. Eine Tante in Toulouse – seine Mutter ist Französin - vertraut ihm bei seinen Besuchen gerne notwendige Reparaturarbeiten an, die der junge Mann mit Freude und Geschick ausführt.
Beide Eltern begleiten ihre Kinder sehr achtsam – ein Glück für diese jungen Menschen. Marc empfindet große Wertschätzung für seine Eltern. Hier liegt der Schlüssel, dass er später überhaupt bereit ist, den wegweisenden Hinweis seiner Mutter anzunehmen.
Bis er bei seiner Berufung *angekommen* ist, wird Marc noch einiges ausprobieren Seit er neun ist, spielt er begeistert Gitarre, spielt in einer Band. Nahe liegend, dass er in der Pubertät den Berufswunsch hat, Musiker oder Toningenieur zu werden. Nach dem Abitur studiert Marc Hilgenfeld erst mal vier Semester Jura, betreibt nebenher eine Kneipe mit Freunden, um finanziell eigenständig zu sein. Der Wechsel zu einem Lehramtsstudium ist halbherzig. Sein Schlüsselerlebnis: Bei einem befreundeten Instrumentenbauer entdeckt er Abfallhölzer in einer Kiste, fertigt originellen Ohrschmuck daraus und verkauft seine Kunstwerke mit Erfolg auf Flohmärkten.
Seine Mutter nimmt seine Begeisterung wahr, rät ihm: »Geh doch mal zu Goldschmiedin XY, bewirb Dich bei ihr.« Er wird abgelehnt. Von seinem Ziel, Schmuck zu entwerfen und herzustellen, lässt sich der 24-Jährige dadurch nicht abbringen. Er erhält einen Ausbildungsplatz an der Goldschmiedeschule in Hanau. Inzwischen ist er verheiratet und liebevoller Vater einer Tochter. Im Anschluss an die Ausbildung arbeitet er erst mal drei Jahre angestellt bei einem Goldschmied. Zwei Jahre Meisterschule in Pforzheim folgen. Eine Stelle in Ludwigsburg bietet dem Gold- und Silberschmiedemeister die Möglichkeit, Lehrlinge auszubilden.
Der schon länger gehegte Wunsch, selbständig zu sein, wird 1999 konkret, als seine

zweite Frau, eine Berufskollegin, auf einen leer stehenden Laden aufmerksam wird, der ganz ihren Vorstellungen entspricht und zudem noch genau in dem Viertel liegt, das das Paar sehr attraktiv findet.
Inzwischen stellen sie schon über zehn Jahre gemeinsam *Schmuck und Gerät* her. Aufregende Unikate, entsprechend kunstvoll in Laden und Schau-Fenster zur Geltung gebracht - ein Besuch ist fast *zwingend.*
Sein Potential beschreibt der weltoffene, kunsthistorisch gebildete Gold- und Silberschmied mit: weiter Blick, kreativ, kommunikativ und bewusst.
Arbeit ist ihm willkommen. Sie ist für ihn Leben.
Erfolg ist ein glückliches Leben im Kreis der Familie und Freunde.
Sein Credo: *Wer stehen bleibt macht den ersten Rückwärtsschritt!*
Seine Werte: Neugier, Offenheit, Qualitätsbewusstsein, Kreativität, Menschenliebe.
Auf meine Frage, was für ihn der Sinn des Lebens ist, sagt er: »Dass ich glücklich bin und mein Tun andere glücklich macht.« Das gelingt ihm.

Marc Hilgenfeld rät Jugendlichen:

- Alles Mögliche schon als Kind beobachten, neugierig sein, Interesse für alle möglichen Berufsfelder entwickeln.
- Du solltest Dir eine möglichst realistische Vorstellung von Deinem Wunschberuf machen, Dich genau informieren.
- Ehrlich zu sich selbst und anderen zu sein.
- Einbringen solltest Du: Arbeitslust, Bildungswillen, Alltagsintelligenz, Soziale Kompetenz, Kontaktfähigkeit, gesunde Bescheidenheit und Durchsetzungswillen.

Exkurs: Ein Bildungssystem, das individuelle Potenziale fördert

»Möglichkeiten existieren,
wenn sie als Möglichkeiten
gesehen werden.«
Unbekannt

Die Erfahrung, dass Jugendliche in unserem Schulsystem scheitern oder (weit) hinter ihren Möglichkeiten zurückbleiben, *obwohl sie mindestens durchschnittlich begabt sind*, war für mich der Anlass, die folgenden Ausführungen in das Buch aufzunehmen.

Die Beobachtung begabter Schulversager / innen wirft zwangsläufig die Frage auf: *verfehlt das Kind die Schule oder verfehlt die Schule das Kind?* Meiner Ansicht nach trifft letzteres zu.

Wie tief das Bedürfnis nach einer *anderen Schule, einer das Individuum fördernde Pädagogik*, und wie allgegenwärtig die Sehnsucht nach einer Kindheit ohne Verletzungen ist, das zeigen die Besucherströme, die sich in Kinos ergießen, wenn dort Filme wie *Rhythm is it* angeboten werden, die den Beweis antreten, dass es durchaus möglich ist, junge Menschen so zu fördern, das ihre Potenziale und ihre Lust am Lernen geweckt werden.

»Unser Bildungssystem versagt seit mindestens zwanzig Jahren«. Diese Meinung vertritt mein Interviewpartner *Jörg Bourgett*. Seiner Einschätzung ist zu vertrauen. Der Initiator und ehrenamtliche Leiter des erfolgreichen Beschäftigungsprojektes *Domäne Mechthildhausen* hat schließlich als Jugendamtsleiter und Wirtschaftsdezernent viele Jahre die pädagogische Landschaft der Landeshauptstadt Wiesbaden entscheidend mitgeprägt.

In der Beratung mit diesen begabten und doch nicht entsprechend erfolgreichen Jugendlichen fällt auf: sie leiden in der Schule – vielleicht schon über

Jahre – unter dem Gefühl, nicht *richtig* zu sein. Ihre *individuellen* Fähigkeiten, werden nicht gesehen, geschweige denn geschätzt und gefördert. Das löst starke Selbstzweifel in ihnen aus und lässt ihre natürliche Neugier und ihr Engagement immer mehr verkümmern. Ein schleichender Prozess zur Leistungsverweigerung, zum lähmenden *Null-Bock-Gefühl.*

Wenn ich sie frage, welche Gründe sie selbst dafür verantwortlich machen, dass sie – obwohl offensichtlich intelligent – nicht besser abschneiden, sagen sie ehrlich, dass es *auch* an ihrer Bequemlichkeit liegt. Aber eben auch an für sie uninteressanten Inhalten und dem wenig motivierenden Verhalten überforderter Lehrer / innen.

Selbstverständlich muss jungen Menschen nicht alles nur Spaß machen. Es gibt manchen Lernstoff, der nicht so gut *schmeckt,* den man jedoch für ein gelingendes Leben braucht. Wenn solche Inhalte mit lebendiger Anschauung gewürzt, interessant vernetzt und so angeboten werden, dass linke *und* rechte Gehirnhälfte angesprochen sind, gelingt es, junge Menschen zu *berühren.* Und das, wovon wir berührt werden, lässt sich gut merken. Auf diese Weise werden LernLust und Initiative entzündet und erhalten.

Kinder sind von Natur aus unglaublich wissbegierig. Das Leistungsversagen von Jugendlichen wirft u.a. folgende Fragen auf: unter welchen Voraussetzungen kann ihre frühe Neugier und Freude am Lernen erhalten werden? Wie müssen Kindertagesstätten und Schulen ihre Rahmenbedingungen, Methoden und Inhalte ändern und welche Kompetenzen brauchen Pädagogen, damit junge Menschen in ihrem natürlichen Wissendrang und individuellen Potenzial gefördert werden?

Das *Rad* braucht nicht neu erfunden zu werden – von manch einem unserer europäischen Nachbarn könnten wir Zukunftsweisendes übernehmen.

Um aktuelle Informationen über unser Bildungssystem und Richtung weisende Ideen für die dringend notwendige Reform zu bekommen, habe ich den **Diplompädagogen Rainer Völkel** befragt, der als Leiter des Amtes für Soziale Arbeit mit seinen innovativen Ideen kompromisslos die Kindertagesstätten der Stadt Wiesbaden an die Bedürfnisse von Kindern angepasst hat.

Hansen: In der Beratung Jugendlicher hinsichtlich ihrer Berufswahl habe ich Erfahrungen gemacht, die die Frage aufwerfen: Wie kann sich Struktur und Angebot von Bildungseinrichtungen, wie Kindertagesstätten und Schulen ändern, damit die Heranwachsenden schon früh Bewusstheit über ihre einzigartigen Fähigkeiten erhalten, diese während ihrer Schulzeit weiter ausbauen und damit zu selbstbewussten und eigenverantwortlichen Menschen heranreifen können?

Welche Erfahrungen wünschen Sie Kindern in Kindergarten und Schule, damit sie für ein erfolgreiches Leben gut vorbereitet sind?

Völkel: Ich finde es wichtig, dass Kinder so früh wie möglich ihr Selbstwertgefühl entwickeln können. Ein Selbst entwickeln, das Kultur, Sprache, Wissen, Verhalten beinhaltet und integriert. Ein Selbstwertgefühl, das sie fähig macht zur Kooperation im Gegensatz zum *Ich,* das nur auf Durchsetzung der eigenen Interessen aus ist.

Am besten gelingt dies, indem wir Kindern die Möglichkeit geben, Ihr Potenzial durch praktisches Tätigsein, durch körperliche Arbeit, künstlerisches Tun und soziales Engagement zu erkennen und es auszubauen. Dabei werden Geist und Sinne des jungen Menschen angesprochen.

Der Lernerfolg ist für ein Kind dann am größten, wenn sich die gestellten Anforderungen an seinem individuellen Leistungsvermögen orientieren und weder zu niedrig (kein Anreiz) noch zu hoch (Überforderung) angesetzt sind.

Kinder wollen eigentlich nicht nur *rumspielen*. Ihr wesentliches Ziel und Bedürfnis ist es, kompetent zu werden in einer Welt, die sie als Fremde und ohne konkrete Kenntnis mit ihrer Geburt betreten haben.

Hartmut von Hentig, bekannt durch seine Laborschule in Bielefeld, empfiehlt, die Schule mit der Pubertät zu beenden und jungen Menschen das notwendige Wissen ausschließlich im Kontext mit konkreter Arbeit, d.h. durchaus auch sinnvoller körperlicher Arbeit, zu ermöglichen.

Bildungseinrichtungen erfüllen dann ihre Aufgabe, wenn sie Kindern den Sinn der sie umgebenden Welt eröffnen. Ihnen dabei helfen zu entdecken, wie die Welt *funktioniert.* Ihnen Erkenntnisse der modernen Naturwissenschaften ermöglichen, zum Beispiel Sheldrakes *Morphogenetische Felder, die* zeigen, wie vernetzt unsere Realität ist: *So hängt das also miteinander zusammen …*

Hansen: Damit dieser junge Mensch seinen Platz in der Gesellschaft findet, Freude und Wertschätzung erfährt und verantwortlich für das Ganze handeln kann – welche Charaktereigenschaften, Werte und Fähigkeiten können Ihrer Meinung nach in Kindergarten und Schule beim Kind gefördert werden?
Völkel: Wir müssen ihre Neugier, ihr Selbstbewusstsein, ihre Selbstbildungskraft und ihre innere Zufriedenheit durch Selbsttätigkeit fördern. Ihnen helfen, ein Gemeinschaftsgefühl zu entwickeln, wobei sie Kooperation als Vorteil in der Zusammenarbeit mit unterschiedlichen Menschen erkennen.

Hansen: Eine wichtige Rolle spielen Lehrer / innen: ein guter Pädagoge sein, in der heutigen Zeit, bedeutet für Sie …
Völkel: … zu wissen, dass er nie recht hat! Er muss die Bereitschaft haben, dialogisch mit Kindern zu lernen. Das bedeutet: beide lernen auf Augenhöhe voneinander. Er sollte fähig sein, eine lebendige Beziehung zwischen sich und jedem Kind aufzubauen, statt sich auf seine festgelegte Rolle als Erzieher, Lehrer oder Erwachsener zurück zu ziehen. Ihn zeichnet in diesem Sinne eine respektvolle Haltung Kindern und Jugendlichen gegenüber aus. Andererseits sollte er aber auch nie verleugnen, dass er Erzieher, Lehrer oder Erwachsener ist. In diesem Zusammenhang muss er auch irgendetwas wirklich gut können und beherrschen.

Hansen: Drei wesentliche Fähigkeiten / Eigenschaften, die geeignete Lehrer und Erzieherinnen heute auszeichnen?
Völkel: Dazu gehört zuallererst die *Beobachtungsgabe:* schauen lernen ohne gleich zu bewerten, bzw. sich seiner Bewertungen immer wieder bewusst zu werden. Denn Wahrnehmungen sind immer bewertend. Da wir es als Pädagogen immer mit Gruppen zu tun haben, gehört zum Beobachten die ständige Dokumentation – vor allem, um uns selbst zu überprüfen.

Eine zweite wichtige Eigenschaft: *mit den Stärken der Kinder arbeiten*, sehen wollen, was dieser einzigartige Mensch alles kann.
Und zum Dritten: Eine positive Beziehung zu *allen* Kindern herstellen können, gerade auch zu denen, die es einem als Pädagogen schwer machen, die mit angeblich störenden Verhaltensweisen auf sich aufmerksam machen, im Grunde aber eine Herausforderung darstellen und uns veranlassen sollen, zu den Ursachen ihres Verhaltens vorzustoßen. Statt an der Stigmatisierung eines anderen Menschen mitzuwirken, entwickelt ein guter Pädagoge Neugier für die ganz eigenen Ressourcen seiner Kinder und Jugendlichen.

Hansen: Welche inneren Haltungen, welche Vorannahmen von Erziehern, Lehrern und Sozialpädagogen sind Ihrer Meinung nach förderlich für die Persönlichkeitsentwicklung von Kindern?
Völkel: Offenheit für das individuelle Kind. Sich überraschen lassen. Die Gewissheit erlangen, dass ein Kind ständig wächst und sich verändert – jeden Tag. Der griechische Philosoph Heraklit drückt das in einem sehr passenden Bild aus: »Man springt nie zweimal in den gleichen Fluss.«
In meinem Verständnis sind Pädagogen *Vermittler* zwischen der Welt und dem jungen Menschen. Gut, wenn sie Kinder fordern, ihnen etwas zutrauen. Kindliche Lernprozesse als ein *Berater* begleiten, der immer zur Stelle ist, wenn er gebraucht wird. Gleichzeitig jedoch fähig ist, Kinder weitestgehend selbstbestimmt arbeiten und lernen zu lassen. Das weckt die intrinsische Motivation bei jungen Menschen stets aufs Neue. Vielleicht kann er dabei die Vorannahme hoffähig machen: Fehler als den Freund des Lernens anzusehen.

Hansen: Ihre Ideen für Auswahlkriterien von Lehre/innen und Erzieher/innen?
Völkel: Geeignete Lehrerinnen und Lehrer müssen *Lebenserfahrung* haben. Sie sollten eine Zeitlang in nicht-pädagogischen Berufen gearbeitet haben, im Büro z.B. oder in einem Betrieb, um dabei realistische Alltagserfahrungen in der Arbeitswelt zu erwerben. Dies ist eine wichtige Voraussetzung, wenn auch nicht

die einzige. Solche Pädagogen sind eher interessiert und in der Lage, individuelle Potenziale von Kindern und Jugendlichen zu erkennen und praktisch im Unterricht oder in der Erziehung aufzugreifen.

Hansen: Wie muss sich das Lehrerstudium verändern?
Völkel: Das Studium muss Aufgaben aus dem wirklichen Leben enthalten, Pädagogen lebenstüchtig machen. Das Curriculum sollte unbedingt Inhalte wie Moderation und Teamentwicklung enthalten.
Die *Tvind-Schulen in Dänemark* haben ein interessantes Konzept: sie verlangen von zukünftigen Lehrern, dass sie im Rahmen ihrer Ausbildung in kleinen Gruppen eine Reise nach Afrika unternehmen. Es wird ihnen ein ausrangierter Bus zur Verfügung gestellt. Alle auftretenden technischen, sozialen und inhaltlichen Herausforderungen müssen sie gemeinsam lösen. Sie lernen Risiken auszuhalten, Konflikte zu bewältigen und Unvorhergesehenes im Team zu meistern. Auf diesem Ausbildungstrip gewinnen sie Vertrauen in das Leben, in ihre jeweiligen Fähigkeiten und in die Zusammenarbeit mit unterschiedlichen Menschen. Offenheit und Selbstbewusstsein, gegenseitige Wertschätzung und Lust auf Neues, sind weitere *Schätze*, die sie von solch einer Reise mitbringen. Und all dies können sie dann auch in den Schulalltag einbringen.

Hansen: Wie ist der äußere Rahmen in Schule und Kindertagestätten zu verändern, um den jungen Menschen in seinem individuellen Potenzial zu fördern?
Völkel: Schulen brauchen mehr Freiheit, um über eigene Budgets zu verfügen, Lehrer/innen selbst auszuwählen. Ich favorisiere Ganztagsschulen, die epochalen Unterricht und Projekte anbieten, um Kindern tatsächlich so viel freies Arbeiten zu ermöglichen, wie sie es benötigen. Jedes Kind geht – alleine oder mit anderen - seinen Aufgaben nach, lernt in seinem Rhythmus. Vielleicht lässt es sich ein Diktat von der Lehrerin geben, um zu überprüfen, wie sein Lernfortschritt ist. Vielleicht lernt es mit einem Mitschüler gemeinsam oder schließt sich einer Gruppe an. Der Pädagoge steht in solch einer Phase der freien Arbeit den Schülerinnen vor allem beratend und beobachtend zur Verfügung.

Schule wäre gut beraten, wenn sie sich mehr externen Spezialisten aus unterschiedlichen Berufen öffnen würde. Freie Entscheidung über Budgets ist allerdings dafür Voraussetzung.
Schulbauten, die für freie Arbeit geeignet sind, verfügen möglichst über mehrere Arbeitsräume auf einer Ebene. Sie brauchen Treffpunkte für Kinder und Jugendliche, die sie einladen, sich informell zum Frühstück, zum Austausch, zum Zusammenarbeiten zu versammeln.
Schulleitungen sollten sich als Manager ihrer Schule verstehen, die zukunftsweisende Ideen generieren und Entwicklungsprozesse moderieren können. In einem Kollegium sind erfahrungsgemäß 1 / 3 entwicklungsinteressierte, 1 / 3 abwartende und 1 / 3 zweifelnde Kolleg / innen. Erkennt und wertschätzt ein Schulleiter die Potenziale der einzelnen Kollegen und verfügt über einen integrativen Führungsstil, werden neue Wege und Konzepte möglich, von denen alle profitieren. Es ist übrigens die gleiche Haltung, die Pädagogen auch Kindern und Jugendlichen gegenüber einnehmen sollten.
Nicht zuletzt werden dadurch Motivation, Kooperation und Engagement gefördert und am wirkungsvollsten Burn-out verhindert.

Hansen: Unser staatliches Schulsystem hat zwanzig Jahre lang not-wendige Reformen versäumt. Zum Schaden der Jugendlichen und jungen Erwachsenen heute. Warum konnten reformpädagogische Konzepte das Staatliche Schulsystem zwar inspirieren aber nicht wirklich wandeln? Was sind aus Ihrer Erfahrung die Gründe?
Völkel: Die Gründe lassen sich aus der Geschichte der Bildungsinstitutionen erklären. Vorbild für die Ausrichtung des Staatlichen Schulsystems war im Achtzehnten Jahrhundert das Militär. Werte wie Gehorsam, Kontrolle, Disziplin und Anpassung wurden auch in der Schule zum Maßstab. Der ersten industriellen Revolution waren diese Wertorientierungen durchaus dienlich. Für Unternehmer waren fleißige, angepasste und gehorsame Arbeiter von Vorteil. Ende des Neunzehnten Jahrhunderts stellten die reformpädagogischen Bewegungen diese traditionellen Werte und die daraus entwickelten Strukturen zunehmend

in Frage. Es kam eine fruchtbare Bewegung in das deutsche und europäische Bildungssystem. Die Ära das Faschismus beendete abrupt alle diese reformpädagogischen Modelle. Der Neubeginn der Bildungsdebatte ist von den 68zigern auf den Weg gebracht worden.
Bildungspolitiker und Pädagogen, die von diesen Strömungen nicht erreicht wurden, denken nach wie vor hierarchisch, linear und defizitär. Sie sind nicht in der Lage, dem Schulsystem eine neue Richtung zu geben, eine Richtung in der beispielsweise nicht allein das Lernergebnis eine Rolle spielt, sondern auch der Prozess dorthin. Leistung in diesem ganzheitlichen, nicht technokratisch verengten Sinne, umfasst sowohl das Lernergebnis als auch den je individuellen Lernprozess des Kindes oder Jugendlichen. Wo individuelle Lernfortschritte anerkannt werden und Noten, die keine Aussage über die Entwicklung eines Kindes machen, ersetzt werden durch an den Stärken des Schülers orientierten Beobachtung und Beschreibung, entwickelt sich eine intensive und fruchtbare Lernkultur.

Hansen: Wo könnte in Bezug auf die Veränderung des Staatlichen Schulwesens angesetzt werden, um Reformen zeitnah in die Tat umzusetzen?
Völkel: Freiheit und Eigenverantwortung für die in Bildungseinrichtungen Tätigen im Hinblick auf Budgets und organisatorische Gestaltungsmacht.
Was bei uns bisher versäumt wurde, hat in Schweden vor Jahren zu einer Wende in der Bildungspolitik geführt. Die Bildungsreform begann in diesem skandinavischen Land mit einer breit geführten gesellschaftliche Diskussion zu der Frage: Welche Kompetenzen, Fähigkeiten und Fertigkeiten brauchen die Menschen in dreißig Jahren, um ihr Leben sinnvoll und erfüllt zu leben und um die Gesellschaft zu modernisieren?
Noch ein wichtiger Punkt, der sich aktuell immer mehr in den Vordergrund schiebt: die soziale Spaltung zwischen Eltern, die sich für ihre Kinder Privatschulen leisten können und solchen, die auf das öffentliche Schulangebot angewiesen sind. Ich halte Privatschulen generell für genauso wichtig wie öffentlich geführte Schulen. Das sieht auch unser Grundgesetz so vor. Allerdings geht

es aus meiner Sicht dabei vor allem um die gleichberechtigte finanzielle Förderung von staatlichen und privaten Bildungseinrichtungen. Und diese ist in Deutschland nicht gewährleistet. Schulbildung muss grundsätzlich kostenlos sein. Dies kann man – wenn man politisch will – erreichen, wenn Privatschulen das gleiche Geld bekommen würden, wie öffentlich geführte Schulen. Auf diese Weise dürften dann keine zusätzlichen Elternbeiträge erhoben werden. Ein solches Modell – es funktioniert, wie man in verschiedenen Ländern sehen kann – ist einer Demokratie mit sozialem Anspruch viel eher angemessen als unsere jetzige Bevorzugung – geldlich – privilegierter Eltern. Hier steht immer noch der Ständestaat Pate, das Mittelalter lässt grüßen.

Hansen: Welche Haltung und daraus folgend welches Verhalten zum Kind wünschen Sie sich als engagierter, erfahrener Pädagoge von Eltern? Wie sehen Sie deren Rolle in Bezug auf die Ausgangsfrage?
Völkel: Eltern wissen häufig wenig über die Entwicklung von Kindern. Woher auch. Viele setzen ihr Kind deshalb schon früh unter starken Leistungsdruck – auch aus durchaus verständlicher Sorge über die Zukunft ihrer Kinder.
Eltern sollten ihr Kind als eigenständige Persönlichkeit achten und respektieren. Und sie unterschätzen häufig ihren prägenden Einfluss als Vorbild. Sie sind meist viel prägender, als ihnen bewusst ist. Dadurch erzielen sie weit mehr als durch alle bewussten und konkreten Anstrengungen, Kindern den rechten Weg – aus Sicht der Eltern – zu weisen. Die Pädagogin Maria Montessori spricht von den Kindern als den *Baumeistern des Menschen*. In diesem Bild steckt eine ganz bestimmte Haltung. Nicht der Erwachsene erzieht und bildet das Kind, sondern letztlich sind alle unsere pädagogischen Bemühungen nur Hilfen von außen, die das Kind mehr oder weniger hilfreich bei seinem inneren Aufbau- und Wachstumsprozess unterstützen können. Jedes Kind, wirklich jedes, hat ein einzigartiges Potenzial und dies muss es selbst zu nutzen und zu entwickeln lernen, ohne ständige Bewertung von uns. Auf diese Weise können wir immer wieder staunen über die Kraft und den Einfallsreichtum unserer Kinder und uns von ihnen überraschen lassen. Wir entwickeln so eine Haltung Kindern gegen-

über, die von Neugier, Respekt, Wertschätzung, Zufriedenheit und Vertrauen in ihre Kompetenzen getragen ist.

Die Wandlungen des Jungen Isa

Natürlich gibt es durchaus auch Entwicklungen, die hoffnungsvoll stimmen. Es gibt sie, die Pädagog / innen, die das Engagement und die Kraft haben, sich für die ihnen anvertrauten Menschen mit ihrer ganzen Person einsetzen. Das sind in der Regel die Lehrer / innen, die ihrer Berufung gefolgt sind. Und es gibt Schulleiter, die in der Lage sind, ihr Team zu motivieren und jeden entsprechend seinen Kompetenzen einzusetzen und zu fördern – zum Wohl der ganzen Schulgemeinde. Das folgende Beispiel aus der *ZEIT 48 / 2007* sei stellvertretend für all jene genannt, die sich für eine gesunde Entwicklung junger Menschen engagieren.

Die Geschichte des makedonischen Jugendlichen Isa zeigt, wie bedeutsam handwerkliches Tun und Erfolge darin für die Entwicklung von Selbstwertgefühl und sozialem Verhalten sind. Der 16-Jährige ist bereits bei Polizei und Lehrern aufgrund verschiedener Delikte, u. a. das Eintreten von Autotüren, in Misskredit geraten. Seine Mutter sorgt sich um ihn, kann sich aber nicht um ihren Sohn kümmern, da sie drei Billiglohnjobs zu bewältigen hat, um Isa und ihren arbeitslosen Mann zu ernähren.
Ein Breakdance-Projekt eines Kulturvereins, der Kindern aus schwierigen Verhältnissen und / oder Migrationshintergrund Perspektiven aufzeigen möchte, war für Isa eine gute Sache: dabei hat er u.a. seine integrative Fähigkeit entdeckt, indem er für den Zusammenhalt in der Gruppe gesorgt hat.
Als die Leiterin des Breakdance-Projektes kurze Zeit später von dem drohenden Schulverweis Isas erfährt, bietet sie dem Jungen an, einen Fotografiekurs bei ihr zu machen. Sie setzt sich persönlich für den Jungen ein und es gelingt ihr, die Schulleitung umzustimmen und ihm noch eine Chance zu geben.

Isa ist total überrascht, *dass ein Erwachsener ihm helfen will*. Das motiviert ihn und gibt ihm Kraft. Und dass am Ende des Projekts der *Kompetenznachweis Kultur* winkt, lockt ihn.
Der junge Mann lernt von seiner Mentorin die Funktionsweise der Kamera, Fotolabor, Motivauswahl. Zum Abschluss stellt Isa die Ausstellung seiner Fotos mit einer kleinen Rede dem Publikum vor.
Für Isa geht es wieder voran. Sein Schuldirektor hat ihm noch eine Chance gegeben. Viele Lehrer glauben wieder an ihn. Das spornt ihn an. Er hat ein Ziel: den Realschulabschluss und danach eine Bankausbildung in Hamburg.
Der Kulturverein will Jugendlichen beweisen, dass sie Stärken und Talente haben. Zukünftigen Arbeitgebern soll dieser Bildungspass als Zeugnis für soziale Kompetenz des Bewerbers gelten. Eine großartige Initiative!

Mein zweiter Interviewpartner zum Thema *Bildung* ist **Professor Ralf Reichwald von der Technischen Universität München (TUM).** Professor Reichwald ist Inhaber des Lehrstuhls für Betriebswirtschaftslehre mit dem Schwerpunkt: Information, Organisation und Management. Er forscht und lehrt als Wissenschaftler und Hochschullehrer über die Wechselzusammenhänge von Technologie, Organisation und Arbeitswelt.
Vielleicht können die folgenden Erfahrungen und Anregungen eines engagierten Hochschullehrers auch für Dich von Interesse sein?

Hansen: Herr Professor Reichwald, was bedeutet Erfolg für Sie?
Prof. Reichwald: Junge Menschen zu begeistern. Mir sind junge Menschen anvertraut – ungeschliffene Edelsteine – bei denen es gilt, das zu entwickeln, was in ihnen steckt und sie in ihren Talenten zu fördern. Wenn ich dann im Hörsaal die Resonanz in ihren Augen sehe, weiß ich, dass ich sie erreicht habe – das ist ein Erfolgserlebnis für mich. Des weiteren drückt sich für mich Erfolg durch Reputation als Wissenschaftler in der Wissenschaftsgemeinschaft aus, unter anderem durch gut bewertete Publikationen und Vorträge.

Hansen: Gibt es in Ihrem Denken eine Berufung? Und: leben Sie Ihre Berufung?
Prof. Reichwald: Das ist schwer zu beantworten. Akademischer Lehrer zu sein ist für mich der schönste Beruf, den ich mir in meiner Berufswahl vorstellen konnte – so gesehen entspricht meine Arbeit voll und ganz meinem Traumberuf. Das meinen Sie vielleicht mit der Frage nach einer Berufung. Meinen Berufsverlauf habe ich nicht geplant, auch keine klare Erwartung gehabt. Aber, was immer ich tat, habe ich mit vollem Einsatz getan.
Ich denke, junge Menschen können ihre Karriere nicht strategisch planen, aber man kann ihre Talente fördern.

Hansen: Wie gelingt heute eine nachhaltige Berufswahl?
Prof. Reichwald:. Indem junge Menschen das, was sie interessiert und wozu sie talentiert sind, in eine *Richtung* bringen. Hohe Kompetenz auf einem bestimmten Gebiet aufbauen – und dann kommt die Erfahrung im Umgang mit Menschen im Berufsleben hinzu, die so genannte *soziale Kompetenz.* In dieser Kombination von Kompetenzen entsteht Nachhaltigkeit.
Junge Menschen müssen wissen, was sie können und von sich überzeugt, authentisch und glaubwürdig sein – das sind Voraussetzungen, dass sie andere von ihrem Potenzial überzeugen.
Und natürlich muss der berufliche Alltag auch Spaß machen.

Hansen: Welche Rolle spielt für Sie der eigene Wille und welche Bedeutung geben Sie dem Schicksal, den Zufällen bei der beruflichen Entwicklung?
Prof. Reichwald: Ich glaube, dass in der Berufswelt der *Wille* eine größere Rolle spielt als der *Zufall.* Ganz entscheidend ist, mit welchen Menschen man zusammentrifft – ob es beeindruckende Menschen sind, nach denen sich ein junger Mensch ausrichten kann und von denen er lernen will. Bedeutsam ist es, ein Gespür dafür zu entwickeln, welche Menschen zu einem passen, und das immer wieder zu überprüfen. Ich habe sehr früh ein sicheres Gespür bei der Auswahl von Menschen entwickelt, dies ist eher intuitiv ausgeprägt, und

es hat immer funktioniert. Die soziale Umgebung ist ein so wichtiger Faktor im Berufsleben.

Hansen: Auf welche Fähigkeiten und Eigenschaften sollen Jugendliche sich konzentrieren, um in der Arbeitswelt 2010plus erfolgreich und zufrieden zu sein – unabhängig davon, ob sie eine Ausbildung oder ein Studium planen?
Prof. Reichwald: Es ist notwendig, dass sie *im Schlaf* mit Medien umgehen können, sie als Instrumente für Kommunikation und Wissensmanagement beherrschen. Dass sie zuhören können, aufgeschlossen sind, neugierig Türen öffnen und sich in andere Menschen hineinversetzen können.

Wettbewerb mit anderen ist wichtig, sich messen können in Schule und Freizeitbereich – besonders in der Pubertät. So erfahren sie ihre Leistungsfähigkeit und ihre Grenzen. Das fördert das Bewusstsein über ihre besonderen Talente und baut Selbstvertrauen auf.

Hansen: Sie haben Erfahrung mit jungen Menschen, die frisch aus unseren Bildungseinrichtungen an die Universität kommen. Sind Sie zufrieden mit dem Wissen und den Strategien, die sie als Basis für ein Studium mitbringen?
Prof. Reichwald: Zunächst ist zu sagen, dass die Studienanfänger, die ich in den letzten 30 Jahren meines Berufslebens als Universitätsprofessor kennen lernen durfte, ungefähr das gleiche Entwicklungspotenzial mitbrachten. Dabei verlangt die Technische Universität in München besonders hohe Leistungsstandards, so dass wir eine bessere Auswahl an Studierenden haben als manche andere Universität.
Was die Eingangskompetenzen betrifft, beobachte ich, dass Studienanfänger die deutsche Sprache nicht mehr so präzise beherrschen. Dafür sprechen viele gut Englisch und sind versierte Computeranwender.
Immer mehr Studierende beherrschen mehrere Sprachen, die sie während ihrer Auslandssemester oder -praktika gelernt haben. Die Eingangskompetenzen haben sich verändert und zwar nicht zum Nachteil für das künftige Berufsleben.

Hansen: Welche Ideen würden Sie in einer Bildungskommission einbringen, um unsere Bildungseinrichtungen zu verbessern?
Prof. Reichwald: Die *Grundschule* trifft die wichtigste Entwicklungsphase der Kinder und hat die besten Chancen, die Kinder zu prägen, ihre Interessen zu wecken und ein Bewusstsein über die individuellen Talente zu fördern. Daher sind für den Beruf des Grundschullehrers bessere Anreize, z. B. auch eine bessere gesellschaftliche Position als bisher notwendig. Sie sind es schließlich, die entscheidende Weichen stellen, die Wirkungen auf die Kinder und deren Zukunft haben.
Die häufig einseitig sozialwissenschaftlich geprägte Ausbildung von *Grundschul- und Gymnasiallehrer/innen* müsste sich mehr in Richtung Technologie und Naturwissenschaft bewegen. Auch um das pauschale Vorurteil wie: »Die technisch/naturwissenschaftlich geprägte Industrie zerstört die Umwelt« abzubauen.
Lehrer/innen an beruflichen Schulen brauchen andere Fähigkeiten als bisher. Vor allem müssen sie junge Menschen von Innovationen in technisch-naturwissenschaftlichen Bereichen begeistern können. Eigene positive Erfahrungen außerhalb der Schulwelten sind für Berufsschullehrer wünschenswert, weil sie nur so in der Lage sind, für Jugendliche einen realen Bezug zur Arbeitswelt herzustellen.

Hansen: Welches Profil setzen Sie bei Lehrer/innen heute voraus, damit sie jungen Menschen eine solide Grundlage für ihren Berufs- und Lebensweg ermöglichen?
Prof. Reichwald: Ihre *fachliche Kompetenz* ist ein absolutes Muss.
Dazu die Fähigkeit, junge Menschen in ihrem individuellen Potenzial zu erkennen und zu fördern, d.h. zu erkennen, ob ein Kind eher für Mathematik zu begeistern ist, oder ein besonderes Talent für Sprachen oder Handwerkliches hat.

Ganz wesentlich für Lehrer/innen aller Bildungseinrichtungen ist eine ausgeprägte *Kommunikations- und Kontaktfähigkeit*: Sie sollten in der Lage sein, Beziehungen zu *jedem* Kind aufzubauen. Die Bedeutung der Sozialkompetenz kann gar nicht hoch genug eingestuft werden.

Ein Qualitätsmerkmal ist es, wenn Pädagogen überzeugt und authentisch sind in allem, was sie tun, und dieser Funke auf die Jugendlichen überspringt. Auf diese Weise bildet sich in den ihnen anvertrauten Menschen wertvolle *intrinsische Motivation*.
Diese Fähigkeit, für das Neue zu begeistern, setzen wir auch bei Professoren an unserer Hochschule voraus.
Schließlich ist es das *ethische Verantwortungsbewusstsein* von Lehrer/innen, denen die jungen Menschen anvertraut sind.

Hansen: Welche Einstellungen und Kompetenzen braucht eine Studentin, ein Student heute, um das Studium erfolgreich zu absolvieren?
Prof. Reichwald: Sie sollen sehr gut über das Profil der Universität oder Fachhochschule ihrer Wahl informiert sein, d.h. sich selbst und anderen erklären können, warum sie unbedingt an *dieser* Hochschule studieren wollen.
An der Technischen Universität München werden seit drei Jahren Auswahlverfahren durchgeführt, mit dem Ziel, zu ermitteln, ob die Einstellungen und Erwartungen von beiden Seiten zusammenpassen. Das ist an unserer Universität ein wesentliches Selbstverständnis.
Wir wollen spüren, dass sie oder er bereit ist, sich ganz auf unserer Hochschule einzulassen, sich mit ihr zu identifizieren und in diesem Rahmen etwas Besonderes zu leisten.

Hansen: Was raten Sie Eltern aus Ihrer Sicht in Bezug auf eine gelingende Förderung ihrer Kinder?
Prof. Reichwald: Eltern sind gut beraten, wenn sie das gesamte Ausbildungssystem kennen, um frühzeitig richtige Weichen für ihre Kinder zu stellen. Leider sind viele Eltern bei der Komplexität der Bildungslandschaft überfordert.
Sie sollten sich mit ihren Kindern so weit beschäftigen, dass sie deren Talente erkennen und fördern können.

Hansen: Was denken Sie, sind die drei wesentlichen Voraussetzungen, um beruflich zufrieden und erfolgreich zu sein und zu bleiben?
Prof. Reichwald: Erstens immer wieder die Bereitschaft zu haben, sich in seinem Beruf zu verändern. Dazu gehört zweitens, sich auf neue Methoden und Skills einzulassen, d.h. neues Wissen zu erwerben. Drittens die Bereitschaft, sich auf veränderte soziale Umgebungen einzulassen. Das ist leichter gesagt als umgesetzt, besonders in den späteren Phasen des Berufslebens.
Dabei sollte man zunächst versuchen, das Umfeld, das System, in dem man tätig ist, mit eigenen Ideen neu zu gestalten. Und für diesen Entwicklungsprozess strategische Partner, Verbündete zu finden.

Hansen: Was bedeutet Arbeit für Sie?
Prof. Reichwald: Arbeit ist für mich: der tägliche Weg in mein Institut – das Gefühl, das ich (meistens) damit verbinde: *Da gehe ich gerne hin, weil ich dort Menschen treffe, mit denen mich eine positive Beziehung verbindet und mit denen ich ständig neue Aufgaben lösen muss.*

Hansen: Was ist Zufriedenheit für Sie persönlich?
Prof. Reichwald: Anerkennung und Wertschätzung, die ich im Beruf erfahre – und zwar 360 Grad, d.h. von Vorgesetzten, Kolleg / innen auf der gleichen Ebene und von den mir anvertrauten Student / innen und Doktorand / innen.
Auch die Anerkennung und Wertschätzung in meinem privaten sozialen Umfeld.
Und die Antwort auf die mir selbst gestellte Frage: *Wie viel von meinen Talenten habe ich entwickelt und in meinen Beruf eingebracht?* Dabei komme ich zu einer zufrieden stellenden Bilanz.

Nachwort und Dank

»Sieh Dir jeden Weg genau und bewusst an.
Dann stell Dir selbst
Und nur Dir selbst eine Frage:
Hat dieser Weg ein Herz?
Wenn ja, ist der Weg gut;
Wenn nicht, ist er nutzlos.«
Carlos Castaneda

Jedes Buch hat seine Geschichte. Im Nachdenken über den Entstehungsprozess wird mir klar: es brauchte viele Anregungen von anderen Menschen, fruchtbare Begegnungen und Zufälle, *die keine waren*, bis ich mich dieser Aufgabe und dem damit verbundenen Arbeitspensum gestellt habe.

Mein Dank gilt in erster Linie den Frauen und Männern, denen ich in meiner Tätigkeit als Trainerin und Coach begegnet bin. Die sich mir anvertraut und es mir ermöglicht haben, *ihre* Welt, ihre Gedanken und Gefühle kennen zu lernen. Von ihren Erfahrungen, den Nöten und Erfolgen ihres Lebens, habe ich vieles gelernt, was sich in der Begleitung Jugendlicher wirkungsvoll einsetzen lässt.

Meinen Interviewpartner/innen danke ich für die interessanten Gespräche, die ich mit ihnen führen konnte. Neben der Bestätigung vieler meiner Vorannahmen, lernte ich, manches neu zu sehen und konnte damit meine Kompetenz erweitern.

Ingrid Nicolai, Torsten Halsey und Jürgen Landua waren bereit, das erste Buchkonzept mit mir zu erörtern; Eure kritischen Anmerkungen und Ideen haben mich gestärkt und motiviert. Wolfgang Schreiber und Dr. Margarete Mantke-Geiger haben das Manuskripts korrigiert und weiter führende Ideen dazu eingebracht. Für Eure kompetente und wertschätzende Unterstützung danke ich Euch allen von ganzem Herzen.

Besonderer Dank gebührt meinem Sohn Erik, der mich am Anfang *ermutigt* hat, das Buch zu schreiben. Ich höre noch genau, wie er zu mir sagte: *Mama, das ist eine gute Idee!* Erik hat mich dann zunächst bei allen *technischen* Fragen unterstützt. Im weiteren Entstehungsprozess hat er durch seine Ideen auch die *inhaltliche* Gestaltung beeinflusst: so hat er dem Ratgeber eine erste Korrektur verpasst und wichtige Anregungen zur Kapitelabfolge sowie Ergänzungen (z. B. die Abbildungen) eingebracht, die ich gerne angenommen habe. Zumal ich dabei immer die Wahl hatte, zu seinem Rat ja oder nein zu sagen. Und Du warst meistens auch dann noch ein geduldiger Ratgeber, wenn Du selbst viel um die Ohren hattest. Das weiß ich sehr zu schätzen, lieber Erik, dafür meinen herzlichen Dank!

Wie kam es zu der Idee für diesen Ratgeber?

Den entscheidenden ersten Impuls gab Barbara Blanke, die mich in ihrer blitzgescheiten Art immer mal schelmisch anschaute und fragte: *Du schreibst doch sicher mal ein Buch?* Dir, liebe Barbara, danke ich dafür, dass ich überhaupt darüber nachgedacht habe, ein Buch über meine Arbeit zu schreiben.

Während meiner langjährigen Tätigkeit als Karriereberaterin habe ich vorwiegend Erwachsene auf ihrem Berufsweg unterstützt. Immer mal wieder wurde ich gefragt, ob ich auch etwas für Jugendliche anbieten könnte. 1997 entschloss ich mich in Zusammenarbeit mit Stadtverwaltungen *Workshops für Jugendliche* anzubieten. Themen waren: Berufsfindung, Kommunikation, Bewerbung und Selbstbehauptung. Bei diesen Trainings wurde mir bewusst, wie schwierig es für junge Menschen heute ist, aus der unüberschaubaren Fülle der Möglichkeiten *ihren* beruflichen Weg zu erkennen und eine selbst bestimmte Berufsentscheidung zu treffen. Die Themen Kommunikation, Bewerbung und Selbstbehauptung ließen sich sehr gut in der Gruppe realisieren, während sich das zentrale Thema *Berufsfindung* als Gruppenangebot nicht bewährt hat. Diese Erfahrung motivierte mich zur Entwicklung eines *individuellen* Beratungskonzeptes für Jugendliche, den *Berufsführerschein* www.berufsfuehrerschein.de.

Dabei stand für mich die Frage im Vordergrund: *Worüber sollten sich junge Menschen vor der Berufsentscheidung klar werden, um überflüssige Umwege, auch*

Illusionen und in der Folge Enttäuschungen zu vermeiden. Die Lehrerin in mir wurde wieder wach, die einst mit dem Ziel gestartet war, Kinder so zu fördern, dass sie selbstbewusste und glückliche Menschen werden. Meine neue Aufgabe, Jugendlichen Orientierung für eine nachhaltige Berufsentscheidung zu geben, knüpfte unmittelbar daran an.

Schon die ersten Einzelberatungen mit Jugendlichen haben meinen Weg bestätigt. Ich spürte, wie gut ihnen das Interesse an ihrer Person und meine ungeteilte Aufmerksamkeit tat, wie sie sich den Fragen öffnen konnten, um *das Geheimnis Ihrer Berufung* zu ent-decken. Das ist immer wieder neu ein beglückendes Erlebnis für mich.

Eine professionelle Unterstützung in dieser Lebensphase kann für junge Menschen ein unglaublich fruchtbares Geschenk sein, dem Wert materieller Geschenke weit überlegen. Bei der gemeinsamen Suche entdeckt der Jugendliche seine Fähigkeiten und Interessen, seine persönliche Werte und Glaubensüberzeugungen und damit die eigene *Identität.* Er kann mit Dingen Kontakt aufnehmen, die größer sind als er selbst, mit seiner *Vision,* seinem möglichen *Lebensauftrag* und so den *Sinn seines Lebens* ahnen. Der junge Mensch lernt zudem konstruktive Strategien kennen, um seinen Berufswunsch in die Tat umzusetzen – alles zusammen genommen ein *Prozess der Reifung,* der oft erst bei Vierzigjährigen in der Midlifecrisis einsetzt und der manche unserer Mitmenschen gar nicht erreicht.

Natürlich ist meine Motivation, Jugendliche zu begleiten, auch in meiner eigenen Berufsbiografie begründet. Die Tatsache, keinen Diplomabschluss als Psychologin oder Soziologin zu haben, hat manches in meinem Berufsleben erschwert. Der *Ruf* hat mich dann zwar doch noch erreicht – nach Umwegen, die ich gerne etwas abgekürzt hätte.

Es gibt auch noch eine *politische* Motivation, die mein besonderes Engagement für Jugendliche und für diese Publikation erklärt: man braucht keine Kulturpessimistin zu sein, um wahrzunehmen, dass vielen Menschen in den Ballungszentren der Sinn ihres Lebens und in der Folge das Maß aller Dinge verloren gegangen ist. Es reicht, ab und zu mit öffentlichen Verkehrsmitteln zu reisen. Die Eindrücke, die sich einem einfühlsamen Menschen zeigen, sind erschütternd. Entwurzelt, *ohne Kontakt zu sich selbst*, klammern sich Heranwachsende an Technik aller Art, stöpseln ihre Sinne zu, wissen nicht mehr, was sie noch alles tun können, um wahrgenommen zu werden, mit Piercings und Tattoos an (un-)möglichen Körperstellen, zappeln nervös mit den Beinen … Für mich eine Herausforderung, der nachfolgenden Generation Wege aufzuzeigen, sich ihrer *wirklichen* Bedürfnisse bewusst zu werden und damit den Verlockungen *scheingeiler* Ersatzbefriedigungen zu widerstehen.

Die Idee, meine Erfahrungen durch Interviews mit erfolgreichen und zufriedenen Menschen zu erweitern, führte dazu, dass ich engagiert loslegte. Zunächst mit den Interviews. Von fast allen Menschen, die ich gefragt habe, ob sie zu einem Interview bereit sind, bekam ich eine Zusage – eine ermutigende Bestätigung dafür, dass mein Vorhaben stimmig ist.

Die wirkliche *innere Entscheidung* für diesen Ratgeber, die kein Zurück mehr erlaubte, fiel im Haus meines Schwagers. Ich konnte nicht schlafen und wurde aufmerksam auf ein vergilbtes Inselbüchlein, die *Briefe an einen jungen Dichter* von Rainer Maria Rilke. Nach einigen einführenden Seiten kam *der Text* (S. 76), der auf mich wirkte wie ein Appell: *Mach das, sieh das Buch als Deinen Auftrag an!*

Ob es mir gelungen ist, Dich zu ermutigen, Deiner Berufung zu folgen und Dein Leben aktiv in Deine Hände zu nehmen? Eine *eigensinnige* Berufswahl zu treffen, statt über Dich bestimmen zu lassen?

Darüber würde ich mich sehr freuen. Es gibt schon zu viele Menschen, die fremd bestimmt leben (müssen), einen ungeliebten Job machen, jenseits von ihren Interessen und Werten, vielleicht auch ihren Fähigkeiten. Nicht wenige quälen sich täglich zur Arbeit, klammern sich an Macht und Status, beruhigen und rechtfertigen sich mit ihrem hohen Einkommen. Ein Prozess des Umdenkens setzt oft erst ein, wenn sie krank sind. Ein Unglück für die Menschen selbst, ihre Familien und unsere Gesellschaft.

Dabei gibt es (fast) immer eine Lösung, aus einer unbefriedigenden Situation eine bessere zu entwickeln. *Ich sage nicht, dass das leicht ist.* Es ist *möglich.* Und vielleicht einen Versuch wert. Mit einer klaren Vision, Entschiedenheit und dem Einsatz von Zeit, Energie und Disziplin, vielleicht auch Verzicht auf Geld. Davon bin ich überzeugt, weil es meiner Erfahrung als Mensch und als Coach entspricht.

Es ist mein Wunsch, dass Menschen, die mit Jugendlichen arbeiten, speziell von meinem Konzept: *So findest Du Deine Berufung* profitieren, indem sie die eine oder andere Idee ausprobieren, erweitern, etwas Neues, Eigenes daraus entwickeln und in ihren Arbeitszusammenhang einbringen.

Über die Autorin

Ulrike Dorothee Hansen

Berufsstrategie und Systemisches Coaching

Zum Golzenberg 6, 65207 Wiesbaden

Fon: 0611 . 501734

Email: ulrike.hansen@t-online.de

http://www.hansen-coaching.de

Ulrike Dorothee Hansen, Jahrgang 1946, arbeitet seit zwanzig Jahren als Karrierecoach, Trainerin und systemische Paarberaterin in eigener Praxis in Wiesbaden. Ihr Anliegen ist es, Menschen zu ermutigen, ihre individuellen Potenziale zu erkennen und zu nutzen.

Aus der Beobachtung, dass eine selbstbestimmte Berufswahl heute schwierig ist, entwickelte die ehemalige Lehrerin ein ganzheitliches Konzept zur Begleitung junger Menschen, den *Berufsführerschein* – wesentlicher Bestandteil dieses Ratgebers.

Die Autorin bietet auf Anfrage Trainings für Pädagog / innen an, die das Konzept *Berufsführerschein* in ihrem Arbeitskontext anwenden wollen.

Literatur

brandeins 9 / 05: *Erkenne die Möglichkeiten,* brand eins Verlag GmbH & Co,Hamburg

Calvino, Italo: *Eremit in Paris*, Deutscher Taschenbuch Verlag, München 1997

Capra, Fritjof: *Wendezeit*, Droemer Knaur Verlag, München

De Botton, Alain: *Die Kunst des Reisens*, S. Fischer Verlag, Frankfurt am Main 2002-:

De Botton, Alain: *StatusAngst,* S. Fischer Verlag, Frankfurt am Main, 2006

Dürckheim, Karlfried: *Im Silberstrom des Seins*, Herder Verlag, Freiburg 1996

Frisch, Max: *Tagebuch 1946-1949,* Suhrkamp Verlag, Frankfurt am Main 1985

Frischknecht, Ueli: *MetaSmile,* Magazin der NLP-Akademie Schweiz, Heft 04 / 09

Fromm, Erich: *Haben oder Sein*, Deutsche Verlags-Anstalt GmbH, Stuttgart 1976

Fromm, Erich: *Die Kunst des Liebens*, Ullstein Verlag, Frankfurt am Main 1977

Fromm, Erich: *Vom Haben zum Sein*, Beltz Verlag Weinheim, 1989

Hillman, James: *The souls code* – in search of character and calling, Grand Central Publishing, New York 1996; Deutsche Ausgabe *Charakter und Bestimmung*, Goldmann Taschenbuch / Arkana, München 1998 (vergriffen, antiquarisch erhältlich über amazon)

Horx, Matthias: *Wie wir leben werden*, Campus Verlaq Frankfurt / New York 2005

Kutschera, Gundl: *Tanz zwischen Bewußt-sein & Unbewußt-sein*, Junfermann Verlag, Paderborn 1994

Latt, Stefan: *Die Kunst des Scheiterns*, MC Notiz Management Center Vorarlberg, 2003

Mulford, Prentice: *Vom Unfug des Lebens und Sterbens,* Fischer Verlag, Frankfurt 1977

Rilke, Rainer Maria: *Briefe an einen jungen Dichter*, Insel Verlag Leipzig 1930
Satir, Virginia: *Mein Weg zu dir*, Kösel Verlag, München 1991
Sheldrake, Rupert / Fox Matthew: *Die Seele ist ein Feld*, O.W. Barth Verlag, Bern 1999
Spoun, Sascha: *Als Gemeinschaft auf dem Weg*, Rede des Präsidenten zur Schlüsselübergabe, Universität Lüneburg
Stern, Carola: *Das Leben der Dorothea Schlegel*, Rowohlt Verlag, Reinbek bei Hamburg 1990
Tolle, Eckart: *Stille spricht*, Goldmann Verlag, München 2003
Watts, Alan: *Die Weisheit des ungesicherten Weges*, Piper Verlag, München 1994
Wolf, Axel: *Berufung – die Vorladung des Schicksals*, Psychologie heute 5 / 1998
Wunsch, Albert: *Die Verwöhnungsfalle*, Kösel Verlag, München 2000

Interviewpartner / innen

Dr. Friedrich-Wilhelm Hanebuth*, Tierarzt, Groß-Gerau
Dr. med. Andrea Claussen*, Ärztin für Traditionelle Chinesische Medizin TCM, Ruppertshain
Peter Härtling*, Schriftsteller, Dozent, Mörfelden-Walldorf
Karl Ludwig Schweisfurth*, Unternehmer *Hermannsdorfer Landwerkstätten*, Glonn bei München
Philipp-v. Knebel Doeberitz-Forssman*, Wirtschaftsprüfer, Wiesbaden
Monika Werneke*, Portraitfotografin *Qualified European Photographer*, Wiesbaden
Dr.-Ing. Gerd Eckelmann*, Unternehmer, Elektronische Steuerungssysteme, Wiesbaden
Nicolas Joly, Winzer*, Vignoble de la Coulée de Serrant, Savennières, Frankreich
Olivier Huré*, Korbmacher und Weidenzüchter, Bouchemaine, Frankreich
Franz Keller, Koch*, Besitzer *Adlerwirtschaft*, Hattenheim Rheingau
Jörg Bourgett, Beratung Asset Management; ehemaliger Wirtschaftsdezernent, Gründer des Beschäftigungsprojektes *Domäne Mechthildshausen*, Wiesbaden
Rita Reiter-Mollenhauer, Leiterin Referat Personalentwicklung, Hessisches Sozialministerium, Wiesbaden
Dr. Moritz Gomm*, Diplom Wirtschaftsinformatiker, Gründer Start-up-Unternehmen Momax, Internetportal für Mitfahrgelegenheiten, Darmstadt
Barbara Blanke*, Instore Innovation, Procter & Gamble GmbH, Schwalbach Ts.
Prof. Dr. Ralf Reichwald*, Lehrstuhl für Betriebswirtschaftslehre, TU München
Ingrid Nicolai*, Desk-Managerin / Redakteurin Wiesbadener Tagblatt, Wiesbaden
Andreas Baumbach*, selbst. Schuhmachermeister, Franchiseunternehmer für Maßschuhe, Wiesbaden
Martina Kurz*, Inhaberin *Kaffee Kränzchen*, Walluf

Thomas Schreiber-Ringel, HP in eigener Praxis, Flörsheim
Petra Maier*, Bestatterin, Kettig bei Koblenz
Karl-Heinz Brauer*, selbständiger Bau- und Möbelschreinermeister, Wiesbaden
Jürgen Bernecker*, Einkaufsleiter ABB Bücherdienst Berlin, Wiesbaden
Sybille Aderhold, Physiotherapeutin / Yogalehrerin in eigener Praxis, Wiesbaden
Marc Hilgenfeld*, Gold- und Silberschmiedemeister, Frankfurt
Stefan Gronemeier*, selbständiger Physiotherapeut, Wiesbaden
Dr. med. Christoph Schneider, Praxis für Allgemeinmedizin, Frankfurt
Dirk Niegel*, Kfz-Meister, Teilhaber Autowerkstatt *Kolbenfresser*, Wiesbaden
Kathrine Hanisch*, Staudengärtnermeisterin, Inhaberin *Zaubernuß*, Floristik, Wiesbaden
Fred Peter, Dozent, selbst. Atem- und Bewegungstherapeut, Wiesbaden
Monica Gutierrez, Sozialpädagogin, Amt für soziale Arbeit, Wiesbaden
Gisela Wülffing, Leiterin Stabsstelle Frauenarbeit, Hessisches Sozialministerium
Bernd Hein, Regierungsdirektor a. D. Hessisches Justizministerium, Wiesbaden
Maria Schreiber-Ringel, HP in eigener Praxis, Flörsheim
Angelika Thiels, Krankenschwester, Stadtverordnetenvorsteherin, Wiesbaden
Bernhard Lorenz, Geschäftsführer Sparkassen Versicherung, bAV Consulting GmbH, Wiesbaden
Achim Barth, Diplom-Handelslehrer, Bad Homburg
Thomas Claussen, Unternehmensberater und Unternehmer, Kelkheim
Gerhard Strauch, selbständiger RA für Verwaltungsrecht, Wiesbaden
Torsten Halsey*, freiberuflicher Historiker, Kurator, Archivar, Waldems
Albert Lang*, Studiendirektor, Rabanus Maurus Gymnasium, Mainz
Katharina Krohmann*, Redakteurin 3-sat / ZDF, Mainz
Wolfgang Schreiber, Dipl.Ing., Manager, Grass Valley German GmbH, Weiterstadt
Michaela Lang, Diplomsozialarbeiterin in Bewährungshilfe am Landgericht Wiesbaden

Birgitte Böke, Architektin, Hochbauamt Wiesbaden

Rainer Völkel*, ehem. Amtsleiter Stadt Wiesbaden, Projektleiter, Montessoridozent, Wiesbaden

Theo Baumstark, Unternehmer im Bereich Haustechnik, Wiesbaden

Haidi Schilling*, Amtsleiterin, Flörsheim / Main

Ruth Hölzer, Frauenbeauftragte Hessische Zentrale für Datenverarbeitung, Wiesbaden

Andreas Gerber*, Inhaber Sportschule koreanische Kampfkunst // Budopädagogik, Wiesbaden

Dr. Erich Pelz*, Zahnarztpraxis, Sulzbach / Ts.

Michael Wirz, Service Center Manager, Teleroute, Wiesbaden

Dr. Marita Haibach*, ehemalige Staatssekretärin Hess. Landtag, Management- und Fundraisingberaterin, Autorin, Wiesbaden

Ingrid Rudolf-Gissel, Diplomsozialpädagogin, Leiterin Kinderbauernhof Wiesbaden

Immo Herbst*, Unternehmer im Garten- und Landschaftsbau, Frankfurt

Bernhard Schneiter, Diplompsychologe, Zürich

Dr. med. Margarete Mantke-Geiger, Branchenbeauftragte Gesundheitswesen, DQS GmbH, Frankfurt

Christel Barth, Keramikerin, Wiesbaden

Rita Thies*, Stadträtin Dezernat Kultur, Umwelt und Hochbau, Wiesbaden

Kathrin Siedler*, Staatlich geprüfte Kosmetikerin, Nienburg

Tamara Held-Witte, Verkäuferin Mode & Accessoires, Spiekeroog

Maria Fütterer*, Physiotherapeutin, Göttingen

Andreas Trabandt*, Dipl-Ing.Architekt bdb, Geschäftsführer Projektplus, Bochum

Hermann Falkenberg*, Unternehmer *Siebenkorn – die Vollkornbäcker*, Marburg

* Berufsbiografien, die in den Ratgeber aufgenommen wurden

Interviewfragen Buchprojekt

Ihre aktuelle Tätigkeit?

Ihre drei wesentlichen Stärken?

Ihre Motivation beruflich?

Sinn des Lebens für Sie?

Wann hatten Sie erstmals die Idee, das zu tun, was Sie jetzt tun? Schlüsselerlebnis. Innerer Monolog, Gefühl, Bilder?

Wer hat Sie vielleicht durch sein Vorbild oder durch Ideen beeinflusst?

Gab es zu der Zeit des Schulabschlusses andere starke Ideen / Vorstellungen in Ihnen? Wenn damals die Fee gekommen wäre, alles für Sie möglich gewesen wäre und Ihnen alles gelungen wäre?

Sozialer Hintergrund in Ihrer Herkunftsfamilie?

Hat in Ihrem Umfeld, als Sie noch Kind waren, jemand Ihre besonderen Begabungen – vielleicht schon in Bezug auf Ihren Wunschberuf – wahrgenommen, Sie vielleicht darin gefördert?

Haben Sie mit Eltern, Freunden über Ihren Traumberuf gesprochen? Reaktionen: Unterstützung, Ermutigung oder Einwände?

Waren Sie dadurch irritierbar in Ihrer Wahl?

Berufung, Lebensauftrag, einen Beitrag zur Gesellschaft leisten?
Wie denken Sie dazu?

Leben Sie von Anfang an Ihre Berufung?

Gab es später, während Sie in einem anderen Beruf gearbeitet haben, andere starke Ideen, innere Bilder, was Sie tun sollten? Einen Ruf, der sich immer wieder bemerkbar macht?

Welche Wege sind Sie beruflich gegangen, bis Sie Ihren Lebensauftrag konkret umsetzten? Entscheidungen selbst- / fremdbestimmt?

Gab es einen bestimmten Anlass, der Sie zur Umsetzung Ihrer Berufung ermutigt hat?

Haben Sie gewusst, dass Sie so erfolgreich sein werden? Wie genau haben Sie das gespürt? Innere / äußere Referenz, vielleicht ein bestimmter Satz, ein Gefühl, ein inneres Bild?

Wenn Sie erzählen sollten, warum Sie so erfolgreich sind: welche Gründe nennen Sie?

Wenn Sie erst später zu Ihrer Berufung gefunden haben - waren die Umwege passend?

Oder hätten Sie Ihren Lebensauftrag lieber direkter umgesetzt? Wenn ja: Was hätten Sie dafür an eigenen Fähigkeiten / Unterstützung von außen gebraucht?

Wie schätzen Sie Ihre Fähigkeit zur Selbstbehauptung ein: 0 –100 %?

Was raten Sie einem Jugendlichen

- Wie gelingt eine nachhaltige Berufswahl?
- Was muss ein junger Mensch einbringen, um beruflich zufrieden und erfolgreich zu sein?
- Was denken Sie sind heute die wichtigsten drei Faktoren, um erfolgreich und zufrieden zu bleiben?

Metaprogramme

Quelle: Woher schöpfen Sie Ihre Kraft?

Werte: Welches sind die fünf wesentlichen Werte, die Ihr Leben leiten?

Vergleich: zugehen auf / weggehen von / match / mismatch?

Glaubenssätze:
- Arbeit ist …
- Erfolg ist …
- Leben ist …
- Scheitern bedeutet für mich …
- Sonstige

Selbst / fremdbestimmt?

Feedback: Eigenreferenz ausgeprägt / Feedback nötig?

Repräsentationssysteme: vorwiegend visuell, auditiv, kinästhetisch?

Motivation: eher über Erfolgs- oder Misserfolgerlebnisse?

Problemlösung: assoziiert oder dissoziiert?

Chunking: Großer/kleiner Rahmen?

Hierarchie von Interessen?

Zeit: Leben Sie vorwiegend in der Vergangenheit, Gegenwart oder Zukunft?